Julius H. Barkas

Pyramide der Wahrheit

SANDALPHON
—VERLAG—

Julius H. Barkas

Pyramide der Wahrheit

Pyramide der Wahrheit
Julius H. Barkas
2. Auflage 2006

ISBN 3-938-62903-7

Das Werk einschließlich aller seiner Teile ist urheberrechtlich geschützt. Alle Rechte, insbesondere die des Nachdrucks, der Vervielfältigung, der Mikroverfilmung, der Übersetzung und der Speicherung in elektronischen Systemen behalten sich Verfasser und Verlag vor. Die Verbreitung des darin enthaltenen Wissens jedoch wird begrüßt und ist erwünscht.

Copyright deutsche Ausgabe 2006
Sandalphon Verlag
Ralf Schmalix
Landstraße 12
D-79585 Steinen
Telefon: (+49) 76 27/85 86
E-Mail: info@sandalphon-verlag.de
Internet: www.sandalphon-verlag.de
Printed in Germany

Inhaltsverzeichnis

1. Vorwort 9
2. Die Anfänge 15
3. Ausgangslage 25
4. Die Rolle der Templer 33
5. Allianz der Dunkelzeit 39
6. Freimaurer – Geschichte und Aufgabe 49
7. Die Schlüssel zur Macht 65
8. Im Morast: Kriege und Nazis 73
9. Religion und Drogen 91
10. Der 11. September 101
11. Katalog der Grausamkeiten 115
12. Schreckgespenst der Dunkelmacht 137
13. Politiker im Licht 157
14. Edelmänner 165
15. Überblick 179
16. Lichtgestalten und Legenden 191
17. Aufstieg zum Licht und Vision der Zukunft 199
18. Quellen 207
19. Sprüche und Zitate 215
20. Wert und Sinn des Geldes 225
21. Pentalogie 241
22. Wege zur Gesundheit 249
23. Schlußwort 261

Liebe Leser!

Das Leben ist eigentlich wunderschön. Wenn die Gesundheit uns freundlicherweise besetzt hält, werden die meisten anderen Probleme und Problemchen bewältigt. Dennoch vollziehen sich auf unserem Planeten Erde ungute Dinge, die einem durchaus Sorgenfalten bescheren können. Das ist bedauerlich und traurig zugleich.
Kriege, Umweltzerstörung, Krankheiten oder sonderbare Morde, es steht wahrlich nicht zum Besten mit der Welt in der wir leben. Das müßte nicht so sein. Denn diesen Zustand könnten wir beheben. Und zwar umgehend. Sofern wir Bescheid wüßten, welche besonderen Kräfte diese Effekte nach sich ziehen, könnte eine passende Vorgehensweise Verwendung finden. Zuerst die Analyse der Krankheit und dann die Therapie. Das ist der normale Weg.
Wir vergessen es manchmal, aber wir sind wirklich nicht alleine auf dem Planeten. Just im Augenblick, während Sie diese Zeilen lesen, halten einige tausend Wißbegieriger das gleiche Buch in Händen. Denen wird es ähnlich ergehen wie Ihnen. Erfahrungsgemäß können fünf bis zehn Prozent der Leser mit dem angebotenen Bild nichts anfangen. Solche Zahlen haben sich bei den Vorträgen bestätigt. Das bedeutet mindestens neunzig Prozent werden wachgerüttelt. Ein verheißungsvolles Ergebnis.
Jener Mehrheit der Glücklichen können die Ausführungen zur Bestätigung unbewußter Gedanken und Gefühle dienen. Und die Schar der Begreifenden und Zustimmenden steigt kontinuierlich an. Wenn die Erkenntnis der Menschen auf diese und andere Weise soweit gediehen ist, daß viele Bescheid wissen, endet eine sehr lange Phase der Dunkelheit in der Menschheitsgeschichte. Geprägt von Unkenntnis, verwirrt durch allerlei Ängste und getäuscht von raffinierten Lügnern, finden die Menschen nur schwer zu den enormen Fähigkeiten, die jedem von uns an sich gegeben sind. In dieser Phase der Ahnungslosigkeit waren Begriffe wie Liebe, Freiheit und Frieden selten erreichbar. Ob Mittelalter oder Neuzeit, es sieht recht düster aus, was uns als Alltag erscheint.
Wir stehen heute an der Schwelle zu einem neuen Zeitalter. Nach Kali-Yuga oder dem Zeitalter Fische, folgt das Zeitalter des Wassermannes. Es ist dies die Epoche des Lichtes und der Freiheit. In ihr regiert die Sprache der

Vorwort

Menschlichkeit. Ist es vereinbar mit solchen Grundsätzen, Gefangene für Terror zu foltern? Ich meine nicht. Vor allem, wenn jene die Folter anordnen, die für den Terror in Wirklichkeit verantwortlich zeichnen.
Geschichte wird niedergeschrieben von den Siegern, denn wer tot ist schreibt in der Regel keine Berichte mehr. Darum sind unsere Geschichtsbücher voll von dem Mist, den uns die Familien verordnen, die seit einigen Jahrhunderten den Sieg davontragen und blutig Regie führen. Natürlich werde ich Belege und Beweise liefern. Und ich stehe zu meinem Wort.
Die Siegreichen in der Dunkelzeit wollen um jeden Preis an der Macht bleiben, darum wird alles so zurechtgebogen, damit der Status Quo erhalten bleibt. Dieses Biegen und Brechen erstreckt sich selbstverständlich auf Gesetz oder Recht, und sehr stark auf das Wissen, das der Menschheit zuteil wird.
George W. Bush ist Präsident der USA. Die Wahl zu seiner ersten Präsidentschaft wies augenscheinliche Ungereimtheiten auf. Verschwundene Urnen, gefälschte oder unlesbare Wahlzettel, heimgeschickte Demokratenwähler und einiges mehr. Derartige Dinge können bei einer Hauruckaktion vorkommen, das bringt das zügige Improvisieren mit sich.
Bei der zweiten Wahl gegen John F. Kerry, einem entfernten Verwandten des George W. Bush, bestand mehr Zeit, um die Mauscheleien vorzubereiten. Nachdem laut einer Umfrage in keinem Land der Welt Bush Wahlsieger geworden wäre, nicht einmal in den USA, mußte wieder gehandelt werden.
In einem kleinen Ort der USA wurden **4.000 Stimmen** für Bush abgegeben. Das ist schön für ihn, stimmt jedoch verwunderlich, da die Ortschaft **nur zweihundert Nasen** zählt. Es scheint dringend an der Zeit in die USA unabhängige Wahlbeobachter und andere Sachverständige zu beordern. Denn dort laufen sehr sonderbare Dinge ab.
George Bush ist wie gesagt entfernt verwandt mit John F. Kerry, seinem vermeintlichen Wahlgegner. Kerrys Großvater finanzierte das gesamte Studium und die politische Karriere. Er hieß Fritz Kohn. Helmut Kohl ist ein geborener Henoch Kohn und stammt aus der gleichen Blutlinie wie Michail Gorbatchov. Die Familie Bush ist verwandt mit den Windsors, also der Queen und Prinz Charles. Fortsetzung folgt.

Vorwort

Unter diesem George Bush wurde u.a. ein Gesetz erlassen, wonach Menschen, die des Terrors verdächtig sind, ohne vorliegende Beweise, lebenslang eingesperrt werden dürfen. Das nennt man in dieser Form auch Freiheitsberaubung und Verstoß gegen sämtliche Rechte des Menschen. Von Demokratie oder Freiheit ist jetzt nichts mehr zu sehen. Die letzte Spur von Menschlichkeit geht ebenfalls flöten. Diese Handlungsweise von George W. Bush wird vielleicht besser erklärbar durch einen genaueren Blick in seine Abstammung. Wie bei David Icke zu lesen ist stammt Vater George Herbert Walker von der englischen Familie Pierce ab. Mutter Barbara kommt aus dem Hause Pierce aus England. Nein, lieber Leser, das ist kein Schreibfehler. Der Präsident der USA ist tatsächlich das fortpflanzungstechnische Produkt zweier Verwandter. Unfaßbar, aber wahr. Hinter diesem George Bush und anderen Regierungschefs verstecken sich die wahren Führer unserer Welt. Das schützende Mäntelchen ist jedoch sehr dünn geworden. Verlassen Sie sich drauf, wir werfen mehr als nur einen Blick durch den Mantel. Bis Sie das Gefühl haben, vor Ihnen stehen Nackte. Damit ganz klar ist, wer den Ton angibt und warum, welche Musik in Moll gespielt wird.

Persönlich ist mir ein etwas abgewandelter Spruch zum Lebensmotto geworden, er lautet:
»Die Menschlichkeit ist meine Religion und die Welt mein Zuhause«.

In meiner ureigenen Eigenschaft als Winzling der Gesamtheit Erde nehme ich die zahlreichen und massiven Verstöße gegen die Menschlichkeit persönlich und offenbare mein Mißfallen. Ungeachtet der Größe. Ich hoffe dies wäre auch mein Tun als kleineres Lebewesen. Auf jeden Fall verstehe ich mich als einer von zahlreichen Schutzpatronen für jene, welche sich nicht zur Wehr setzen können.
Wären Sie gerne frei von Ängsten wie Terror und Krankheit? Wünschen Sie sich Frieden und Fröhlichkeit auf Erden? Die Reaktion der bisherigen Leser und Zuhörer zeigte genau diese Wirkung und unversehens machte sich steigende Zuversicht breit. Das stimmt hoffnungsvoll und scheint logisch. Wenn ein Mensch wie Sie den Roten Faden der Geschichte in Händen hält, wird er der Wahrheit stets verbunden bleiben. Das ist Ihr Eigentum und

Vorwort

einzig Ihren individuellen Strukturen gehorchend. Genau das wird möglich durch die Verknüpfung von zahlreichen Büchern und Quellen, die nahtlos zu einem glasklaren Bild zusammengefügt werden konnten. Diese Grundlagen werden ordnungsgemäß und lobend erwähnt. Ehre, wem Ehre gebührt.

Die Befreiung von Lasten wie Angst oder Unwissenheit, legt den Grundstein für eine neue Welt, in der Gerechtigkeit und Menschlichkeit regieren. Der Weg zu Frieden, Gesundheit und einträchtiger Freude führt nur über die Wahrheit. So fängt die einzig wahre Spaßgesellschaft an, die de facto unter der tatsächlich herrschenden Führung nie existierte.

Allen Unterstützern gebührt mein tiefer Dank für die ideelle, materielle und moralische Hilfe.

Die dargebotene Solidarität war überwältigend. Im Herzen sind mir die vielen guten Wünsche haften geblieben, und ich bin unendlich stolz, einer dieser vermeintlich kleinen Menschen zu sein. Das ist in meinen Augen die größte Ehre, die einem zuteil werden kann.

Die zum Standardrepertoire gehörenden Diffamierungsversuche vermag ich ohne Weiteres abzuschütteln. Sie sind berechenbar und einkalkuliert. Sie werden abgeschmettert mit meiner ausgesprochenen Lieblingsquelle, dem guten alten Brockhaus von 1930 und dem Brockhaus Konversationslexikon von 1901. Wenn Sie einen Trottel finden, der behauptet dieses Lexikon sei Anhänger von Verschwörungstheorien, bitte seien Sie barmherzig und segnen Sie ihn mit dem Spruch »Selig sind die geistig Armen«. Einen Vorwurf werde ich mir trotz allen Sträubens machen lassen müssen, das ist inzwischen klar geworden. Darum will ich versuchen, ihn ohne Murren hinzunehmen. Thomas Wimmer meinte einmal sehr treffend, *»kaum ist über eine Sache Gras gewachsen, da kommt so ein Rindvieh daher und frißt's wieder weg«.*

Ich gebe es unumwunden zu, ich bin so ein Rindvieh. Weil ich finde, daß über Verbrechen niemals Gras wachsen darf. Vor allem wenn ein System dahintersteckt. Bitte zeigen Sie Nachsicht mit mir, selbst wenn ich diese Einstellung beibehalte.

Sie werden einen geschichtlichen Ablauf vorfinden, wie er meinen gezogenen Schlüssen aus zahlreichen Quellen und Überlegungen entspricht. Trotz

Vorwort

der Belege und stützender Hinweise, bleiben jedem die eigenen Interpretationen frei überlassen. Das nennt man Meinungsfreiheit. Ebenso nehme ich für meine Ausführungen in Anspruch, mit Toleranz behandelt zu werden.

Die hier präsentierte Wahrheit wirkt ungleich spannender und faszinierender als irgendeine Unterhaltung in Film oder Fernsehen. So lautet meine Einschätzung. Aber warten wir Ihre Reaktion ab. Machen Sie sich auf jeden Fall vertraut mit diesem biblischen Satz:

»*Ihr werdet die Wahrheit erfahren und die Wahrheit macht Euch frei*«.

Liebe Leser, die Zeit ist reif für die Wahrheit, und die Menschen sind es auch. Viel Spaß beim Vernehmen neuer und hoffentlich wertvoller Erkenntnisse für Sie persönlich und natürlich Ihre Familie, das wünscht Ihr

Julius H. Barkas

Wie könnte die wichtigste Erkenntnis der letzten 10.000 Jahre lauten? Ich denke so:

Vor 75.000 Jahren wurden die Pyramiden von Gizeh erbaut

Die angebliche Wissenschaft der Ägyptolgie spricht von einem Alter der Pyramiden von etwa 4500 Jahren und z.b. dem Pharao Cheops als Erbauer der gleichnamigen Pyramide. Eine kurzsichtige und obendrein falsche Aussage. Aber aus mehreren guten Gründen wird die Lüge vom falschen Alter aufrechterhalten, z.b. wird das Alter Mohammeds auf 6000 Jahre angegeben. Bei Darlegung des richtigen Alters der Cheops würde dies wohl erhebliche Probleme für das mehrheitlich mohammedanische Ägypten bedeuten. Auch die Radiokarbonmethode weist für die organischen Reste, die sich zwischen den Steinquadern befinden, das obige Entstehungsalter für die Pyramiden und die Sphinx aus. Am Fundament der Sphinx zeigen sich deutliche Wasserschäden, mitten in der Wüste, die so nachweislich seit über fünftausend Jahren existiert. Sehr sonderbar. Helena Petrovna Blavatsky (1831-1891) gilt gemeinhin neben Nostradamus und Rudolf Steiner als Eingeweihte, und führt in ihrer »Geheimlehre« das Alter von Sphinx und Pyramide mit ebenfalls ca. 75.000 Jahren an.
Jede ernsthafte Wissenschaft, die als solche bestehen möchte, würde sich sofort an die Arbeit machen. Dem ist nicht so. Kolossal anmutende Geheimnisse, die in dieser Aussage versteckt liegen, interessieren wahrscheinlich nur einfache Gemüter wie uns.
Vielleicht steht in den Labors gerade die erfolgreiche Züchtung eines vielseitig nutzbaren Tieres, der lange erwünschten, eierlegenden Wollmilchsau an. Also richten wir an Stelle der hochverdienten Wissenschaftler den Blick auf die sich ergebenden, sehr interessanten Fragen bezüglich der Pyramiden. Mit womöglich noch viel besseren Antworten.
Die verbreitete These von den hunderttausend Arbeitern, die auf Holzrollen Steinquader von einer halben bis sechzig Tonnen Gewicht transportiert haben sollen, entspricht dem gängigen und vertrauten Muster.

Vor 75.000 Jahren...

Bei seichter Oberflächlichkeit wird einfach nicht zu Ende gedacht. Ägypten war damals wie heute Wüste, also kein Wald. Woher nahm man z.B. das Holz? Und wenn man es wirklich gehabt hätte, womit wäre das Holz zurechtgeschnitten worden? Soviele Fragen bieten sich an, doch wir werden nur mit unsinnigen Antworten abgespeist.

Die Pyramiden von Gizeh sind gezielt auf ein Fundament gesetzt, und zwar mit Bedacht. Ob die quadratische Grundfläche der Cheops oder die peinlich genaue Verwendung von insgesamt 2,3 Millionen Steinquadern, hier wird eine Präzision erkennbar, wie es jeder Hochtechnologie zu Ruhm und Ehre gereichen würde. Doch ein Punkt ist mehr als alle anderen zum Hinterfragen der gelieferten Version angetan. Man nehme die Landmassen der Erde und zieht eine Linie von Nord nach Süd entlang der größten Strecke, ebenso für die Breite von West nach Ost. Es bildet sich ein Fadenkreuz mit dem exakten Mittelpunkt des Festlandes unserer Erde. Dieser Erdmittelpunkt ist bebaut, auf ihm steht die Cheopspyramide. Also stellen wir die Fragen, welche sich dem geneigten Betrachter aufdrängen.

1. **Welche Kultur bestand damals und welchen Stand der Technik besaß dieselbe?**
Nachdem die damals verwendeten Wissenschaften den Heutigen schier unendlich weit überlegen gewesen sein müssen, bei Bauleistungen, die wir unmöglich darstellen und uns nur schwer vorstellen können, verwundert die scheinbare Nichtbeachtung dieser Tatsachen.

2. **Woher kamen das astronomische Wissen und die mathematischen Fertigkeiten?**
Allein die präsentierten Wetterprognosen der Neuzeit sind ein Lottospiel für sich. Von einer derartigen Genauigkeit wie bei den Pyramiden träumen unsere Wissenschaftler höchstens.
Beide Fragestellungen eröffnen ein breites Feld für Spekulationen und Theorien. An solchen möchte ich mich nicht beteiligen. Das wurde schon reichlich und ausführlich getan.

3. Wollen Sie wissen, wer die Menschen waren, die ein solches Meisterwerk vollbrachten? Soll ich es Ihnen sagen, ganz ehrlich? Ich weiß es auch nicht.
Und wissen Sie was das Beste dabei ist? Es ist gar nicht entscheidend. Sofern Sie jedoch plausible und nachvollziehbare Ausführungen zu diesen Punkten wünschen, möchte ich Ihnen die beiden folgenden Bücher empfehlen, die auch mir diesbezüglich eine große Hilfe waren: »Der Pyramiden-Code« (*H. Bergmann/F. Rothe, ISBN 3-8289-4161-3*) und »Das Dritte Auge« (*E. Muldashev, ISBN 3-9807507-0-1*)

Zurück zum Geschehen. Schauen wir genau hin, um das Wesentliche zu erkennen. Zweifellos sind die Pyramiden sowohl in bautechnischer als auch in astronomischer Hinsicht einmalige Meisterwerke. Nicht umsonst stellen sie das letzte verbliebene Weltwunder dar. Allein die Abbildung zu einem vierseitigen Tetraeder erfordert genaueste Berechnungen und einen Plan.

Betrachten wir unsere Zeit, einen Finanzminister der EU, ob den Deutschen, den Belgischen oder den Französischen spielt keine Rolle. Diese Herren haben selten Ahnung wo sie am Abend das Geld für den morgigen Tag hernehmen sollen. Auch die abenteuerlichen, aus dem Nichts entstehenden Haushaltslöcher, sind kaum geeignet ein Konzept vermuten zu lassen. Dann kommen noch die ständigen Ausflüchte dazu, wie z.B. »mir ist unbegreiflich wie es dazu kommen konnte«, »es liegt höhere Gewalt vor« oder »mein Vorgänger ist schuld«. All diese Sätze geben kaum Anlaß von durchdachten oder geplanten Handlungen sprechen zu können. Die meisten Politiker erwecken vielmehr den Eindruck, sie würden unter dem Motto »**denn sie wissen nicht was sie tun**« agieren.
Das war definitiv beim Bau der Pyramiden anders. Ansonsten lägen dort nur Steinhaufen. Eine solche Präzision, derartiges Wissen und die sichtbaren Werke zeugen von einem weit umspannenden Überblick.
Die drei Pyramiden von Gizeh sind nach Norden ausgerichtet, mit geringer Abweichung. Die Deckenbalken in der Cheopspyramide wiegen geschätzte 50 – 80 Tonnen. Es gibt noch mehr solcher Hinweise auf eine beeindruckende Präzision und ein enormes, genutztes Wissen.

Vor 75.000 Jahren...

Ich möchte die These aufstellen, wer so etwas baute, besaß einen glasklaren Plan. Das damals lebende Menschengeschlecht verfügte somit über eine Weisheit und Voraussicht, die heute selten angetroffen werden. Eine erstaunliche Erkenntnis. Das führt zu einer wichtigen Frage:
Welchem Zweck dienten die Pyramiden, warum haben unsere Urahnen diese gebaut?

Diesmal bekommen Sie eine Antwort. Ich werde Ihnen auch den Plan mitteilen, den unsere Vorfahren meines Erachtens verfolgten. Und warum die Baumeister der Pyramiden so erpicht waren, uns ihre Botschaften zu übermitteln.
Wir wissen heute um einen besonders langen Zyklus, den unsere Erde durchläuft. Demnach umfaßte bis 10.500 v. Chr. ein platonisches Jahr 25920 Jahre. Exakt soviel Zeit benötigt die Erdachse, um eine ganze Kreiselbewegung auszuführen. Dabei wandert der »sogenannte Frühlingspunkt, der Schnittpunkt der zur Erdachse senkrecht stehenden Äquatorebene« durch alle zwölf Tierkreiszeichen, pro Sternzeichen etwa 2160 Jahre. Diese Wanderperiode nennt sich Zeitalter.
Der Wechsel von einem ins nächste Zeitalter geht etappenweise, in umgekehrter Reihenfolge zum Kalenderjahr, außerdem überlappen die Sternzeichen. Wir befinden uns gerade mitten im Übergang vom Zeitalter Fische, dem Energieärmsten, zum Zeitalter des Wassermann, dem Energiereichsten. (*»Die Oktave«, Cousto, S. 83, ISBN 3-922389-21-X*)

Fische wurde in Mesopotamien auch als Zeitalter der Sünde und der Dunkelheit genannt, Wassermann steht in der Überlieferung für Licht und Freiheit. Diese Interpretationen hängen mit der Anzahl und der Größe der Sterne im jeweiligen Tierkreiszeichen zusammen. Viele Sterne und eine hohe Masse bedeuten viel Energie und wenig Sterne mit geringer Masse wenig Energie.
Wir können uns das vereinfacht so veranschaulichen. Die Erde ist ein Magnet. Sie besitzt ein Magnetfeld, genauso wie wir Menschen auch. Die schräg darin befindliche Erdachse wirkt wie eine Antenne, die Energiestrahlen aufnimmt. Momentan bezieht der Magnet Erde über die Antenne den »Strom« aus dem Sternzeichen Wassermann, aktuell noch

Vor 75.000 Jahren...

etwas überdeckt vom Tierkreiszeichen Fische. Diese Energie verteilt sich nun gleichmäßig über den Planeten und durchdringt jede Form von Materie.
Die ersten Pyramiden stammen wie gesagt aus einer Zeit vor 75.000 Jahren. Sie sind ohne Reliefs oder Wandmalereien. Jedoch finden sich in den mathematischen Baugrundlagen recht aufschlußreiche Informationen. In den Grundseitenlängen der Cheops ist der Erdumfang von 40.075,017 km und eine Zeiteinheit gespeichert, die Erdumlaufzeit von 360 Tagen. Sie mögen einwenden, wir haben 365,24... Jahrestage. Stimmt, aber seit wann? Um 10.500 v. Chr. fand die große Sintflut statt. Mit dieser veränderte sich die Rotationsgeschwindigkeit der Erde, aus 360 Tagen wurden die 365. Auch die neue Umlaufzeit steckt in den Grundseitenlängen der Cheopspyramide. **Das ist fein wissenschaftlich nachlesbar im »Pyramiden-Code«.**
Wie aber ist es möglich, zwei Ereignisse, die ungefähr 65.000 Jahre auseinanderliegen, in einem Bauwerk abzuspeichern?

Wie auch immer wir diesen Punkt angehen, das Ergebnis ist verblüffend. Entweder ist das Wissen immer noch vorhanden gewesen und es wurden Korrekturen vorgenommen. Oder jemand ist imstande 65.000 Jahre vorauszublicken und hatte die Veränderungen durch die Sintflut einberechnet. Dies würde ich als den erstaunlichsten Vorausblick aller Zeiten bezeichnen. Ist inzwischen zufällig und heimlich ein Wissenschaftler aufgetaucht, der sich dieselben Fragen stellt? Nein? Gut, dann machen wir weiter.
In Ägypten steht die Knickpyramide, die den veränderten Präzessionszyklus, aufgrund der beschleunigten Erdrotation, von 25776 Jahren widergibt. Diese Knickpyramide wurde lange nach der Sintflut gebaut. Das zieht eine Vermutung nach sich. Hier wurde wiederum gezielt ein Meilenstein, besser ein Wegweiser, gesetzt. Ich komme gleich darauf zurück.
Die Pyramiden erfüllen wohl mehrere Zwecke, doch einer erscheint mir an dieser Stelle als der Maßgebliche. Ein Aufbewahrungsort für das Wissen der Menschheit, welches den Erbauern eigen war. Wie Bibliotheken speichern die monumentalen Bauten Informationen, und zwar erfolgreich über Jahrtausende. Bautechnik, Mathematik, Sternenkunde und andere Wissenschaften, hier liegt der Schatz der Menschheit verborgen. Ein Wissen, über

das wir heute nicht annäherungsweise verfügen. Anfangs ohne Zeichnungen oder Bemalungen an den Wänden, folgen diese in den späteren Pyramiden. Ein neuer Aspekt taucht auf.

Warum oder wofür mußte das Wissen für die spätere Generation gespeichert werden?
Wer soviel über die Sterne und deren Abläufe weiß, bei dem darf eine weise Voraussicht angenommen werden. So haben unsere Vorfahren gehandelt. Sie blickten in die Zukunft und sahen unsere Gegenwart. Und sie wurden aktiv. Denn dem Kommenden galt es vorzubauen, im wahrsten Sinne des Wortes.
In Büchern und Schriften, überall finden sich Mosaikteile, es brauchte nur den Roten Faden. Das, was der Autor für den Roten Faden hält, liegt in Ihren Händen. Beim Querlesen in verschiedenen Büchern reifte schlagartig eine Erkenntnis. Unsere Vorfahren haben versucht uns über die lange Durststrecke einen Plan an die Hand zu geben. Weil sie haargenau erkannten wie unser Menschengeschlecht in eine furchtbar dunkle Zeit hineingeboren wird.
Zuerst ein paar Pyramiden in Ägypten, beginnend vor ca. 75.000 Jahren. Die Zukunft lief nach Plan, es war alles unter Kontrolle. Dann kam die große Sintflut. Das Erdenjahr wurde länger und veränderte Entscheidendes. Hektische Betriebsamkeit machte sich breit. Die guten Regisseure erkannten das schreckliche Ausmaß, welches sich da Stück für Stück anbahnte. Es folgten Steinfiguren auf den Osterinseln, von denen ebenfalls keine Vorstellung über ihre Herkunft besteht. Steinsetzungen in Stonehenge oder bei Carnac, und Vieles mehr.
Um 4.000 v. Chr. tauchte die erste uns bekannte Hochkultur auf, die der Sumerer. Von denen stammen zigtausend Tontafeln, auf denen für die Nachwelt Wissen gespeichert wurde. Doch unsere wohlwollenden Urahnen zogen noch weitere Register. Denn sie erkannten wie mächtig der dunkle Führer werden würde. Und daß jenes uralte Wissen nur schwer den Menschen direkt zugetragen werden kann. Die Gefahr, daß es in die falschen Hände gerät, war zu groß. Denn im dunklen Zeitalter, während die einfachen Menschen in kompletter Ahnungslosigkeit über den Planeten wandeln, sind die Bösen in ihrem Element. Hellwach und wissend, welche

Vor 75.000 Jahren...

Informationen verborgen werden müssen, damit sie an der Macht bleiben, wird alles Andere unterdrückt oder im Keim erstickt. So ist es nicht weiter verwunderlich, daß die sumerischen Tontafeln zum guten Teil im Vatikan unter Verschluß gehalten werden. Dessen gewaltiges Archiv übrigens nur zu einem guten Viertel erschlossen sein soll, was bedeutet, daß etwa drei Viertel der historischen Belege ungenutzt und ungepflegt bleiben. Ebenso wie natürlich die Pyramiden scheinbar von geringem Interesse für moderne Wissenschaften sind.

Wer das Geld hat gibt den Ton an. Und wenn die Kontrolle über das Geld sich ausgerechnet in den Händen derer befindet, die eine Gefahr in wissenden Menschen sehen, dann wird einiges klar.

3.500 v. Chr. wurde Ägypten zu einer Stätte beginnender Hochtechnologie. Hier wurden Papyrusrollen und andere Aufzeichnungen erstellt. Neue Pyramiden entstanden. Kleiner und ungenauer als die mächtigen Alten. Dennoch wurde mächtig gearbeitet. Später entstand dem Mythos nach die wiederholt erwähnte Bundeslade. Aus dem Gestein Lapislazuli erbaut und mit geballtem Material angereichert. Um was es sich genau dabei handelt, Schriften, Geräte oder ein reines Symbol, bleibt vorerst eine Glaubensfrage. Auch könnte die Bundeslade identisch mit dem Sitz des Heiligen Gral sein. Wie dem auch sei, das symbolträchtige, mystische Behältnis entstand an den Ufern des Nil und wurde weggebracht. Angeblich an den Tempelberg zu Jerusalem. Weil sie in Ägypten nicht mehr sicher war vor dem Zugriff der Häscher. Denn sie muß in die richtigen Hände übergeben werden.

Es wurden wiederholt Nachbesserungen in Gestalt anderer Pyramiden vorgenommen. Dabei entstand die große Pyramidenstadt Tikal der Mayas, inoffiziell um ca. 1000 v. Chr., zeitgleich wie die nicht minder erstaunlichen Bauten am Machu Pichu, die von der Wissenschaft den Inkas des 15. und 16. Jh. zugeschrieben werden.

Wiederum finden sich nur schwer nachvollziehbare Bauleistungen, obgleich massive Zweifel und Unklarheiten hinsichtlich der Realisierung auftauchen. Großangelegte Nachforschungen bleiben aus. Es wird kein Wind gemacht um diese Rätsel.

Dann, bevor das dunkle Zeitalter nahte, kam der letzte, große Akt. Einfache Menschen, die nicht verstehen wie die Mathematik der Pyramiden als Hort von Wissen dienen kann, die außerstande sein werden Hiero-

Vor 75.000 Jahren...

glyphen zu entziffern, geschweige denn Zugang zu einem hochgeistigen Bewußtsein zu erlangen, denen muß ganz simpel auf die Sprünge geholfen werden. Nach dem Motto, wer lesen kann, ist klar im Vorteil.
Die Leviten waren die jütländischen Hohepriester. Nachdem sie laut Geschichte von den Assyrern um 700 v. Chr. überrannt und versklavt worden waren, verfaßten sie in babylonischer Gefangenschaft die alten Weisheiten in Form von Schriften. Die Leviten bedienten sich dazu der sumerischen Tontafeln, die überwiegend in aramäisch geschrieben sind. Aramäisch sprach kaum mehr jemand, mit Ausnahme der Leviten, womit sie bestens für die wichtige Aufgabe geeignet waren.
Eine Frage am Rande: Die Leviten waren Gefangene der Assyrer. Wie gelangen die äußerst wertvollen Dokumente der Vergangenheit in deren Hände? Wer gab den Leviten die Tontafeln?
So entstand jedenfalls das Alte Testament. Das geschah 586 v. Chr. und jetzt begann der unweigerliche Abstieg in die schlimmste Finsternis, die den Menschen je zuteil wurde. Ein Dasein in Ahnungslosigkeit stand an, von Medien mit fragwürdigen Informationen versorgt, die selten einer ernsthaften Prüfung standhalten. Das angewandte Motto heißt Unterhaltung, denn durch die Belieferung mit geistigem fast food wird man sprichwörtlich unten gehalten.
So geschah, was niemals hätte passieren dürfen, aber absehbar und zugleich unvermeidlich war. Das bildhafte Böse übernahm das Ruder, verkörpert durch die aktuell noch herrschende Macht und deren Marionetten. Das Wissen um die Geheimnisse der Welt, vielleicht sogar des ganzen Universums, geriet in Vergessenheit. Gleichzeitig wurden die kleinen Hinweise zum Begreifen dieser Kostbarkeiten für diese Phase von Auserwählten geschickt verborgen. In Mosaikstücken, die sowohl geistiger, als auch physischer und seelischer Gestalt sind.
In den Tiefen unseres Bewußtseins versickerte für sage und schreibe zweiausendfünfhundert Jahre das kostbare Gut. Versteckt in den physikalischen Besonderheiten der Planeten. Erst mit dem neuen Zeitalter darf der Schatz wieder auftauchen. Bis dahin wird er dem Zugriff unguter Elemente entzogen. Wir suhlen uns mehr oder weniger in Unwissenheit und nur ab und zu dringt eine Erkenntnis in Bruchstücken zu uns. Genau so verhält es sich mit der Wahrheit. Sie kommt scheibchenweise an die Oberfläche.

Vor 75.000 Jahren...

Irgendwann brechen die Dämme und mit einer Urgewalt kommt alles ans Licht.
Wenn Sie möchten, werden wir gemeinsam hinabsteigen in die Höhle Benakar, in der das Licht der Wahrheit verborgen ist. Sie werden fast alles erfahren über die Freimaurer, die Geschichte der Templer, den Schwarzen Adel und die mächtigste Familie der Welt. Es wird dargelegt wer Kennedy ermordete, wie die Kriege ablaufen, an wen wir Steuern zahlen und manches mehr. Vorgänge in Politik, Wirtschaft, Gesellschaft und Natur, es wird alles auf einen Nenner gebracht. Was soll ich sagen, Sie hören von mir die ganze Wahrheit. Vernehme ich da leise und laute Zweifel?
Er mag alt und verstaubt wirken, sein Wert jedoch ist unermeßlich. Die Rede ist von dem lieben, guten Brockhaus aus dem Jahre 1901 bzw. 1928. Ob wissenschaftlich, geschichtlich oder politisch, diese alten Werke sind noch ohne die Umerziehung seit 1945 abgefaßt. Ab da sind wertvolle Informationen stetig spärlicher geworden, um heutzutage als Rinnsal zu enden. Frisiert wird auch hier nur genehmes Wissen weitergegeben.
Wissen ist Macht. Ersteres muß man sich aneignen und die daraus erwachsende Macht einsetzen. Ansonsten übernimmt jemand Anderes das Ruder, nach eigenem Gutdünken.
Dem steht der alte Brockhaus entgegen und er gießt das eherne Fundament auf dem die meisten Geschichten aufbauen. Wissenschaftliche, natürliche, politische oder mystische Betrachtungen, die Wahrheit hat einen bärenstarken Verbündeten erhalten. Und den braucht sie auch. Mit diesem Verbündeten gelingt, was als unmöglich erachtet wurde, die Fackel der Wahrheit ans Licht zu bringen.
Genau jetzt scheint die Zukunft dunkel wie noch nie vor uns zu liegen. Ein Sprichwort sagt, wenn die Nacht am schwärzesten ist, ist der Tag nicht mehr fern. Und so ist es. Man kann es fühlen und fast schon greifen. Die Bestätigung dieser Erkenntnis liegt in der tiefen Ruhe, die Besitz von einem ergreift, sobald man im Kern angekommen ist.
Nach dem nächsten Kapitel steigen wir in die Abgründe hinab. Es wird schlimm, darüber gibt es wirklich keinen Zweifel. Wichtige Verbrechen und unverständliche Besonderheiten werden aufgeklärt und in den richtigen Zusammenhang gestellt. Nachdem wir genug gesehen haben, steigen wir aus der Gruft auf, entziehen uns dem schlimmsten Abgrund in der

Vor 75.000 Jahren...

Geschichte der Menschheit. Bevor der Pegel des Erträglichen die Grenzwerte erreicht. Dann lassen wir den ganzen Schmutz hinter uns und werden die Unsäglichen für alle Zeiten aus dem Gedächtnis streichen. Im Gedenken an die redlichen Menschen, die beim Einsatz für das Gute ihr Leben ließen oder Leid erfuhren, können wir die dunkle Zeit hinter uns lassen.

Am Ende dieses Buches reift die Erkenntnis, daß die Kraft des Lichtes sich Bahn bricht, und die guten Zeiten direkt vor uns liegen. Das müssen Sie mir jetzt wahrlich nicht glauben. Dennoch ist es so. Und Sie werden es fühlen. Das Licht am Ende des Tunnels, das erscheinen wird, ist beileibe kein entgegenkommender Zug. Es ist ein heller Strahl aus purem Glück. Dahin möchte ich Sie am Ende führen. Sie mögen mich für einen Spinner halten, das macht Sie nicht unsympathisch. Vielmehr weist es auf eine gesunde Skepsis hin. Das ist gut so und vernünftig. Nur ist die Vernunft ein Zwerg gegen Ihr Gefühl. Und dieses Gefühl ist der Ansprechpartner für die geschriebenen Worte.

Erwarten Sie bitte keine nüchterne, wissenschaftliche Abhandlung. Dann sind Sie völlig auf dem Holzweg. Das wäre schade um Ihre Zeit. Sofern Sie jedoch offen für Neues, Wahres, Emotionales und ein wenig Mythologie sind, kann ich reinen Gewissens zum Weiterlesen einladen.

Je niedriger Ihre Erwartungen und je skeptischer Sie selbst sind, umso mehr Spielraum eröffnet sich für positive Überraschungen. Dies zu erreichen, ist mein unbändiger Wille.

Karl May, der Vater von Old Shatterhand, Winnetou und Co., meinte einmal:

»Willst du die Wahrheit erzählen, so mußt du sie in ein Märchen kleiden«.

Er liegt viel richtiger als sich auf den ersten Blick erkennen läßt. Überall finden sich die motivierten Künstler. In der Literatur, der Musik oder auch der Malerei, den kreativen Feingeistern sind viele Wege eingefallen, um der Masse der Menschen gehaltvolle Hinweise zukommen zu lassen. Nur, wer erkennt schon in Mozarts Zauberflöte oder Goethes Faust die unsagbar wertvollen Botschaften? Bei Bram Stokers Dracula und Tolkiens Herrn der Ringe liegt die Quintessenz schon näher am Bewußtsein.
So manche scheinbar simple Geschichte gibt uns versteckte Hinweise auf die in Wirklichkeit herrschende Macht. Diese ist gar nicht so weit im Hintergrund, wie man vermuten möchte. Hat man die Spur erst einmal aufgenommen und hält dann den Roten Faden in der Hand, so beginnt der unaufhaltsame Vormarsch zur Wahrheit. Genau so konnten im vorliegenden Fall immer weitere Mosaikteile sortiert und zusammengefügt werden. Der heutige, moderne Mensch sieht meist nur noch die Oberfläche. Darunter liegt der wahre Kern verborgen, der bisweilen durchschimmert. Um beurteilen zu können, was wirklich geschieht, muß die Brille des Obrigkeitsglaubens abgelegt werden. Bitte tun Sie dies jetzt.
Seien Sie ehrlich, Ihr Blick ist gleich viel freier. Nun können Sie Ihre wertvollste Waffe einschalten, die Mutter Natur uns allen geschenkt hat, Ihr **Gefühl**. Dieses Gefühl, das manchmal so verächtlich dem Verstand untergeordnet wird, ist **eine Million mal so groß** wie das hochgelobte rationale Denken. Hier liegt das wichtigste Kommunikations- und Testgerät, welches je erfunden wurde.
Gefühle arbeiten über die Intuition, und die ist gekoppelt an das Unterbewußtsein. Der Weg zum Bewußtwerden ist somit länger. Darum braucht Ihr Gefühl nur Eines, um professionell arbeiten zu können, Zeit. Schlafen

Sie drüber, meist reicht einmal aus. Wenn nicht, gönnen Sie den Gefühlen eine Verlängerung. Es lohnt sich.
Bei allem was Sie im Laufe dieses Buches hören, horchen Sie bitte in sich hinein. Es werden Aussagen folgen, die ungeheuerlich scheinen. Nun, es sind auch ungeheuerliche Taten von denen berichtet wird. Bleiben Sie locker. Hören Sie weder auf mich noch auf irgendjemand anderen, ergründen Sie nur Ihr Gefühl. Darum bitte ich Sie.

Akteure auf der Bühne der Öffentlichkeit können anhand mehrerer Dinge analysiert werden. Da sind zum Beispiel deren Worte und Versprechungen. Werden diese gehalten, hat derjenige die Wahrheit gesagt, ansonsten wird er wortbrüchig. Nehmen wir als Paradebeispiel die Politiker.
Findet sich in der Bevölkerung noch ein Gutgläubiger, der Politiker für ehrliche Menschen hält? Unwahrscheinlich. Zahllose gebrochene Versprechen und erwiesene Korruption deuten etwas Anderes an. Ab einer bestimmten Anzahl an Wortbrüchen spricht man von notorischen Lügnern. Leute, die schon lügen bevor sie den Mund aufmachen. Wie viele Ihrer Freunde sind notorische Lügner? Kein Einziger, oder? Im Freundeskreis vermeiden wir in der Regel solche Kontakte. Eine normale Reaktion. Wieso übertragen wir notorischen Lügnern, korrupten und unzuverlässigen Leuten die Entscheidungsgewalt über unser Schicksal?
Ganz einfach, weil wir schlicht gesagt stockblöd sind. Welches vernünftige Lebewesen folgt einem unzuverlässigen Führer? Keines. Das heißt jedes Tier ist schlauer als wir. Möchten Sie noch einen Beweis für diese Aussage? Gerne, hier kommt er.
Die Flutkatastrophe in Asien hat neben viel Leid etwas sehr Wichtiges gezeigt. Es existiert bereits ein Frühwarnsystem, das uns keinen einzigen Euro kostet. Eine Stunde vor dem Beben rissen sich alle Elefanten von ihren Ketten los und rasten ins Inland. Die Tiere aus den Parks und Küstengebieten, inklusive der Vögel, taten es den Elefanten gleich. In den Hochlagen von Sri Lanka fanden sich unsere tierischen Mitlebewesen wieder ein. Die Einheimischen liefen den Tieren nach, während die meisten zivilisierten Menschen nichts mitbekamen. Das ist ein Armutszeugnis. Es zeigt wie hochgradig unsensibel wir für die Vorgänge um uns herum gewor-

den sind. Wir müssen wieder den Bezug zur Natur und zum Leben herstellen. Dazu gehört auch, daß wir unsere Sinne für die Wahrheit öffnen. Politiker sind Lügner und die haben an der Führungsspitze nichts verloren. In Deutschland können Sie alle sogenannten Parteien in einen Sack stecken. Die gehorchen nämlich alle dem gleichen Herrchen. Darum brauchen wir Bürgerparteien, mit Menschen aus unseren Reihen.
Joschka Fischer gehört den Grünen an und ist Außenminister. Was hat sich in Sachen Umwelt für uns verbessert? Gar nichts. Wie ist das Verhalten des Herrn Fischer zu bewerten? Früher ging er auf Demos und setzte sich militant für die Palästinenser ein. Einmal hat er einen am Boden liegenden Polizisten brutal zusammengeschlagen. Heute hält er Reden vor der UNO und erweckt den Eindruck für den Frieden zu sein. Das tut George W. Bush auch.
Fischer hält Eröffnungsreden vor den B'Nai B'Rith, einer etwas dubiosen Freimaurerloge. Sie strebt die Führung des Weltjudentums an. In ihr ist Helmut Kohl Ehrenmitglied. Der gehört der CDU an. Beide, Fischer und Kohl, waren schon auf Treffen der Bilderberger. Dort trifft sich die Elite einmal jährlich, um angeblich gute Vorhaben für das neue Jahr zu erarbeiten. Die bis heute vorzuweisenden Ergebnisse bieten Raum zur Verbesserung. Es sei denn Kriege und Umweltzerstörung wären die Ziele. Dann sind die Herrschaften natürlich sehr erfolgreich.
Die B`Nai B'Rith wurden von Familie Rothschild gegründet.[1] Die nehmen auch an den Treffen der Bilderberger teil. Helmut Kohl, oder Henoch Kohn, hat vor einiger Zeit die Aussage zur Herkunft von Spendengeldern verweigert. Bekam er das Geld von den Rothschilds? Dieser Henoch Kohn nimmt ein- bis zwei Mal pro Jahr an den Familienfesten der Rothschilds in Paris und London teil. Hatten Sie schon Familienfeste? Wer kommt da, Hinz und Kunz, ausgewählte Freunde oder nur Familienmitglieder? Bei uns in der Familie fanden zwei große Familienfeiern statt und es kamen ausschließlich Familienmitglieder.
Das Verhalten eines Menschen ist ein Spiegel seiner Gedanken. Ebenso wie seine Taten. Uns wurde vorgegaukelt Joschka Fischer sei gegen den Irakkrieg. Schön. Haben Sie den Joschka während dieser Zeit beobachtet? Ich tat es. In der sicheren Überzeugung es gibt Krieg. Und Schröder/ Fischer waren nur die scheinbaren Gegenspieler zu Bush/Blair. In Wirklich-

keit zogen alle vier nur ein Schauspiel auf der Bühne ab, die uns ja so gerne präsentiert wird. Die Galionsfiguren bewegen sich dahin, wo das Schiff hinsteuert. Der Kapitän gibt die Route vor.
Nach Kriegsbeginn im Irak wurden Bundestagsreden gehalten. Joschka Fischer sprach. Er redete sich richtig heiß, und auf einmal ereiferte er sich über das Unrecht. Das war toll. Ein mitfühlender Mensch wurde sichtbar. Dann begann er richtig wütend zu werden, scheinbar ob des fürchterlichen Verbrechens, das ein Krieg darstellt. Gerade als er die Rädelsführer beim Namen nennen wollte, als die konkreten Worte in seinem Munde lagen, fing er an zu stottern. Über eine Minute nur Gestammel. Das war wahrscheinlich der Moment, wo Sauerstoff in sein Gehirn gelangte, und er gewahr wurde, daß er mit seinem Leben spielt. Denn der Kapitän will im Verborgenen bleiben, um jeden Preis.

George W. Bush verspricht der Welt immer wieder Frieden und Demokratie.
Feldzug in Afghanistan, Krieg gegen den Irak, Drohungen gegen Iran und Syrien. Wo bitte ist da Frieden? Entweder er lügt gezielt oder der Mann ist geisteskrank. Auf Guantanamo werden Menschen gefoltert, wie im Irak auch. In Amerika, einem Mutterland der Demokratie, gibt es keine echten Demonstrationen mehr. Im Gegenteil, es liegen Gesetze vor, die jede Demokratie ad absurdum führen. Die Menschenrechte sind zusammen mit der Illusion einer Herrschaft des Volkes den Abfluß runtergespült worden. Um Unrecht zu erkennen, bedarf es nur genauen Beobachtens. Das Verhalten, die Worte, die Taten und schlußendlich die Ergebnisse. Das sind die realen Prüfsteine. Daran werden die Akteure gemessen. Ob im Sport, im Geschäftsleben oder sonst wo, überall ist das die gängige Verfahrensweise. Also auch bei Politikern, Unternehmern, dem Adel, der gesamten Elite.
Wer aus diesen Riegen hat den Krieg im Irak als völkerrechtswidrig angeprangert? Ich sage es Ihnen. Kein Einziger. Ist das verwunderlich? Kaum. Die Bushs sind verwandt mit den Windsors. Die wiederum mit dem spanischen und auch dem niederländischen Königshaus Familienbande besitzen. Es sind wenige Familien, die über die Jahrhunderte ein umspannendes

Netz aufgezogen haben. Und so ist es eine Sippe, die den Völkern der Erde ihren Stempel aufzudrücken sucht.
Wer vor diesen Realitäten die Augen verschließt, aus welchen Gründen auch immer, der wird die ganze Brutalität des aktuell herrschenden Regimes aus heiterem Himmel irgendwann zu spüren bekommen. Dennoch wird er niemals erkennen, wem er sein Leid zu verdanken hat. Wer mit beiden Beinen im Morast verhaftet ist, kann sich aus der mißlichen Lage nicht befreien, selbst wenn er wollte. Irgendwann läuft er Gefahr unter die Räder zu kommen, die er gar nicht sieht. Möchten Sie aus dieser Hilflosigkeit raus?
Nehmen wir einmal an, Sie befreien sich aus dieser Ohnmacht. Aber wie? Ganz einfach, Sie tun es bereits. Das Aneignen neuer Blickrichtungen und der Neuerwerb von Wissen sind dazu angetan Ihr Bewußtsein zu erweitern. Ihr Wissensschatz wird bereichert.

Wissen ist Macht
Dieses Buch ist eine geballte Ladung. Das darin enthaltene Wissen entstammt zahlreichen Quellen. Sie können auch dreißig andere Bücher lesen, um die gleichen Schlüsse zu ziehen. Das ist mühsam, ich weiß es, denn ich habe ungefähr siebzig Bücher ausgequetscht.
Darin wurde der rote Faden ersichtlich, gebündelt und aufbereitet liegt er in Ihren Händen.
Es tobt ein Krieg unvorstellbaren Ausmaßes auf dieser Welt. Hinter den Kulissen wird zäh gerungen. Mutige und zum Glück weise Männer sind die Widersacher der führenden Sippe. Manche Ungestüme aus unseren Reihen, die Gutes wollten, wurden gemeuchelt. Schiller, Lincoln, Kennedy, Herrhausen, es gibt Unzählige, die Widerstand geleistet haben. Aber sie blieben allein und das war stets tödlich.
Inzwischen ist das Schlachtfeld in die einzelnen Häuser getragen worden, es geht ums nackte Überleben. In Deutschland stirbt beinahe jeder Zweite an Krebs. Das ist so unnötig wie ein Kropf, denn wir besitzen ein Organ, das den Krebs zu besiegen vermag. Von uns weiß davon kaum einer, aber die andere Seite ist voll im Bilde. Und handelt dementsprechend.
Dr. Alfons Weber fand neue Erkenntnisse über die Krankheit Krebs. Die Approbation wurde ihm entzogen und er landete im Irrenhaus.

Dr. **Robert Beck** entdeckte den Blut-Zapper neu. Um Krebs und andere angeblich unheilbare Krankheiten zu besiegen. Zuerst wurde er brutal zusammengeschlagen und vor wenigen Jahren starb er bei einem Autounfall. Auf gerader Strecke.
Dr. **Gert Ryke Hamer,** dem Namensgeber der Neuen Germanischen Medizin, wurde die Approbation entzogen, weil er nämlich nicht bereit war auf die Schulmedizin zu schwören. Tiefstes Mittelalter und Inquisition lassen grüßen. Er wartet mit neuen Betrachtungen zu Krebs auf. Dies sind andere Behandlungsmethoden als die Chemotherapie aus dem Hause der Chemie und Pharma. Dr. Hamer wurde nach langer Haft endlich freigelassen.
Man kann es erahnen, Ausreden und Ausflüchte nützen nichts mehr. Wer nicht wach wird, kann gleich liegen bleiben. Solange wir lügende und Anderen gehorchende Politiker an der Spitze schalten und walten lassen, beweisen wir unsere Unmündigkeit und Dummheit. Das gilt es zu ändern. Grundsatzdiskussionen über die Richtigkeit von Tatsachen sind verfehlt. Wer jeden Tag an den Lippen der Dauerlügner hängt, der will die Wahrheit gar nicht wissen. Und kann wohl auch nichts mit ihr anfangen.
Wer weiß schon, daß er ein Organ sein eigen nennt, das krebshemmende Stoffe bildet? Aber diese kleine Drüse kann noch viel mehr. Sie erweitert unser Bewußtsein, gibt uns Kraft und lenkt unser Unterbewußtsein. Dieser Teil des Organismus Mensch ist die Zirbeldrüse mitten im Gehirn, oder auch »Drittes Auge« genannt. Es ist das Chakra für das kosmische Bewußtsein.

Wissen Sie wer und was Sie sind?
Sie sind ein Nachfahre der Erbauer der Pyramiden. Sie sind ein Mensch, ein Lebewesen des Planeten Erde. Vom wohlwollenden Geist der Vorväter beschützt und geleitet. Zeigen Sie mir einen, der das Recht hat, andere zu foltern oder uns zu tyrannisieren. Indem er Ihnen Krieg und Krankheit ins Haus bringt.
Bin ich ein mutiger Mensch? Mitnichten. Die unermüdlichen Forscher nach Bruchstücken der Wahrheit, die oft genug mit ihrem Leben für den Wissensdurst bezahlt haben, das sind wahre Helden. Ich sitze zu Hause und nehme nur deren Verdienste auf, um sie in einen Überblick einzubau-

en. Abgesehen davon bleibt mir keine andere Wahl als in die Offensive zu gehen. Denn weiteres Zuschauen führt unweigerlich zur Zerstörung unserer Lebensgrundlagen. Abgeholzte Regenwälder, schlechtes Trinkwasser, Stürme, Wüsten, Überschwemmungen, Kriege, Krankheiten. Das sind keine lohnenswerten Perspektiven.
Das Leben ist ein Krieg und keinem Menschen steht es zu, als harmloser Beobachter am Rande stehen zu bleiben.

Weil ich erkannt habe, was abgeht, komme ich nicht umhin mein Wissen weiterzugeben. Dies tue ich hiermit und hoffe auf fruchtbare Böden. Den Acker bestellen jedoch nur Sie.
Ihnen werden die drei Mörder von John F. Kennedy genannt und Sie erkennen wie stark die Familie Bush darin involviert ist. Als ein wichtiges Rädchen der machtvollen Dynastie, die den Ton seit über zweihundert Jahren angibt und den Bushs eine saftige Belohnung für die wertvollen Dienste zur Machterhaltung überreicht hat. Natürlich gibt es Hintergründe und interessante Details dazu, welche Sie wohl noch nie zuvor gehört haben.
Mit Fakten und nüchternen Daten wird das Lügengebäude zum Einsturz gebracht und solchen raffinierten Lügen wie dem Unwort Verschwörungstheorien der Garaus gemacht. Damit die Verschleierung der Wahrheit endet. Ein für allemal.
Verbrecher vertuschen die Wahrheit oder versuchen diese ins Lächerliche zu ziehen. Darum sind im Gepäck einige Beweise, zahlreiche Indizien und unbeschreibliche Zufälle. Es wird praktisch alles aufgeboten, was von Bedeutung ist. Das scheinen geeignete Mittel, die gängige Vertuschungspraxis bloßzustellen. Denn Verbrechen gehören aufgeklärt und die Täter kenntlich gemacht. Selbst, wenn diese mächtig sind oder im Licht der Öffentlichkeit agieren.
Sind wir Menschen eigentlich frei, oder sind wir Sklaven von raffinierten Abzockern? Wenn Sie erfahren, an wen wir unsere Steuern abführen, wird Ihnen der Atem stocken und das Blut erhöht seine Temperatur. Sobald Sie erkennen, wie genau diese Institutionen seit mindestens zweihundert Jahren für sämtliche Kriege und die forcierte, ungebremste Umweltzerstörung verantwortlich zeichnen, wird es schlimm. Aber wenn Sie dann hören, wie an

Krankheiten Geld verdient wird und nebenbei unsere Kinder geschädigt werden, dann wissen Sie, daß wir meilenweit von der Freiheit entfernt sind. Ein bekannter Satz sagt:

Wer kämpft kann verlieren, aber wer nicht kämpft hat schon verloren.
Diese Aussage gehört ergänzt:
Wer nicht kämpft, verliert seine Freiheit.

Che Guevara war ein Freiheitskämpfer. Er wurde von Felix Rodriguez, einem ehemaligen kubanischen Polizeioffizier, 1967 im Auftrag der CIA ermordet. Dieser Felix Rodriguez rief während der Iran-Contra-Affäre immer zuerst George Bush senior an.[2]
Wenn ein Freiheitskämpfer, oder auch ein paar, getötet werden, bedeutet das, jeder muß die Verantwortung für seine Freiheit selbst übernehmen. Folglich werden wir in die Pflicht genommen, sofern die Freiheit ein Ziel für uns darstellt.
Über sechs Milliarden Menschen gibt es, die wie Ameisen über den Planeten huschen. Wir brauchen eine Armee, die im Stile dieser emsigen Ameisen handelt.

Sobald wir Freiheitskämpfer sind, halten Frieden und Gerechtigkeit Einzug auf unserem Planeten, der Erde. Ist das auch Ihr Wunsch?
Unzählige Freiheitskämpfer werden unweigerlich den Sieg davontragen. Weil das Gute siegt.
Bevor das geschehen kann, gilt es der Vergangenheit und auch der Gegenwart ins Gesicht zu sehen. Es ist soweit liebe Leser, jetzt beginnt der angekündigte Abstieg in die menschlichen Niederungen des dunklen Zeitalters. Erinnern Sie sich bei Bedarf ruhig an den versprochenen Wiederaufstieg, das hilft enorm.

Die Rolle der Templer

Der Salomonische Tempel steht in der Mythologie der Freimaurer für die menschenwürdige Gesellschaft, in der Freiheit und Wahrheit regieren. Im Mythos erschuf Hiram, der König von Tyrus, während seiner Regentschaft von 970 - 936 v. Chr. diesen verheißungsvollen »Tempel« für König Salomo. Er wird als Freund und Zeitgenosse von David und dessen Sohn Salomo in der Legende aufgeführt. Hiram von Tyrus ließ das dreieckige Blatt mit den Aufzeichnungen, den Bauplan des Universums, verschwinden. Das war der Anlaß für den Mord an ihm. Begangen von drei »unwürdigen« Handwerkern mit Namen Jubelo, Jubela und Jubelum. Diese Geschichte spielt bei der Ermordung von John F. Kennedy eine Rolle.
Wir waren bei den Inkas und Mayas 1000 v. Chr. mit den erstaunlichen Bauten. So gelangten wir zu den Leviten 586 v. Chr. und der Erstellung des Alten Testamentes.
Geschrieben, damit wir etwas Handfestes besitzen, um aus der Zeit der Dunkelheit und der geistigen Umnachtung herauszufinden. Im christlichen Glauben tauchte ein Messias auf, Jesus Christus. Er war der sumerischen Tontafeln kundig, bzw. der Erkenntnisse darin, und hat sein Wissen um die zukünftigen Geschehnisse ebenfalls kundgetan, wie später ersichtlich wird.
Drei Gegenstände beschäftigen die Menschen unseres Zeitalters von je her. Die Bundeslade, der heilige Gral und die Tafeln des Moses mit den zehn Geboten. In welcher Beziehung stehen die drei zueinander?
In der Bundeslade sollen Papyrusrollen und ein Kommunikationsgerät enthalten sein, die das ganze Wissen der Menschheit bündeln. Eingangs wurde behauptet, sie sei von Ägypten nach Jerusalem gebracht worden. Wie komme ich zu dieser Behauptung? Ob in der Bibel, der Mythologie in der Freimaurerei oder in anderen Schriften, überall finden sich Hinweise.
Wenn die Bundeslade wirklich physisch existiert, dann wurde sie wohl vom Wissen der Erbauer der Pyramiden bestimmt. Und damit ist sie Teil des angenommenen Planes. Der sah nach dem beschriebenen Abtransport Richtung Jerusalem erst über tausend Jahre später eine Lageänderung vor.

Die Rolle der Templer

70 n. Chr. wurde Jerusalem von den Römern zerstört, die Bundeslade am Tempelberg zu Jerusalem, der symbolischen Stätte des Salomonischen Tempels, wurde jedoch nicht gefunden. Erst Ende des 11. Jahrhunderts entwickelte sich ein akuter Handlungsbedarf.
Die Bundeslade war nicht mehr sicher am Tempelberg zu Jerusalem. In Europa war eine neue Macht aufgetaucht, der schwarze Adel von Venedig. Kaufleute, die ihre finanziellen und machtpolitischen Interessen gegen jedwede andere Institution durchzusetzen wußten. Sogar den König zwangen diese in die Knie und gründeten 1171 den Großen Rat, der ihr Forum wurde. Bevor sich die bestimmende Kraft zu etablieren vermochte, galt es tätig zu werden.
Denn der Schwarze Adel hatte Wind bekommen von den Erzählungen um den Schatz, der am Tempelberg ruhen sollte. Während sich dieses dunkle Interesse gefahrvoll formierte, galt es aktiv zu werden. Die Bundeslade, der heilige Gral, mußte wieder auf die Reise geschickt werden. Zur nächsten Station. Darum wurde still und leise ein Mönchsorden gegründet, der nur eine Aufgabe hatte: Den Schatz der Pyramidenbauer in Sicherheit zu bringen. Die »Arme Ritterschaft Christi vom Salomonischen Tempel«, auch bekannt als »Orden der Tempelritter« oder im Volksmund als »die Templer« bezeichnet, war geboren. Der zur damaligen Zeit heiligste Mann, Bernhard von Clairvaux, verfaßte die insgesamt 72 Ordensregeln.
Mit neun Gründungsmitgliedern startete das Unternehmen Gralsrettung. Und verblieb gleich neun Jahre in der Versenkung. Ohne erkennbare Aktivität. Im Jahre 1119 n. Chr. von Hugo von Payens und Gottfried von Saint Omer gegründet, wurde der Orden durch Papst Honorius II. anno 1128 bestätigt. Dieser verlieh den Templern die ersten Statuten. Nach Ablegen des Gelübdes der Keuschheit, des Gehorsams und der Armut, war folgende Aufgabe vorgesehen:
»Die Mitglieder sollten ihr Leben dem Kampfe gegen die Ungläubigen zur Bewahrung des heil. Grabes widmen.« *(Großer Brockhaus von 1934, 15. Aufl., Bd. 18, S. 543.)*

Die Tempelritter waren instruiert und eingeweiht worden. Soweit wie nötig. Nun waren die Kräfte organisiert, die den Schatz in Sicherheit bringen sollten. Das Mittel um ins Heilige Land zu gelangen waren die Kreuzzüge.

Die Rolle der Templer

Bernhard von Clairvaux hielt die Kreuzpredigt, die den zweiten Kreuzzug anregte. Im Zuge der Vorbereitungen für diesen Kreuzzug kamen die Templer nach Jerusalem. Auf Geheiß des fränkischen Königs Balduin II., einem Merowinger, wurden sie in einem Nebengebäude der Al-Aksa-Moschee untergebracht, und zwar direkt auf dem Tempelberg.
In ihren weißen Mänteln mit dem blutroten, achtspitzigen Kreuz, später auch Tatzenkreuz genannt, das auf der linken Brustseite prangte, kamen die Templer ihrer großen Aufgabe nach. Die kämpfenden Rittermönche, ein Novum zur damaligen Zeit, verhielten sich exakt ihrer wichtigen Order gemäß. So wird berichtet, »die Templer wirkten schweigsam, herrisch und unnahbar«.[3] Kein Wunder, war die Aufgabe doch heikel, geheimnisumwittert und von äußerster Wichtigkeit.
Neben den strengen Regeln des Ordens agierten die Templer nach einem außergewöhnlichen Kodex. **»Die ersten beim Angriff und die Letzten beim Rückzug.«**
Ferner waren die Mönchsritter mutige und gefürchtete Kämpfer. Sie wurden gerne als Söldner genommen, weil ihre kämpferischen Leistungen weithin bekannt waren und gerühmt wurden. Nachdem die eigentliche Aufgabe erfüllt war, den Schatz vom Tempelberg an einen sicheren Ort zu bringen, wurden die Templer als verdiente Recken ihrem Schicksal überlassen.
In der Mitte des dunklen Zeitalters werden die Menschen mehr als alles andere vom Glanz der Macht und des Geldes geblendet. Das gilt auch für auserwählte Rittermönche. Stück für Stück wurden die Ordensregeln immer laxer ausgelegt und weltliche Dinge rückten vermehrt in den Vordergrund.
Befreit von allen Zehnten, Abgaben und Zöllen durch die erweiterten Privilegien von Papst Alexander III. aus dem Jahre 1172, gelangte der Orden rasch zu großem Reichtum durch zahlreiche Besitzungen und Einkünfte. So führten die Templer die ersten Banken ein und bedienten sich des Zins und Zinseszins.[4] Was an und für sich im Abendland nicht so gern gesehen, aber vom Papst geduldet wurde. In Erinnerung an die ursprünglichen, wertvollen Verdienste der Templer. Der sittliche Zerfall drückt sich auch in geflügelten Sprüchen wie »saufen wie die Templer« aus, was in der französischen Sprache Eingang fand. Die Dekadenz der Templer, bestimmt durch die dunkle Energie des Zeitalters, nahm ihren zu erwartenden Gang.

Die Rolle der Templer

Der Orden war vermögend und einflußreich geworden. Die Zahl allein der Ritter betrug Mitte des 13. Jh. mehr als 6.000. Hinzu kamen einfache Soldaten und die nötige Dienerschaft. Zum Einflußbereich der Templer gehörten Provinzen, Landschaften und Städte. Sie wurden zu mächtig, wie auch der Merowingerkönig Philipp der IV. von Frankreich, der Schöne genannt, empfand.[5]

Der König benutzte den sittlichen Verfall als Vorwand, um sich die vielen, in Frankreich gelegenen, reichen Güter der Templer einzuverleiben. Der von König Philipp dem Schönen abhängige Papst Klemens V. lud 1306 die Großmeister der Templer und Johanniter nach Frankreich ein. Vorgeblich zur Beratung eines neuen Kreuzzuges. Nur der Großmeister der Templer, Jacques Bernard de Molay, leistete dem Ruf Folge und wurde festgenommen. Am 13. Oktober 1307 wurden über 1000 französische Ordensniederlassungen durchsucht und 548 Templer, derer man habhaft werden konnte, verhaftet.[6]

Der Rest ist schnell erzählt. Am 12. Mai 1310 ließ der Erzbischof von Sens 54 Templer als rückfällige Ketzer verbrennen, da sie ihre unter der Folter geleisteten Geständnisse widerriefen. Die offizielle Auflösung kam am 20. März 1312 durch Papst Klemens V., unter Druck des Merowingerkönigs. Auch der letzte Großmeister der Templer widerrief seine folterungsbedingten Aussagen. So wurde er am 18. März 1314 zusammen mit seiner rechten Hand, Gottfried von Charney, in Paris auf dem Scheiterhaufen verbrannt. Von dort weissagte de Molay dem König und dem Papst ein baldiges Ende. Beide starben binnen weniger Monate.

Doch die Masse der Mönchsritter war lange vorher von dannen gezogen. So waren Ende des 13. Jh. Templer mit den 18 Schiffen, die in La Rochelle vor Anker lagen und zu der modernen Templerflotte gehörten, Richtung Amerika davongesegelt. Genaugenommen den Mississippi hoch bis nach Little Rock in Arkansas.[7] Am Mississippi wurden viele Jahre später sehr interessante Insignien gefunden. Fortsetzung folgt.

Von dort stammt übrigens Bill Clinton und der ist Mitglied im DeMolay-Orden. Offiziell unterschlüpfen konnten die Templer in Portugal und fanden sich im Christusorden wieder, der das Tatzenkreuz der Templer als Emblem fortführte. Auf diese Weise erreichten die Nachfolger der Templer später Indien.[8] Insgesamt wurden die Templer in aller Herren Länder ver-

Die Rolle der Templer

streut und flossen in die anderen Orden, wie Johanniter, Deutschritter oder auch Rosenkreuzer ein. Die enteigneten Güter in Frankreich fielen der Krone zu, in Deutschland wurde der Besitz an den Johanniterorden vergeben. Die wurden später zu den Rittern von Rhodos, um heute als Malteserritter fortzubestehen.[9]

Der Gral oder die Bundeslade könnte nach Südfrankreich, an den Stammsitz der Templer, oder nach Äthiopien gekommen sein, wie ebenfalls vermutet wird. Allein der weitere Weg des geheimnisumwitterten Schatzes dürfte ein Abenteuer für sich sein. Heute befindet er sich jedenfalls an einem anderen Ort. Mitten im Herzen des Wassermanns.

Nehmen wir einmal an, Sie halten das Gerede vom Heiligen Gral und der Bundeslade für eine nett anzuhörende Geschichte. Reine Legende, eine literarische Illusion. Gut. Erklären Sie mir dann, warum Baron Edmond de Rothschild mehrere hunderttausend Francs Anfang des 20. Jh. ausgab, um in Südfrankreich einen Berg zum Teil abzutragen, an dem der aktuelle Fundort des Heiligen Grals vermutet wurde? An gleicher Stätte waren ebenfalls die Habsburger aktiv auf der Suche. Bitte, seit wann geben Rothschilds und Habsburger einfach Geld aus, ohne irgendwelche praktischen und profitablen Hintergedanken?

Sehen Sie, die Dinge sind manchmal nicht so wie sie scheinen. Und Ihr Gefühl wird es genau so richten, wie es gehört. In der Legende über den Gral, den Becher des Zimmermanns, heißt es, er verkörpere einen Geist und sei die Frucht der Seligen. Nur derjenige, der alle drei Prüfungen besteht, wird den Heiligen Gral in Händen halten.

1. Der Würdige muß vom Glauben an Gott beseelt sein.

2. Bußfertigkeit und Demut sind seine Tugenden.

3. In den Fußstapfen Gottes findet er den Pfad zum Licht.

Diese drei bestandenen Prüfungen befähigen zum ewigen Leben. Eine faszinierende Aussicht, und zugleich anspruchsvolle Aufgabe für Ihr Gefühl, meinen Sie nicht?

Allianz der Dunkelzeit

Im elften Jahrhundert war der Schwarze Adel von Venedig auf den Plan getreten. Dessen Macht steigerte sich im Laufe der Zeit und im Jahre 1171 wurde der Große Rat errichtet, in dem die Kaufleute Monopole und Handelsrechte erhielten. Dennoch fehlte damals die letzte, entscheidende Komponente, um die volle Hoheitsgewalt ausüben zu können. Außerdem war das Mittelalter energetisch zu schwach, als daß sich eine beständige Kraft hätte ausbilden können. Ungeachtet dessen, liefen die Vorbereitungen und Bemühungen zur Übernahme der Kontrolle natürlich weiter. So dehnten die Familien des Schwarzen Adels stetig ihren Machtbereich aus und trachteten vermehrt nach kontinuierlicher Bereicherung. Zu den führenden Geschlechtern gehören die Namen Habsburg, Savoyen, Hohenzollern, Guelphs, Hannover, Nassau-Oranien, Thurn und Taxis, Montefiore, Windsor, um nur einige zu nennen.[10] Aber es ist eigentlich nicht wichtig wie sie heißen. Für Interessierte bieten sich u.a. die Passagen der Ahnenforschung bei David Icke, »Das größte Geheimnis« an.
Unter den Mitgliedern dieser Familien befinden sich selbstverständlich Personen, die ihr Mitwirken begrenzt halten oder aus der Reihe schlagen. Doch das ist stets mit, nennen wir es, gesundheitlichen Risiken verbunden. Natürlich existiert auch ein guter, ein weißer Adel. Wie immer sollten keine pauschalen Urteile getroffen werden. Die alten Germanen **wählten** Ihre Priester, Fürsten, Herzöge und Könige übrigens **aus dem Kreis** von sogenannten **Edelingen** oder **Edelfreien** aus.
Der heutige Hochadel Europas rührt zum guten Teil aus der Grundlage des mittelalterlichen Königsdienstes und des eingeführten Lehenswesens. Wilhelm der Eroberer in England z.B., vergab an seine Heerführer Lehen, die ihrerseits deren Gefolge belehnten. So entstanden Barone und Ritter. Weniger aus dem Akt von Edelleuten, denn mehr aus der erfolgreichen Teilnahme an Raubzügen, und der daraus resultierenden Belohnung. Das sind zum guten Teil die Wurzeln des heutigen Hochadels.[11] Im dunklen Zeitalter ist Edles eher Mangelware.

Allianz der Dunkelzeit

Die Zeit schritt voran und es dauerte bis zum Jahre 1600 bis sich Großartiges tat. Denn nun konnte ein weiterer, sehr wichtiger Meilenstein gesetzt werden. Im Zuge der Kolonialisierung und diverser Eroberungen anderer Kontinente und Länder, angetrieben von nimmermüden und ehrgeizigen Kaufleuten, kam es zur Gründung der **Britischen Ostindiengesellschaft**, der **BEIC (British East India Company)**, einer Handelskompanie.

Ebenso wie die zwei Jahre später entstandene **Holländische Ostindiengesellschaft**, war sie mit Monopolen und Privilegien für den Kolonialhandel ausgestattet.[12] Die BEIC gehörte den Kaufleuten, die mit ihrem Großen Rat in Venedig schon für Furore gesorgt hatten. Und das Hunderte Jahre zuvor. Anfangs gänzlich auf den Handel mit Tee und Gewürzen ausgerichtet, die sie in Indien anbauen ließ und aufkaufte, um die Waren dann in England gewinnbringend zu veräußern, begann bald schon die Suche nach neuen Ertragsfeldern.

Die Kaufleute hinter der BEIC, erfinderisch wie eh und je, wurden fündig und die dreihundert Mitglieder des Vorstandes frohlockten. »Die ersten Schiffsladungen mit Opium aus Bengalien erreichten England 1683«,[13] und zwar auf den Schiffen, die schon seit über acht Jahrzehnten den Tee und die Gewürze so erfolgreich transportiert hatten.

Der Versuch, die breite englische Masse zum Konsum des Opiums zu bewegen schlug jedoch fehl. Wahrlich kein Wunder, denn Opium macht depressiv. Und wer tagein tagaus sein Dasein im englischen Wetter verbringt, der dürfte die Nase voll haben von Depressionen.

Nebenbei waren die Kaufleute noch auf einem anderen Gebiet aktiv. Sie hatten nämlich eine tolle Geldmaschine entdeckt. Steuereinnahmen. Wen interessiert schon der biblische zehnte Teil, wenn er dreißig, vierzig oder mehr Prozent erhalten kann? So wurde das Unternehmen zur Entstehung der Bank von England in Angriff genommen.

Von 1640 bis 1689 unterstützten die Prieure de Sion, besser bekannt als die Weisen von Zion, von Holland aus verschiedene Splittergruppen in England mit diversen Geldbeträgen. Ihr Ziel war es, einen der Günstlinge auf den Thron Englands zu bringen und die herrschenden Stuarts von dort zu vertreiben. Auserkorener Favorit war Wilhelm der Schweiger, ein deutscher Fürst aus dem Hause Nassau-Oranien, der zum Anführer der holländischen

Allianz der Dunkelzeit

Armee und später zu Wilhelm von Oranien ernannt wurde. Er heiratete Mary, die älteste Tochter des Duke of York und hatte einen Sohn, Wilhelm den III. von Oranien. Mit Unterstützung der Whigs, einer Partei von einflußreichen Engländern und Schotten, wurden 1688 die Stuarts vom englischen Thron gestürzt und Wilhelm der III. von Oranien 1689 zum König ernannt. Dieser gründete den antikatholischen Oranierorden, angeblich mit dem Ziel den Protestantismus in England zu festigen. In Wirklichkeit lief das uralte Spiel. Wilhelm III. verwickelte England ohne langes Zaudern in kostspielige Kriege gegen das katholische Frankreich. Die somit aufgetürmten Schulden beliefen sich auf satte 1,2 Mio. britische Pfund, die sich das britische Schatzamt gezwungenermaßen von eben jenen Prieure de Sion leihen mußte, die Wilhelm dem III. auf den Thron geholfen hatten. Dafür durften die großzügigen Geldgeber der Regierung Englands folgende Leihbedingungen diktieren:

1. **Die Namen der Verleiher bleiben geheim und sie werden ermächtigt eine Zentralbank, die Bank von England, zu errichten.**
2. Die Direktoren der Bank setzen den Goldmaßstab für das Papiergeld fest.
3. Für jedes hinterlegte Pfund Gold dürfen sie 10 Pfund Geld verleihen.
4. **Durch die Erlaubnis der direkten Besteuerung des Volkes können sie die nationalen Schulden konsolidieren.**

Ein Spitzengeschäft, die Initiatoren rieben sich die Hände und beim Gedanken an die von nun an sprudelnden Gelder, lief den raffinierten Regisseuren das Wasser im Mund zusammen. Doch es sollte noch viel besser kommen. Durch die so ermöglichte Gründung der Zentralbank und die Vereinnahmung der Steuereinnahmen, stieg auch die Einflußnahme auf die Politik erheblich an. Schließlich regiert Geld die Welt. Noch.
Mit weiteren Kriegen erhöhte sich der Schuldenberg Englands zusehends und die Abhängigkeit von der neu geschaffenen Bank von England wuchs. Englands Bürger zahlen auf diese Weise seit **1694 Einkommensteuer.** An die Erfinder dieses ausgeklügelten Systems. In **Frankreich** wurde **1716** eine Zentralbank diesen Stiles errichtet. Aber keine Sorge, keiner kommt zu kurz. Im Laufe der Zeit bekamen alle Länder ihre süße, kleine Zentralbank.

Durch diverse Kriege ermöglicht, damit jeder das Recht verwirklicht sieht, Einkommensteuer zahlen zu dürfen. Das ist die garantierte Gerechtigkeit im Reich der Dunkelzeit. Allerdings dürfte dies auch leider die Einzige sein. Zurück zum Opium. Die Gilde der Kaufleute suchte also einen neuen Markt und fand diesen auch prompt. »Der Opiumhandel in China ging los mit der China-Inlandsmission«[14] der BEIC. Daraus entstanden die damals typischen Opiumhöhlen, in denen die chinesischen Kulis und Arbeiter Abwechslung vom tristen Alltag suchten. Erst nach vielen Jahren des tatenlosen Zusehens wurde von Seiten der chinesischen Regierung reagiert, um der fortschreitenden Verelendung durch das Heer von Süchtigen Einhalt zu gebieten. Im Jahre 1729 wurde ein Importverbot über Opium verhängt. Das gefiel den Kaufleuten der BEIC natürlich gar nicht, denn nun drohten ihre seit Jahrzehnten gewohnt und reichlich sprudelnden Einnahmen zu versiegen. Und so reagierten sie prompt, um den alten Status quo wiederherzustellen.

Sie gründeten 1729 das Komitee der 300, eine Geheimgesellschaft. Aber es handelt sich nicht um irgendeine Organisation. **Es ist die mächtigste Gesellschaft der Welt.**

Während die BEIC 1858 vom Erdboden verschwand, existiert das Komitee der 300 heute noch und ist einflußreicher denn je. Das klingt abenteuerlich, ist aber eine verdammt ernste Angelegenheit.

Erst seit Anfang des 20. Jh. wissen wir einfachen Menschen vom Komitee der 300. Durch Walter Rathenau, den damaligen Vorsitzenden der AEG in Deutschland. Er gab jenes enorm wichtige Geheimnis preis, das fast zwei Jahrhunderte gut gehütet im Verborgenen blieb. Sein Zitat

»Es gibt ein Komitee von 300 Leuten, die die Welt regieren und deren Identität nur ihresgleichen bekannt ist«[15], war ein heftiger Verrat, der dementsprechend geahndet wurde. Walter Rathenau wurde am 24. Juni 1922 ermordet.

Nachdem das Komitee der 300 also 1729 sein Wirken im Hintergrund begonnen hatte, und der Handel mit Opium als einträgliches Geschäft etabliert werden konnte, war wieder so etwas wie Stagnation angesagt. Aber nur wenige Jahrzehnte, denn die lange Zeit des Wartens neigte sich dem Ende entgegen. Der Führer der Dunkelzeit war geboren, und zwar genau am **23. Februar 1743**. Als Deutscher könnten Sie jetzt aufhorchen, denn

Allianz der Dunkelzeit

exakt am **23. Februar 2005** kam der amerikanische Präsident George W. Bush nach Mainz. Und über die Familie Kohn dürfte George Bush sogar ein Verwandter des Mannes sein, der sich zum Führer der Dunkelzeit aufschwang. Spätestens als die markigen Worte fielen, **geben Sie mir die Kontrolle über das Geld, und es ist egal wer die Gesetze macht,** begriff sogar der letzte Hinterbänkler des Schwarzen Adels, daß eine neue Zeitrechnung im Sinne der Machtergreifung angebrochen war. Dieser Mann beherrschte das Klavier der Macht wie kein Zweiter zuvor. Das träge Dahindümpeln war beendet, jetzt war der Dampfhammer unterwegs.

Aus einem chaotischen Haufen von geld- und machtgierigen Solisten formte er eine Allianz, die noch heute herrschende **Allianz der Dunkelzeit**. Die Fäden wurden gesponnen, das Geld und die Steuereinnahmen, Opium und andere Geschäftsbereiche, die Freimaurerlogen und die Elite, es wurde alles ins System eingebaut. Der Mann hatte den Scharfsinn, Überblick und die nötige Disziplin, um die Sache in seinem Sinne richtig ins Rollen zu bringen.

Dieser Anführer der Allianz der Dunkelzeit hieß **Mayer Amschel Rothschild**, geb. Bauer. Der erste Rothschild revolutionierte das Spiel der Macht auf eine nie dagewesene Weise. Aus dem Spiel wurde Ernst. Und dieser Ernst ist heute über 230 Jahre alt.

M. A. Rothschild war kein Mann der Worte, sondern der Taten. Früh vaterlos geworden, gab er sich alle Mühe das Bankgeschäft zu erlernen und suchte Eingang in die Kreise des Adels und der Oberen. 1766 machte er in Frankfurt am Main ein eigenes Bankgeschäft auf. Mit den fünf Söhnen zog er eine Dynastie hoch. Hier die Entstehungsgeschichte der Dynastie der Rothschilds im Zeitraffer. Gut nachzulesen bei **www.bornpower.de, Des Griffin »Wer regiert die Welt« und im Großen Brockhaus von 1931.**

Der Vater Moses Amschel Bauer war ein Handelsreisender gewesen, der in Osteuropa seine Geschäfte abgewickelt hatte und sich irgendwann, des Reisens müde, in Frankfurt am Main niederließ. Mayer Amschel Bauer, ein fleißiger und auch wißbegieriger Sohn, eignete sich die Grundbegriffe des Geldverleihens vom Vater an, ging bei **Oppenheimer** in Hannover in die Lehre und übernahm 1766 das Kontor des Vaters in der Judenstraße. Er änderte seinen Namen in Mayer Amschel Rothschild, benannt nach dem

roten Schild direkt über der Eingangstür des Geschäftes. »Sein Vater hatte es zu seinem Wappen aufgrund der roten Flagge erhoben, die das Siegeszeichen für die **revolutionsbewußten Juden in Osteuropa war**«.[16]
1770 heiratete er Gutele Schnaper und kam insgesamt auf die stattliche Zahl von zehn Kindern, fünf Söhne und fünf Töchter. Er betrieb Geschäfte mit Prinz Wilhelm IX. von Hessen-Hanau, einem der reichsten Männer der damaligen Zeit. Der betrieb einen Verleih von Söldnern, hauptsächlich an das Adelshaus von Hannover, die den englischen Thron innehatten. Im 20. Jh. wurde dann der Name Hannover in Windsor umgewandelt. Ansonsten könnten die Engländer irgendwann tatsächlich merken, was gespielt wird. Prinz Wilhelm von Hessen brachte M.A. Rothschild in die Kreise der Freimaurer. Und schon 1770 »beauftragte M.A. Rothschild Adam Weishaupt mit der Gründung der Bayerischen Illuminaten«[17] und ihrer angegliederten Freimaurer und Logen. Denn die Freimaurer waren der Schlüssel zur Kontrolle der Elite. Ebenso wie die Kriege zur Gründung der Zentralbanken und der Kontrolle der Steuereinnahmen führten.
Im Jahre 1773 fand in Frankfurt ein Geheimtreffen mit den Prieure de Sion statt. Dabei konnte dieser M.A. Rothschild mit einem bahnbrechenden Konzept für die Allianz aufwarten. **Der Rat der 13 war geboren.**
Nachdem die Bank of England 1694 entstanden und so das englische Vermögen bereits unter Kontrolle gebracht worden war, wurde das weitere Vorgehen zum Erlangen der vollständigen Herrschaft besprochen. Es wurden Pläne geschmiedet, inwiefern die anstehende Gründung des amerikanischen Staates positiv genutzt werden könne, und wie die weitere Ausrichtung der Interessen in Europa und die noch verbesserungswürdige Abstimmung und Koordinierung des wirtschaftlichen und politischen Einflusses der Allianz betrieben werden sollte. Diese Besprechung dürfte ein Anlaß zum Feiern gewesen sein. Denn lange genug hatten die alten Adelsgeschlechter schließlich auf diesen Moment gewartet.
Der finanzielle Grundstein des Hauses Rothschild wurde noch entscheidend verbessert. »Als der Prinz vor den herannahenden französischen Truppen 1806 nach Böhmen fliehen mußte, die Kurhessen occupierten, ließ er den Lohn seiner Söldner in Höhe von 600.000 Pfund zur Obhut und Verwahrung« in den treuen Händen seines Bankiers M.A. Rothschild. Der verteidigte mutig und überlegt die großen Schätze gegen die französi-

Allianz der Dunkelzeit

sche Polizei, die fieberhaft nach diesen suchte. Napoleon wäre eine kleine Aufbesserung seiner Kriegskasse bestimmt willkommen gewesen.
Diese geschichtlichen Abläufe können Sie übrigens jederzeit nachlesen im alten Brockhaus Konversationslexikon von 1901. Da steht das noch drin.
Zur Untermauerung sind zwei Originaltexte in die Quellenangaben eingefügt.
Die 600.000 Pfund entsprachen damals einem Gegenwert von drei Millionen Dollar und stellten ein willkommenes Startgeld für die Pläne des M.A. Rothschild dar. Der Sohn Nathan Mayer von Rothschild wurde nach England geschickt und eröffnete 1798 in Manchester eine Handlung. Fünf Jahre später gründete er ein Handelshaus in London.[18] Daraus entstand später das Bankhaus Rothschild London.
In Frankreich faßten die Rothschilds, vertreten durch James de Rothschild, ebenfalls stärker Fuß. Sie etablierten sich im Bankwesen, bei Finanzierungen und vor allem im Handel mit Regierungsanleihen. So galt James de Rothschild, 1792 – 1886, als bedeutendster Finanzmann seiner Zeit und stieg später sogar zum reichsten Mann Frankreichs auf. Gemeinsam mit dem älteren Bruder Nathan, der in England residierte und über beste Verbindungen zur englischen Regierung verfügte, betrieben die beiden Brüder einen ausgedehnten Goldschmuggel. Dabei profitierten Rothschilds erheblich von der 1806 zwischen England und Frankreich errichteten Kontinentalsperre. Der Im- und Exporthandel florierte und die Geschäfte liefen unbehelligt ab. Kein Wunder, schließlich hatten Rothschilds beide Seiten finanziert und gesponsert.
Damals war das Papiergeld unterlegt mit einer Golddeckung, meist mit einem zehnten Teil des Papiergeldes. So auch hier. Das zugehörige Gold war in England gelagert, und zwar bei der zuvor mehrfach erwähnten Ostindischen Gesellschaft. Dieses Gold wurde von der BEIC anstandslos an das Bankhaus Rothschild ausgehändigt.
Das Erfolgsrezept von Nathan Mayer Rothschild bestand laut John Reeves in der »Verschwiegenheit, mit der er sich umgab und in der unlauteren Politik, mit der er jene irreführte, die ihn am aufmerksamsten beobachteten«.[19] Ein noch heute praktiziertes Erfolgsrezept, wie in den folgenden Kapiteln recht deutlich werden dürfte.

In der mächtigsten Geheimgesellschaft der Welt, dem Komitee der 300, kurz K 300 betitelt, lebten die Interessen der Britischen Ostindiengesellschaft und ihrer Mitglieder fort. In diesem K 300 finden sich als Mitglieder Rothschilds, Rockefellers, Warburg, DuPont, G. Bush senior und seine Verwandten, Queen Elisabeth II. und Königin Beatrix der Niederlande. Die Häuser des Hochadels, Hohenzollern, Habsburg, Savoyen, Nassau-Oranien, Thyssen-Bornemisza, Thurn und Taxis, Haakon von Norwegen, sie sind alle dabei. **Verwandt oder verschwägert** miteinander ziehen sie die Fäden. Diese Familien beherrschen die Welt, lesen Sie die Namen der Mitglieder im Buch des **Dr. John Coleman »Das Komitee der 300«** und auch Sie wissen Bescheid.

Manche der Mitglieder stehen im Rampenlicht und agieren auf der Bühne der Welt, wiederum andere sind weniger bekannt. Hier ist der Schmelztiegel der Reichen und Mächtigen. Es war die Rede von einer geheimen Gesellschaft, da drängt sich zwangsläufig eine Frage auf, **wieso eigentlich geheim, wo doch einige der Personen für jeden ersichtlich eine führende Rolle in unserer Welt innehaben?**

Sie könnten natürlich einwenden, auch die Adligen und Reichen möchten sich ab und zu unter ihresgleichen bewegen. Das wäre bestimmt eine Erklärung, wenn da nicht die Geschichten mit dem Opium und den Kriegen wären. Tja, das Opium ist ein mit Vorsicht zu betrachtender Stoff. Es gilt in Fachkreisen als die am süchtigsten machende Droge überhaupt. Außerdem wird aus Rohopium z.B. Heroin gewonnen. Und Kriege finden die meisten Betroffenen auch nicht wirklich witzig.

Die BEIC hatte anno dazumal das Opiummonopol inne. Wenn also das Komitee der 300 bis in die heutige Zeit den Handel mit Opium und Heroin maßgeblich lenkt, wie John Coleman immer wieder betont, dann wäre das sicher ein Grund im Verborgenen zu bleiben und diesen Umstand nicht an die große Glocke zu hängen. Erstens würde das dem Image einen erheblichen Schaden zufügen, zweitens dürfte es für böses Blut sorgen und drittens könnten die Geschäfte dann nicht mehr in Ruhe abgewickelt werden. Aus diesem Aspekt heraus bietet sich eine vernünftig klingende Erklärung für die zur Schau gestellte Verschwiegenheit an. Die Sache mit dem nicht einkehren wollenden Frieden auf Erden ist ebenfalls ein Problem

für die Normalbürger. Wie sieht es nun mit den Politikern, den größtenteils notorischen Lügnern, aus? Das Ergebnis der Auseinandersetzungen spricht für deren Unfähigkeit, Frieden zu stiften und zu halten. Da eine gesunde Korruption den meisten Akteuren nachgesagt werden kann, liegt der logische Schluß nahe, das Komitee der 300 im Kern der Allianz der Dunkelmacht diktiert den Politikern die notwendigen Entscheidungen. Untermauern wir diese Vermutung ein wenig. Unsere Politiker sind von uns mit allen erdenklichen Vollmachten ausgestattet worden. Um unsere Wünsche zu erfüllen. Ist Frieden einer unserer Herzenswünsche, ja? Gut. Warum finden dann so viele Kriege statt?
Die eine Möglichkeit wäre, die Völker sind böse und kriegslüstern. Unwahrscheinlich, und die ganzen Demonstrationen gegen die Kriege, schon im Vorfeld, vermitteln einen anderen Eindruck. Eigentlich haben die Menschen überhaupt keine Lust auf Krieg. Der alltägliche Kampf ums Dasein und diverse Krankheiten genügen vollauf. Die Waffenhändler und die Bankiers dagegen reiben sich genüßlich die Hände beim Ausblick auf die eingebrachte Ernte ihrer Saat.
Sind die vermeintlich führenden Persönlichkeiten vielleicht ohnmächtig und außerstande für Frieden zu sorgen? Wenn zig Millionen Menschen auf der ganzen Welt sich friedlich für Frieden eingesetzt haben, wie kann es dann ein von uns gewählter Politiker wagen, diesen Wunsch zu übergehen? Ganz einfach, weil ihm die Allianz der Dunkelzeit im Nacken sitzt.
Gerhard Schröder war schon Teilnehmer des alljährlichen Treffens der Bilderberger, ebenso wie Fischer und Kohl. Dort sitzen dann die Größen von Wirtschaft und Politik zusammen, um angeblich ein kleines Schwätzchen über die Lage der Welt zu halten und zukünftige Entscheidungen zu besprechen.
Wer ist auf diesen Treffen der Bilderbergern alles zugegen? Nun, Sir Evelyn de Rothschild, immerhin Chef des Bankhauses in London und seine Frau Lynn Forrester Rothschild. Das stand so in der Welt am Sonntag am 11.01.2004. Die gehört Springer, an der ist die Deutsche Bank zu fast 30% beteiligt und die gehört mehrheitlich Familie Rothschild, wie im Kapitel VIII ausgeführt wird. Auch die Rockefellers in Person von David Rockefeller sind ständig vertreten. Immerhin war er der Auftraggeber zum Bau des World Trade Centers, das leider mit Spritzasbest versehen worden

war. Mit diesen Leuten setzen sich die Politiker Schröder, Fischer, Blair oder Chirac zusammen. Der scheinbare Wunsch des Kanzler Schröder nach Frieden im Irak hat sich offensichtlich nicht durchgesetzt. Wie lautete dann bitte die genaue Einstellung der anderen Herrschaften, deren Familien seit vielen hundert Jahren auf dieser Welt den Ton angeben? Könnte Kanzler Schröder bitte so freundlich sein und dies mitteilen?

Auf der Bühne im Theater sind Schauspieler und andere Akteure, doch Regie führen meist ganz andere. Das gleiche gilt für die Produktion des Stückes. Warum sollte das im politischen und wirtschaftlichen Alltag anders sein? Die klugen Mächtigen ziehen aus dem Hintergrund die Fäden, agieren verschwiegen und treten ruhig, unauffällig und bescheiden auf. Protziges Gehabe würde nur Aufsehen und Neid erregen.

Einzig der Hunger nach noch mehr Reichtum und der unbedingte Wille zum Erhalt der Macht können als plausible Argumente für die unzähligen Mißstände in dieser Welt herhalten. Und das wird jetzt fein säuberlich dargelegt. Kapitel für Kapitel arbeiten wir die herausragenden Meilensteine der Allianz der Dunkelzeit auf. Es können naturgemäß nicht alle behandelt werden. Aber die Wichtigsten dürften dabei sein.

Und eine Botschaft kommt vorneweg. Halten Sie unbedingt Frieden. In der Familie, im Beruf oder im Freundeskreis. Denn Frieden sorgt für Ruhe. In der kommt die Besinnung, und dann wird Ihr Gefühl für die Erkenntnis der wahren Abläufe so richtig auf Hochtouren gebracht.

Genau aus diesem Grunde trachten die Habsburger und die von Savoyen seit dem 13. Jh., und die Rothschilds seit dem 19. Jh. gezielt danach, Kriege zu schüren.

Und das, lieber Leser, kann so hergeleitet werden aus dem Großen Brockhaus von 1928 ff. Lassen Sie sich also bitte nie wieder irritieren von Scharlatanen oder Dummschwätzern. Die Wahrheit liegt in Ihren Händen. Jetzt. Vertrauen Sie Ihrem Gefühl und bitte seien Sie versichert, diese Waffe wird rigoros eingesetzt. Keine Chance der Lüge. Das böse Spiel ist aus und das langersehnte, große Aufräumen mit den Verbrechen der Dunkelzeit hat begonnen. Unwiderruflich.

Es wäre schön, Ihnen im nächsten Kapitel wieder zu begegnen. Und vielleicht stellen Sie sich am Besten ein Glas Wasser neben dran. Denn der Reflex zu trinken nimmt mit zunehmendem Alter stetig ab. Dabei ist

Wasser ungeheuer wichtig, um fit und leistungsfähig zu bleiben. So ist der Verlust von drei Prozent Körperflüssigkeit verbunden mit einem zwanzigprozentigen Leistungsabfall. Darum gehe ich jetzt mein Wasser holen.

Freimaurer – Geschichte und Aufgabe

Ergänzend zu den gigantischen Bauwerken wie den Pyramiden, den sumerischen Tontafeln, Papyrusrollen der Ägypter und der Erstellung der Bibel durch die Leviten, wurde unserem Menschengeschlecht noch etwas an die Seite gegeben. Weise Leute, die das Bewußtsein des Menschen im Glauben an das schier Unfaßbare bestärken sollen. Dies dürfte die wohl mit Abstand schwierigste Aufgabe gewesen sein, die es zu erfüllen galt. Die dazugehörende Rolle wurde in der ausklingenden Hochkultur der Sumerer vergeben. Eine Institution entstand, die damals das Gemeinwesen und den sozialen Verbund verkörperte, **die Freimaurer**. Heute ist der Ruf der Freimaurer ein relativ schlechter. Das war anfangs anders. Zwischen Euphrat und Tigris, der Kulturstätte von Mesopotamien, dem heutigen Irak, entstanden die Vorläufer der Freimaurer und Logen. Es handelt sich dabei um mehrere Jahrtausende alte Institutionen, die bis fast 4.000 v. Chr. zurückreichen.

Sie nahmen wichtige Funktionen im gesellschaftlichen Leben wahr. So fungierten sie als eine Art Gewerkschaft, Lehrer und Bindeglied im sozialen Gefüge der Gemeinschaft. Aber die alles entscheidende Aufgabe, die ihnen übertragen wurde, kam von unseren Urahnen direkt.

Es ist eine ungemein schwere Bürde, die von Mund zu Mund über zweitausendfünfhundert Jahre hinweg weitergegeben wird. Und eine einmalige Überlieferung, welche sich seit langer Zeit abspielt. Dabei wurde den Freimaurern eine besondere Rolle zuteil, denn sie sind **die Boten des Lichtes**. Eine der ältesten und heute noch bekannten Freimaurerlogen, war die **»Bruderschaft der Schlange«**. Sie wird meist als Mutter der Freimaurerlogen betrachtet. Die ursprüngliche Keimzelle der Logen wird auf 3.400 v. Chr. datiert. Seither widmeten sich die weisen Männer der »Verbreitung geistiger Kenntnisse, dem Erlangen geistiger Freiheit und bekämpften ursprünglich mit allen Mitteln die Versklavung der Menschheit.« Ihr Bestreben bestand in der **»inneren Wandlung durch geistige Vervollkommnung, in Ehrfurcht vor dem großen Baumeister aller Welten«** *(Brockhaus Konversationslexikon).* Darum leisteten die damaligen

Freimaurer, ebenso wie es die Heutigen tun, einen Eid, in dem sie geloben sich für die Wahrheit, die Freiheit und Brüderlichkeit einzusetzen. Die genauen Texte variieren etwas, doch im Kern findet sich stets dasselbe Versprechen. Die Aufgabe, die den Freimaurern übertragen wurde, lautet, **den Menschen des dunklen Zeitalters den Weg zum Salomonischen Tempel, der von der Dunkelheit befreiten Gesellschaft, zu ebnen.**

Diesen Eid brechen die meisten Freimaurer seit etwa 223 Jahren. Genaugenommen seit dem 16. Juli 1782 und dem großen Bündnis der Freimaurer und Logenbrüder. Wir wollen etwas beleuchten wie es dazu kam und was seither geschah.
Nach der Bruderschaft der Schlange klafft eine Lücke in den Geschichtsbüchern, die über die Freimaurerei Auskunft geben. Erst um 2200 v. Chr. finden sich wieder konkrete Hinweise. In dieser Zeit entstanden mehrere Bruderschaften und Logen, wie auch die **»Priesterschaft des Melchisidek«**. Ihre Bedeutung blieb jedoch eher gering, zumindest ist dies der Eindruck, den die Geschichtsbücher vermitteln. Damals übernahmen die Freimaurer verstärkt die Funktion der heutigen Gewerkschaften und führten nebenbei ihre mystische Tradition fort. Diese sah natürlich handwerkliche und technische Fertigkeiten besonderer Art, sonstige Botschaften und die mündliche Überlieferung von Bausteinen des immensen, alten Wissens vor. Das beinhaltet auch das Bewußtsein für sensible Vorgänge, die unser rationales Denken übersteigen.
Die Riegen der Freimaurerei fungierten so auch als Hort für eine geheime, außerordentliche Wissenschaft, die Pentalogie. Aus ihr lassen sich die Geheimnisse des Lebens ergründen, Schicksale bestimmen und die Zukunft voraussagen. Unter Zuhilfenahme des Julianischen Kalenders, wir nutzen den heute üblichen gregorianischen Kalender, und der Pentalogie, schrieb Nostradamus seine uns zugänglich gemachten Zenturien, die Prophezeihungen.
Der Bau der Pyramiden des uns vorangegangenen Menschengeschlechtes wurde u.a. durch die Verwendung der Pentalogie ermöglicht. Leider findet sich in mir nur ein junger Schüler dieser steinalten Wissenschaft. Dennoch bin ich bemüht, mein karges Wissen zu erweitern und an Sie weiterzuge-

ben. In der Hoffnung in naher Zukunft fundiert und umspannend zu informieren, ist beabsichtigt, über die **Pentalogie** ein Buch zu schreiben. Im Nachspann des Buches findet sich eine Darlegung der Grundbausteine, das ABC, dieser Pentalogie. Als Vorgeschmack sozusagen. Anhand der mir zugebrachten Lehren ausgeführt.

Die Freimaurer des alten Mesopotamiens waren es vermutlich auch, die den Leviten die Tontafeln in der babylonischen Gefangenschaft übergaben, damit diese schnell noch vor dem Beginn des dunklen Zeitalters das Alte Testament erstellen konnten. Weil die Leviten der alten, göttlichen Sprache des Aramäischen mächtig waren.

Einige hundert Jahre später findet sich wieder ein Splitter in der Geschichte der Freimaurerei, eng verbunden mit dem christlichen Glauben. Um 140 n. Chr. hatte der **Häretiker Marcion** aufgrund seiner Erkenntnisse eine Christliche Bewegung ins Leben gerufen. Seine Begegnung mit dem Apostel Johannes bewirkte die aktive Verbreitung der Ansicht, daß Jesus Christus die Menschwerdung Gottes sei und führte zu einer recht liberalen, religiösen Vereinigung. Diese Sichtweise und die grundlegende Ablehnung des Alten Testamentes, weil es als Fälschung betrachtet wurde, sind in den Windungen des Fischezeitalters kaum angetan gewesen Beifall zu erhaschen. Im Gegenteil, es war gleichbedeutend mit seinem vorzeitigen Ableben im Jahre 170 n.Chr. Ein möglicher Fall von gestorben werden deutet sich hier an.

Im damaligen römischen Reich kam es zu einigen auffälligen Besonderheiten. Rom wird die ewige Stadt genannt, während Jerusalem als die große Stadt gilt. Im lateinischen, oder auch italienischen, ist die Rede von Roma, dem Gegenteil von Amor, der Liebe. Die Entstehung von Rom wird durch den Vers »753, Rom schlüpft aus dem Ei« beschrieben. Demnach sind Romulus und Remus, die Urväter der Stadt, von einer Wölfin gesäugt worden. Auffällig ist hierbei die Kreuzigung von Jesus Christus unter römischer Herrschaft.

Veranlaßt vom Statthalter Palästinas, Pontius Pilatus. Ebenso wie die Christen bei Kaiser Nero verbrannt wurden und 70 n. Chr. Jerusalem der Zerstörungswut genau dieser Römer zum Opfer fiel und die Überlebenden in aller Herren Länder versprengt wurden.

Freimaurer – Geschichte und Aufgabe

Die Entstehung des römischen Reiches könnte somit ein erster Baustein der dunklen Macht gewesen sein, und gleichzeitig der Anlaß, die Grundzüge der Bibel auf die Reise zu schicken.
Im Laufe der folgenden Jahrhunderte herrschte laut Geschichtsbüchern relative Ruhe, was die Erscheinung von Freimaurerlogen anging. Erst zur Halbzeit im dunklen Zeitalter, regte sich wieder etwas. Die »**Rosenkreuzer**« entstanden wohl um 815 n. Chr., offiziell 1100 n. Chr., und zeichnen sich durch eine mystische Kuriosität aus. Sie pendeln in zwei Phasen. In der Öffentlichen existieren sie als Freimaurerloge im Verborgenen. In der Stillen sind sie wie vom Erdboden verschluckt, und existieren noch nicht einmal im Geheimen. Die wechselnden Perioden dauern gemäß der Überlieferung jeweils sage und schreibe 108 Jahre.
So verschwinden die Rosenkreuzer komplett von der Bildfläche, um nach 108 Jahren wie ein Phoenix aus der Asche wieder aufzutauchen. Das klingt von der Durchführung her äußerst bemerkenswert. Das Augenmerk könnte auch auf das inoffizielle Entstehungsdatum gerichtet werden. Dies schließt nahtlos an das Ableben von Karl I., genannt der Große, seines Zeichens römischer Kaiser und König der Franken, an.
Einige der heute noch geläufigen Freimaurerlogen gehen auf die Zeit der Kreuzzüge und der darum gegründeten Orden zurück. Darunter finden sich die Johanniterritter, die Deutschritter und die schon näher beschriebenen Templer. Die **Johanniterritter** entstanden um 1070, als Kaufleute aus Amalfi ein Kloster und ein Hospital für Pilger in Jerusalem gründeten. Die Bestätigung mitsamt Ordensbrief kam anno 1113 von Papst Paschalis II.. Der Orden setzte sich zusammen aus Rittern, Priestern und dienenden Brüdern. Die sozialen Verdienste der Johanniter während der Kreuzzüge waren sehr groß und der eigenen Zeit weit voraus.
Nach der Eroberung Jerusalems 1187 verlegte der Orden seinen Sitz zuerst nach Akka, dann nach Ptolemais und später nach Zypern. So wie die Templer übrigens auch. Der Besitz des Ordens wurde vermehrt durch einen großen Teil der Güter des aufgehobenen Templerordens.
Die Johanniterritter eroberten 1310 Rhodos und nannten sich fortan **Rhodiserritter**. Aber nur bis 1522, dann mußten sich die ehemaligen Johanniterritter den Türken ergeben und zogen 1530 auf das Lehen, das

ihnen Kaiser Karl V. gab, Malta. Jetzt hießen sie **Malteserritter**. Im Juni 1798 wurde Malta vom Orden fast kampflos an Napoleon übergeben.[20]
Anfang des 20. Jahrhunderts bestand der Orden noch aus zwei sogenannten Zungen, die durch den Großmeister mit Sitz in Rom und den Sagro consilio, den Heiligen Rat, zusammengefaßt sind. Die italienische Zunge besaß drei Großpriorate. Eines davon in Rom, das Zweite in der Lombardei und Venedig, und das dritte Priorat auf Sizilien.
Die deutsche Zunge reichte ihre Fühler mit ihrem Großpriorat in Böhmen-Österreich, von Schlesien, Rheinland-Westfalen, bis nach England, den Niederlanden, Spanien und Portugal.
Heute existiert der ehemalige Johanniterorden mit dem teils übernommenen Templerorden in Gestalt des »Souveränen und Militärischen Orden von Malta« (SMOM) und stellt den, bitte genau lauschen »**militärischen Arm des Vatikan**« dar, wie David Gyatt ausführt. Anhand der kurz angerissenen Mitglieder dieses Ordens wird deutlich, wer das Erbe der Johanniter und auch eines Teils der Templer angetreten haben dürfte.

1. **William Casey**, Ex-CIA-Chef.
2. **Alexander Haig**, Ex-US-Außenminister.
3. **John McCone**, CIA-Chef bei Kennedy!!
4. **Alexandre de Marenches**, Leiter Securité, französischer Geheimdienst. [21]

Eben jene Malteserritter besitzen exakt das gleiche Siegel wie die »Ritter des goldenen Kreises«, die Lincolns Mörder, John Wilkes Booth, aus dem Gefängnis befreit hatten.
Aus den Tempelrittern, die 1119 n. Chr. gegründet worden waren, zwei Kapitel vorher schon dargelegt, entstanden bereits in der Frühphase Splittergruppen. Manche mit guten Ansätzen, Andere mit eher fragwürdigen. Einige der abgekoppelten Templer nahmen die Lehren des Marcion auf, daraus bildete sich die Gruppierung der »**Marcioniter**«. Diese hatten sich zum Ziel gesetzt, die Wahrheit Christi zu ergründen. Ihnen waren angeblich Schriften in die Hände gekommen, die sowohl eine **Verfälschung des Korans als auch der Evangelien Christi belegen**. Diese Aussagen galt es natürlich mit Vorsicht und Bedacht zu überprüfen, ohne das eigene Tun an die große Glocke zu hängen. Aus den Kreisen der

Marcioniter kam im Jahre 1236 die Templeroffenbarung, in der die Botschaft vom »**Reiche des Lichtes im Lande der Mitternacht**« erstmalig verkündet wurde.

In der geistig dunkelsten Phase des Zeitalters, dem uns geläufigen Mittelalter, herrschte eine relative Ordnungslosigkeit. Die Strukturen waren noch nicht organisiert, es wurde sozusagen wild rumgefuchtelt, ohne ein klares Konzept. Die einzelnen Orden und Priorate beharkten sich derart intensiv, daß der Blick für übergeordnete Gebilde im Wesentlichen außen vorblieb. Das änderte sich deutlich mit dem öffentlichen Erscheinen der Insider der »Bruderschaft der Schlange«, die erstmals im 14. Jh. unter dem Begriff »Illuminaten« offiziell auftauchten. Hier liegt der Schluß nahe, in diese neue Gruppierung hatte der Schwarze Adel von Venedig mit seinen Zielen Eingang gefunden. Die Illuminaten bildeten dabei den Kern der Bruderschaft.

Bei den heutzutage vielfach angesprochenen Illuminaten handelt es sich jedoch um die von Adam Weishaupt gegründeten Bayerischen Illuminaten, die hier als Rothschild-Illuminaten, bzw. R-Illuminaten bezeichnet werden.[22]

Der Vatikan wiederum bekämpfte die positiven Tempelritter und die anderen, kleinen »Logen des Lichtes«, die den Menschen das uralte, wertvolle Wissen um die Geheimnisse des Lebens und der Zukunft nahebringen sollen. Eine Verknüpfung von Freimaurern, Politik, Religion und den Geheimdiensten unserer Zeit, wird schemenhaft erkennbar.

Ignatius von Loyola gründete 1534 die **Jesuiten**, zur Bekämpfung der verhaßten Protestanten. Diese suchten in England nach Ketzern und Freimaurern, die sie erbittert bekämpften. Bleibt die Frage welche Sorte an Freimaurern gesucht wurden. Die Subjekte der Begierde könnten die Boten des Lichtes gewesen sein.

Die Jesuiten bezeichneten sich als die Gesellschaft Jesu. Der heilige Gral hatte in der Legende das Blut Jesu aufgefangen und dessen Blut steht für die Liebe. Das gewaltsame Vorgehen der Jesuiten im Umgang mit Andersgläubigen erscheint wenig vereinbar mit den Grundzügen der Liebe. Ein auffälliges und aufschlußreiches Mitglied der Jesuiten war Adam Weishaupt selbst, der Gründer der bayerischen Illuminaten.[23] Der spätere Führer der

Illuminaten in Amerika war Guiseppe Mazzini, Mitglied im K 300 [24], womit die Vernetzung erkennbar wird.
In England war 1689 mit dem Erlangen der englischen Krone von Wilhelm III. von Oranien, der durch die Weisen von Zion auf den Thron gehievt worden war, im selben Atemzuge der »Oranierorden« eingeführt worden. Um die unsanft vom Thron gestoßenen Stuarts wieder auf den rechtlich angestammten Platz zu bringen, wurden die militanten Jakobiner gegründet. Unterstützung bekamen sie durch die »Schottische Templer Loge«, die sich aus versprengten Tempelrittern weitere Mitglieder rekrutierte. Sie sehen, es wird immer verworrener.
Durch eine Fusion von vier Logen entstand am 24. Juni 1717 die Londoner Freimaurerloge, fälschlicherweise als »Mutterloge der Welt« bezeichnet. 1736 kam es zur Einführung der »Schottischen Großloge«. Mitte des 18. Jh. tobte eine wilde Phase, in der die Waage des Geschickes noch schwankte, doch das wurde jetzt anders. Genau wie mit der Kontrolle des Geldes, kam es mit der Lenkung der Freimaurer und ihrer Logen, **»die R-Illuminaten übernahmen das Zepter«.**
Im Jahre 1770 bekam Adam Weishaupt von M.A. Rothschild den Auftrag zur Gründung der bayerischen Illuminaten, den R-Illuminaten. Da M.A. Rothschild die Vorteile der Einbindung der Freimaurer frühzeitig erkannt hatte, startete er diese Aktion, um die Freimaurer und Logen in das Geflecht der Macht zu integrieren. Fleißig und emsig gründete Weishaupt im Jahre 1776 die geheißene Geheimgesellschaft.
In Frankreich gab es die »Blauen Logen«. Diese wurden durch den Duc d'Orleans, der 1773 mit Adam Weishaupt zusammentraf, umbenannt in »Große Orient Logen« und waren schnell involviert in die R-Illuminaten.
Am **16.07.1782** war es dann soweit, die Allianz der Dunkelzeit, aus Schwarzem Adel und ihrem Führer M.A. Rothschild, konnte einen Grundstein der Macht setzen. An jenem eminent denkwürdigen Tage wurde in Wilhelmsbad ein Bündnis zwischen den Freimaurern und den R-Illuminaten geschlossen. Mit über Drei Millionen Mitgliedern. Diesem Verbund lag die Weissagung der **»Neuen Weltordnung«** zugrunde, die selbstverständlich unter Führung der dunklen Allianz in die Tat umgesetzt werden sollte. Das ist der Wunsch der Allianz. Und bis heute sind die Anstrengungen in dieser Richtung erkennbar. So fanden sich im Zuge einer

Freimaurer – Geschichte und Aufgabe

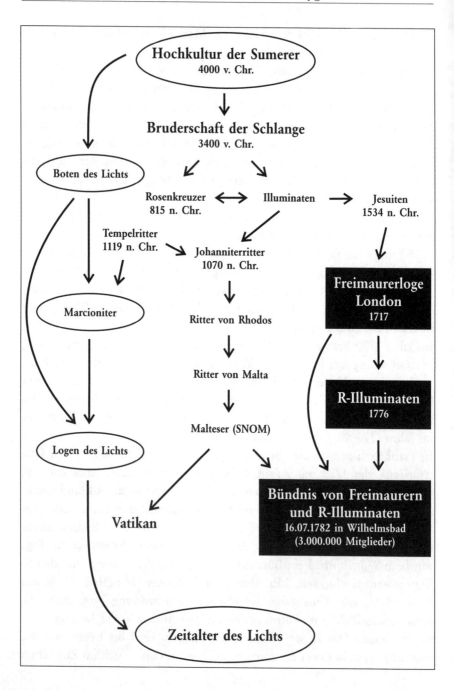

Freimaurer – Geschichte und Aufgabe

Hausdurchsuchung im Jahre 1785 beim Assistenten von A. Weishaupt, dem Herrn Zwack, Belege für den Plan einer »Neuen Weltordnung«, unter Vorsitz der finsteren Macht. Auf der folgenden Seite ein Überblick zur Veranschaulichung. So könnte der Weg der Boten des Lichtes von der Hochkultur der Sumerer in unser Zeitalter des Lichtes erfolgt sein. Konfrontiert mit den Vorwürfen von allerlei Morden und Schandtaten meinte einmal jemand, »wenn die Freimaurer wirklich soviel auf dem Kerbholz haben, wäre es wohl angebracht, die Tore der Gefängnisse zu öffnen, alle Insassen zu entlassen und die Freimaurer anstatt dessen einzusperren.« Das riecht ein wenig nach verletztem Stolz. Da ist natürlich etwas Wahres dran und wie meist liegt die Wahrheit etwa in der Mitte.

So geschah es jedenfalls, daß die Struktur der Logen im Rahmen des geschickt eingefädelten Bündnisses von 1782 eine schwerwiegend andere Ausrichtung erfuhr. Über die von Adam Weishaupt gegründeten R-Illuminaten konnte jetzt eine Kontrolle der Freimaurer ausgeübt werden und sie wurde im Gros zu dem, was sich dann so liest: »Ich sage Ihnen jetzt, daß die Freimaurer eine der schlimmsten und schrecklichsten Organisationen auf dieser Erde sind«.[25]

Die ursprünglich guten Ansätze und Inhalte des Freimaurerwesens blieben ausgelutscht und vergiftet zurück. Das gilt jedoch nur für die Masse der Freimaurer, die dem Streben nach Macht und der Gier nach Besitz verfielen.

Die unerschrockene Schar ehrlicher und guter Männer ließ sich im Laufe der Jahrhunderte nicht unterkriegen. Irgendwie hatten sich auch die **Boten des Lichtes** durch die Wirren der Zeit geschmuggelt. Unbemerkt von der breiteren Öffentlichkeit, stets auf der Hut, wachsam den Häschern aus dem Weg gehend. Und während die Logen und Freimaurer, die mit dem Bündnis von Wilhelmsbad unwiderruflich in den Wirkungsbereich der Allianz der Dunkelzeit rutschten, vom Pfad des Lichtes und ihrer Mission abgefallen waren, verfolgte die Schar der Guten unbeirrt den Weg des Lichtes. Fernab vom Rampenlicht, wo sich die vermeintliche Elite versammelte, galt es das Geheißene weiterzutransportieren.

In den Logen des Lichtes sammelten sich die Freimaurer, die guten Herzens, Willens und vor allem auch Wollens waren. Das im Geheimen gehaltene Wissen galt es zu hüten, um bei der einen richtigen Gelegenheit den Menschen die Botschaft zu übermitteln. Aufgrund dieser immanenten Gefahr für die herrschende Allianz werden diese Freimaurer auch bis heute gnadenlos verfolgt. Vom Vatikan und seinen Malteserrittern, die gespickt sind mit CIA-Leuten, ebenso wie von den Schergen der R-Illuminaten. Dennoch halten sie stand, seit über zweihundert Jahren.

Was gibt Ihnen die Kraft immer wieder Ausschau zu halten, ob die Zeit endlich reif ist für das alte Wissen um die unglaublichsten Dinge? Wo die Entdeckung ihres Treibens doch sofort mit der Ermordung durch die brutalen Jäger geahndet wird? Es ist die eine Weissagung, die glückselig machende Prophezeiung, 6000 Jahre alt und kein bißchen abgegriffen, sondern frisch und munter wie ein Fisch, der endlich zum Wassermann werden will. Im richtigen Medium blüht das Wissen sofort auf und treibt massiv aus. So als ob es in der Wüste regnen würde. Allein dieser Gedanke ließ sie durchhalten und die Fülle an Repressalien ertragen.

Vergegenwärtigen wir uns die Situation, in der sich die Freimaurer des Lichtes befanden, die dem Großen Bündnis von 1782 den Zuspruch verweigerten. Versetzen wir uns in deren Lage.

Wir führen den kostbarsten Schatz der Menschheit im Gepäck. Die natürlichen Gegner von Wissen und Freiheit sind mächtig, sogar übermächtig. Sie sitzen überall an den Hebeln der Macht und halten Ausschau, um uns den Garaus zu machen. Unsere mörderischen Feinde kontrollieren die Regierungen, den Adel und die Kirche. Wir, die Aufrechten und Ehrlichen, können nicht offen aussprechen, was wir Wichtiges und Bahnbrechendes zu sagen wissen. Ansonsten würden wir binnen kürzester Zeit ohne Federlesen gemordet. Unsere bevorzugte Adresse, die Öffentlichkeit, wird nach Belieben von denen beherrscht, über die wir die Wahrheit offenbaren möchten. Einen direkten Zugang zu den Menschen gibt es fast nicht, die zudem noch unbedarft und ahnungslos auftreten. Wir sind praktisch isoliert.

Auch ein offener Schlagabtausch mit den unsäglichen Blutsaugern der Dunkelheit würde den sicheren Tod bedeuten, ohne die geringste Chance unser Anliegen vorbringen zu können. Sie würden uns abschlachten bevor nur ein Bruchteil des unermeßlich wertvollen Wissens über unsere Lippen gekommen ist. Also, wie in Gottes Namen können wir die Botschaften an die Menschen bringen?

Freimaurer – Geschichte und Aufgabe

Genau vor diesem Problem standen die aufrechten und wahrlich edlen Männer. Sie fanden die Lösung, den einzigen vernünftigen Weg. Sie wandten sich an die Künstler und Schriftsteller. Deren erlauchte Kreise setzten sich bereitwillig für die Verbreitung dieser Botschaften und Hinweise ein. Der Hang zu Romantik und Abenteuer wohnt Künstlern von Natur aus inne.
In den positiven Logen wurden die Rekruten gesucht und gefunden. Einer davon war der noch heute hoch geschätzte Komponist Wolfgang Amadeus Mozart. Begnadeter und romantischer Genius zugleich, und selber Freimaurer, schrieb er seine Zauberflöte. Dabei plauderte er über allerlei Geheimnisse der Logenbrüder. Das ward nicht gern gesehen.
Im »**Theodor des guten Rates**« fanden sich vermehrt Begabte, die den Menschen bereitwillig zu Hilfe eilen wollten. Freiherr Johann Wolfgang von Goethe tummelte sich hier. Seine innige Verbindung zu zwei anderen Männern, Friedrich Schiller und Alexander von Humboldt, trug diesbezüglich Früchte.
Humboldt, der Weltenbummler und Wissenschaftler in diesem Triumvirat, nahm zeitlebens keine Auszeichnung oder auch Geldspende von den Institutionen der schwarzen Macht an.
Im scheinbar harmlosen Mantel eines Romans konnten wertvolle Botschaften eingeflochten und dem Volk nahe gebracht werden. Ohne, daß die Boten direkt in Erscheinung traten. Also fütterten sie die edlen Schreiberlinge mit ihrem Wissen, damit es eingewoben in Geschichten, zu den Menschen gelangen konnte.
Schiller, geb. 10. Nov. 1759, der Heißsporn und Kreativste unter den Dreien, stellte das Paradepferd dar. Am 9. Mai des Jahres 1805 wurde er in einem Ritualmord getötet. Lesen Sie dazu die komplette Ausführung im Kapitel XIV. Auch dem ruhigeren Goethe (1749 - 1832) wandten sich die hellen Boten zu. Seine »Geschichte der Farbenlehre« wurde ein Meisterwerk geisteswissenschaftlicher Art.
Den Verlust Schillers vermochte er jedoch kaum auszugleichen. Dennoch verarbeitete er in seinem Faust 1806 die Hand, der die Ermordung Schillers zugeschrieben wurde. Der Faust war ein interessantes Stück, zweifelsohne, doch die wirklich versteckte Botschaft erkannten die einfachen Menschen nicht. Sie erfahren es natürlich, exklusiv, in Kapitel Nr. XIV.

Freimaurer – Geschichte und Aufgabe

Auf seinem Sterbebett rief der große Goethe, praktisch mit dem letzten Atemzug, die hellen Worte aus, »**Mehr Licht**«.
Jetzt galt es wieder zu warten und in der Versenkung zu verharren. Die neue Gelegenheit kam viele Jahre später.
Im Jahre 1898 entstand ein Forum wie im Paradies. Darin befanden sich erneut mehrere große Geister und Schreiberlinge. Unter den Argusaugen der Großen Londoner Freimaurerloge war die Arena für die Wissensreichung. Ein positiver Freimaurerorden.
Er hieß ins Deutsche übersetzt »**Hermetischer Orden der Goldenen Dämmerung**«. Der Orden schwang sich damals zum geistigen Führer der Logenbrüder des Lichtes auf. Hier wurden sie fündig. Ein Schriftsteller von Format und leicht für die gute Sache zu gewinnen, weil selbst von edlem Gedankengut beseelt. Der Mann hieß **Bram Stoker** und er schrieb die Geschichte des **Grafen Dracula** nieder, um den Weg zu ebnen und den Nährboden zu bereiten, damit dem Licht endlich zum lange ersehnten Sieg verholfen werden konnte. Denn noch immer waren alle direkten Wege zur Informierung der Öffentlichkeit wie zubetoniert.
Der Graf Dracula kommt aus **Osteuropa**, wie die Wurzeln der Rothschilds auch. Dieser Graf lebt auf einem Schloß. Als blutsaugender Vampir, der lange Jahre mit seiner Sippe in Inzucht dahinvegetiert, um dann seine Verbreitung und das Böse über die ganze Welt zu verbreiten. Nur bei Nacht und im Dunkeln kann er leben. Das Tageslicht bedeutet seinen Tod. Einzig der stete Jan van Helsing erkennt die Gefahr und stellt sich dem Bösen entgegen. Belächelt und verspottet von den Unwissenden, versucht er mit Holzpflock und Kreuz Dracula und seine Brut auszulöschen.
Der Vampirjäger Jan van Helsing ist meist bemüht den Holzpflock ins Herz des Vampirs zu rammen, obgleich der laut Bram Stoker gar kein Herz besitzt. Oder er nimmt das Kreuz, um sich seiner Haut zu erwehren. Selbst der Einsatz von Knoblauch wird genutzt, um das Böse in Gestalt des Grafen Dracula und seiner Vampire abzuhalten. Aber dieses eine Heilmittel, um selbst nach den Gesetzen des Universums zu handeln, das schöne Wort, das schärfer als jedes Schwert dem Spuk ein Ende macht, wird meist außen vor gelassen:

Licht

Doch auch »**Dracula**« war noch nicht imstande den Menschen den wahren Kern, der dieser Geschichte Pate stand, zu offenbaren. Blind und unkritisch geworden für die feinen Worte zwischen den Zeilen, verfiel die kostbare Weisung ohne sichtbare Wirkung.
Der Orden der Goldenen Dämmerung bekam Zuwachs. **Rudolf Steiner**, der Begründer der Anthroposophie und bekennender Goethe-Anhänger, schrieb seine Werke **»Wie erlangt man Erkenntnisse der höheren Welten«** 1909, **»Die Geheimwissenschaft im Umriß«** anno 1910 und **»Vom Menschenrätsel«** 1916. Von 1913 bis 1920 schuf Steiner in Dornach bei Basel einen Bau, die Freie Hochschule für Geisteswissenschaften, das »Goetheaneum«. Silvester 1922/3 brannte der energetisch beeindruckende Holzbau ab.[26] Und wurde durch einen massiven Klotz aus Beton nachgebildet. Das gleiche Vorgehen übrigens wie bei der Abtei des Bernhard von Clairvaux.
Die Zisterzienserabtei Clairvaux im ungesunden, sumpfigen Aubetal, nach der Kultivierung Clara vallis genannt, wurde im 18. Jh. renoviert. In der Kirche, einem Meisterwerk, liegt das Grab des Heiligen Bernhard. Während der französischen Revolution wurde das Kloster dann aufgehoben und später zum Zentralgefängnis umfunktioniert. Genau so steht es im Großen Brockhaus von 1929, Band 4, Seite 143, geschrieben. Eine kulturelle Stätte der Menschheit wird zubetoniert und für Strafgefangene verwendet. Nicht sehr nett, was da mit dem Ansehen des heiligen Bernard geschieht. Ebenso wie das Verfahren mit Steiners Goetheaneum. Das ist armselig.
Der Hermetische Orden der Goldenen Dämmerung hatte außer Steiner noch einen namhaft bekannten Zuwachs erhalten. Und spätestens da war klar, die Stätte war für Positives wertlos geworden. Adolf Hitler stieß hinzu. Aber sie ließen nicht locker, unsere standhaften Freunde. Sie sammelten alles was verfügbar war, sogar die großen Meister, **die Fürsten des Lichtes**, gaben ihr Wissen preis. Da war ihr Mann, ein Mensch wie er im Buche steht. Engländer, friedliebend und voll Edelmut in einem, von Geburt Bure aus Südafrika, mit dem verheißungsvollen Namen »Tollkühn«.
John Ronald Reuel Tolkien, 1892 – 1973, forschte Zeit seines Lebens nach der Antwort auf die Frage, warum gibt es Krieg? Er fand sie. Weil Krieg ein Geschäft ist, das der Allianz der Dunkelzeit exzellente Profite bringt, Verwirrung stiftet und so den Machterhalt gewährleistet. Die komplette

Antwort mit allen Details, baute er in sein Lebenswerk, »The Lord of the Rings«, Herr der Ringe, ein.
Er kam in Berührung mit dem uralten Geheimwissen, so zu sehen an seinem Meisterwerk. Die Parallelen sind offensichtlich.
Das Auge Saurons ist das allsehende Auge der R-Illuminaten. Sauron ist Rothschild. Der Ring der Macht ist die Kontrolle, über das Geld und die Menschen an sich. Saruman ist Rockefeller. Mordor als Land der Schatten und Dunkelheit. Die zwei Türme als Symbol der Macht, so wie die »Twin Towers« des WTC. Orks als Handlager der dunklen Macht und diejenigen, die den wunderschönen Wald von Gotha abholzen. Was soll das wohl anderes sein als der brasilianische Regenwald?
Nach Gold suchende Zwerge und die Elben, die reinen Herzens sind. Unsere lieben Hobbits, die »Langkraut« rauchen. Was bitte könnte das sein außer Hanf? Menschen, die nach Macht streben und schwach sind. Und so weiter und so fort. Schauen Sie einfach nochmal rein, bei Frodo, Gandalf und den Hobbits. Es gibt zahlreiche Hinweise. Doch einer der Stärksten findet sich gleich am Anfang. Genau so wurden die Ringe der Macht geschmiedet.
»Drei Ringe den Elbenkönigen hoch im Licht, Sieben den Zwergenherrschern in ihren Hallen aus Stahl, den Sterblichen, ewig dem Tod Verfallenen Neun.
Doch sie wurden alle betrogen. Denn es wurde noch ein Ring geschmiedet. Einer dem dunklen Herrn auf dunklem Thron, im Lande Modor, wo die Schatten drohen.

Ein Ring sie zu knechten, sie alle zu finden,
ins Dunkel zu treiben und ewig zu binden.

Der Herr der Ringe ist die Geschichte, die alles aufzeigt, um endlich die ersehnten Zeiten des Lichtes herbeizuführen. Die Boten des Lichtes, Meister der geheimen Wissenschaften, gaben ihr Bestes, vielleicht auch ihr Leben. Es liegt wohl kaum eine bessere Darstellung der aktuell herrschenden Zustände vor.
Sofern der Herr der Ringe und seine Botschaft in Vergessenheit geraten sollte, falls wir auch das erneut vermasseln und aus unserem Dornröschen-

schlaf nicht erwachen, dann gnade uns Gott. Wahrscheinlich wird uns aber auch der bei soviel Dummheit die Absolution versagen.

Wie Goethe auf seinem Sterbebett die letzten Worte »Mehr Licht« hauchte, so bringt dieses Buch mehr als alles andere Licht in die dunklen Hallen der gnadenlosen Allianz, in der sich der Schwarze Adel und der dunkle Führer Rothschild vereint und mächtig auf dem Throne der Welt sehen.

Sofern Sie die geschilderten Abläufe als vermutlich wahr ansehen, verliert sich auf jeden Fall ein Großteil der Ängste, die Sie bis heute begleitet haben. Wissen macht frei und glücklich.

Erst im Lichte der Wahrheit stirbt die Dunkelheit. Aus der Nacht erwacht ein schöner, neuer Tag. Die Wahrheit wird jetzt ans Licht gebracht, da wo sie hingehört. Sie können es fühlen.

Und das Licht führt zur Liebe. Der menschlichen Liebe für alle Geschöpfe dieser Erde. Der Liebe, die unseren Planeten zum Paradies macht. Licht, Liebe, Wahrheit, Gesundheit und Glück sind alle von derselben Struktur. Sie sind Brüder und Schwestern, untrennbar verbunden. Die Kraft des Lichtes im Zeitalter des Wassermannes wird uns alle von der Dunkelheit befreien. Auf die eine oder andere Art. Das liegt in unseren Händen.

Es gibt noch ein Buch, in dem alles geschrieben steht. Das Buch der Leviten, die Bibel. Aus den Tontafeln der Sumerer schnell noch abgeschrieben, sind hier die zahlreichen Botschaften verschlüsselt. Die Parallelen werden auch sichtbar in der Offenbarung des Johannes, später geschrieben als das Alte Testament. Selbst wenn es Einigen gehörig mißfällt, die Bibel, wie wir sie kennen, wurde wahrscheinlich von den Boten des Lichtes in Auftrag gegeben.

Darum lege ich hohen Wert auf Folgendes jetzt schon ausdrücklich hinzuweisen:

Die Betrachtung von den unguten Freimaurern wird sich in den kommenden Jahren komplett wandeln. Sie werden zu der Bestimmung zurückfinden, für die sie auserwählt wurden. Von den Pyramidenbauern und deren Nachfolgern für die wichtige Aufgabe auserkoren.

Niemand kann gegen seine Natur handeln, wir folgen alle unserer ureigenen Berufung. Und die Freimaurer werden sich vollständig rehabilitieren. Wie es dazu kommt erfahren Sie noch.

Die Schlüssel zur Macht

Das Zauberwort zum Erlangen der Macht heißt Kontrolle. Da die Absichten eher dunkler Art sind, muß das Ganze im Hintergrund ablaufen. Bei steigender Energie, wie es im Zeitalter des Wassermanns angesagt ist, wird es stetig schwerer, wertvolles Wissen und die Wahrheit zu unterdrücken. Doch die Allianz der Dunklen gibt sich erdenklich große Mühe, den Bottich des sagenhaften Wissensschatzes dicht zu halten. Damit die Herrschaft noch ein wenig aufrecht erhalten werden kann. Was jedoch nur leidlich gelingt. Dazu später mehr.
Unerläßliche Grundlage für die Familien Bush, Rothschild oder Rockefeller, um an der Macht zu bleiben, ist ein Höchstmaß an Verschwiegenheit. Dies wird maßgeblich durch eine in den Reihen des Hochadels schon lange praktizierte Besonderheit erreicht. Die mächtigen Familien heiraten innerhalb der Familien ihrer Blutlinie. Eine spezielle Form der Inzucht. Nur so kann das nach außen Dringen des Wissens in erträglichen Grenzen gehalten werden.
Diesbezüglich wurden von M.A. Rothschild an seine fünf Söhne und die Töchter, gleichfalls die späteren Nachkommen, strikte und klare Vorgaben erteilt. Diese Gesetze, entworfen als Testament des Mayer Amschel Rothschild kurz vor seinem Tode am 19. Sept. 1812, lauten wie folgt:

1. Alle Schlüsselpositionen des Hauses Rothschild sind mit Familienmitgliedern zu besetzen. Nur die männlichen Mitglieder dürfen an den Geschäften teilnehmen.

2. Das unermeßliche Vermögen soll bewahrt werden, indem die Familie untereinander, Vettern und Kusinen ersten und zweiten Grades, heiratet. Mit dem Aufbau und der Involvierung anderer Bankierfamilien konnte der Kreis der Gleichgesinnten erweitert werden. Das Diktat der Inzucht blieb scheinbar als gängige Praxis erhalten, um gemäß den Weisungen, die Geheimnisse der Familie zu bewahren.

3. Ein striktes Verbot der Bestandsaufnahme des Vermögens durch Gerichte oder Dritte allgemein. Jedwede Bekanntmachung oder Offenlegung des Familienvermögens muß vermieden werden. Die wahren Besitzverhältnisse können so im Aktienstreubesitz und durch die Schachtelbeteiligungen bis heute exzellent verschleiert werden.

4. Die Anordnung einer ewigen Familienpartnerschaft. Nutzbringende Verbindungen werden eingegangen, um die Familieninteressen umzusetzen. Darunter fallen z.b. die Familien Morgan, Rockefeller, Goldmann, Khun Loeb, Lehmann, Warburg und Bush.

5. Absolute Geheimhaltung, die komplette Kontrolle aller Geschäftsvorgänge durch Familienmitglieder und die Verwendung eines internen Kommunikationsnetzes.[27]

Sie sehen, hier wird nichts dem Zufall überlassen. So wird aus Gründen der Machterhaltung zu biologisch und genetisch drastischen Mitteln gegriffen. Die Vorherrschaft gründet sich weiterhin auf die zensierte und überlegt gelenkte Weitergabe von Informationen, damit die breite Masse ahnungslos bleibt. Getreu dem Motto, was ich nicht weiß, macht mich nicht heiß. Wer mit seinem kleinen Leben und einem engen Umfeld zufrieden ist, stellt keine neugierigen und unbequemen Fragen. Er konsumiert, schweigt und bleibt passiv. Eine sehr hilfreiche Reaktion, um ungestört agieren zu können.
Nachdem die scheinbare Ignoranz der unglaublichen Geheimnisse um die Pyramiden genannt wurde, bekommt man einen Eindruck von der Handhabung solcher kritischen Punkte. Gezielt wird die Information unter den Tisch gekehrt, heruntergespielt oder schlicht ignoriert. Ab und zu werden auch wirklich hartnäckige Frager lächerlich gemacht. Dann entstehen die unseriös scheinenden Spinner und Fantasten. Das gehört zu den leichtesten Übungen des Imperiums.
Die Ansatzpunkte zur Beeinflussung des Wissensstandes sind konkret und erkennbar.
Zuerst gilt es die **Gedanken** und die sich daraus ableitenden Überlegungen zu beeinflussen. Diese werden z.B. aus Zeitschriften oder der Literatur

Die Schlüssel zur Macht

gebildet. Nehmen wir hierzu zwei Slogans der Werbung: »Bild Dir Deine Meinung« für die Bildzeitung. Allerdings wird damit eher Ihre Meinung gebildet, und zwar nach den Vorstellungen der Redakteure.
Die Bildzeitung gehört zum Springerverlag, der sich zu fast 30% im Besitz der Deutschen Bank befindet. Die gehört mehrheitlich zu Rothschild, es sei denn der Große Brockhaus von 1928 lügt.
Folglich werden Bildleser mit den Informationen gefüttert, die den Vorstellungen der Familie Rothschild weitestgehend entsprechen. Jetzt wenden Personen, die sich für intellektuell halten, ein, »ich lese den Stern oder auch den Spiegel.« Schön. Der aktuelle Slogan heißt »Spiegelleser wissen mehr.« Das denken Sie, doch hier irrt der gutgläubige Mensch. Stern und Spiegel gehören zur Bertelsmanngruppe. Hinter der steht zu 25,1% die Groupe Brussels Lambert, und das ist eine reine Rothschildbank. Jetzt könnte klar werden, die vermeintlich besser Informierten sind ebenso wie die Bildleser mit vorgegebenen Informationen gespeist. Und sind gar nicht so intellektuell wie sie meinen.
Bertelsmann und Springer nehmen eine Monopolstellung in Deutschland ein. Zwischen den beiden Giganten bestehen Kooperationen. Bertelsmann gilt als das weltweit am stärksten international ausgerichtete Medienunternehmen. Zur Palette gehören neben Buchverlagen auch Buch- und Musikclubs, Musikfirmen, Zeitungs- und Zeitschriftenverlage, Fernseh- und Radiosender, TV-Produktionsfirmen, Druckereien sowie Internet-Angebote. Ähnlich stark präsentiert sich Springer. Die ganze, umfangreiche Liste der einzelnen Bestandteile kann bei Rüdiger Liedtke »Wem gehört die Republik« nachgesehen werden. Umfassend und auch sehr aufschlußreich. Es sind nüchterne Zahlen und Fakten, die sich als sehr wertvoll erweisen.
Trotz der Monopolstellung von Medienunternehmen der Allianz kommen bisweilen kritische Bücher oder sonstige Literatur ans Licht der Öffentlichkeit. Dann wird in der Regel ganz elegant reagiert. Die kleineren Verlage werden samt Bücherschatz einverleibt und auslaufen gelassen.
Nehmen Sie die drei folgenden Beispiele für zahlreiche Andere: Im Verlag 2001 war das Hanfbuch des Jack Herer erschienen. Die Rechte wurden an den Wilhelm Heyne Verlag München verkauft. Der wurde von Bertelsmann über Random House eingesackt. Das Buch ist inzwischen vergriffen und wird nicht mehr aufgelegt. Kein Wunder, schließlich hatte Familie Roth-

schild viel Geld springen lassen, um das illegale Hanfverbot des Hanf durchzudrücken.
Dieser Sachverhalt wird später noch ausführlicher behandelt. Ebenso beim Wilhelm Heyne Verlag verschwanden die Ausführungen der Maria Treben im Bereich Heilkräuter. Ansonsten würden Rothschilds sich Umsatzeinbußen bei den Pharmaprodukten einhandeln. Also läßt man die Sachen einschlafen.
Bis vor etwa dreißig Jahren wurden die Negativwirkungen des Zinseszins haarklein in der Schule gelehrt. Heute lernen die Kinder anstatt dessen den Konsum von Drogen, Fast Food und Big Brother. Ein Buch, das diesbezüglich anderweitig aufgestellt war, kam von Paul C. Martin. Es hieß »Cash, Strategie gegen den Crash«, ein Bestseller Mitte der achtziger Jahre. Erschienen bei Ullstein, übernommen von Springer, vergriffen. Die Methodik wird klar.
In unserem Land herrscht Meinungs- und Pressefreiheit. Laut Gesetz. Ist dem so? Leider nein.
Sofern ein Buch satte Informationen liefert, die gefährlich zu werden drohen, werden sogar Verbote und Einstampfungen vorgenommen. Fast wie in der Reichskristallnacht, als Bücher auf Geheiß des Naziregimes verbrannt wurden. Ist das verwunderlich? Keineswegs, es ist die gleiche Hand, die Regie führt. Denn die Nazis wurden komplett von Familie Rothschild und deren Freunden finanziert. Wie im nächsten Kapitel fein säuberlich ausgeführt wird.
Auf diese Art sind unter haarsträubenden Umständen Bücher wie die beiden ersten Werke des Jan van Helsing vom Markt genommen worden. Dem wurde auch noch unverhohlen gesagt, daß beim nächsten derart kritischen Buch die Rübe ab ist. So sieht es in unserem Land aus.
Allerdings nur unter der schöngeredeten Oberfläche.
Das was wir als Wissenschaft und deren Erkenntnisse geliefert bekommen, ist von höchster Stelle abgesegneter Abfall. Wie die Geschichte mit der eingangs wichtigsten Botschaft der letzten 10.000 Jahre schon vermuten ließ. Da steht der ganze Planet voll mit Pyramiden und sonstigen unbegreiflichen Bauwerken, die auch noch Jahrtausende Bestand haben, und in der breit angelegten Wissenschaft tauchen keinerlei neugierige Fragen auf. Einfach unerklärlich mit den herkömmlichen Begründungen.

Die Schlüssel zur Macht

Mit den Medien vermag man natürlich auch die **Gefühle** der Menschen zu lenken, bzw. zu beeinflussen. RTL gehört zu Bertelsmann, Springer ist an der SAT1-Gruppe beteiligt. Fast alles was wir an Filmen und Dokumentationen präsentiert bekommen, unterliegt den hierzu notwendigen Voraussetzungen.

Bundesrepublikanische Politiker haben ein Gesetz erlassen, wonach die Medien ordentlich Werbegelder zugeschanzt bekommen. Die Verteilung der jährlichen Pfründe sah 2002 so aus:

RTL	500.000	Euro	Bertelsmann
Sat1	480.000	Euro	Springer
Pro 7	420.000	Euro	Springer
Super RTL	140.000	Euro	Bertelsmann
Kabel 1	140.000	Euro	Springer
VOX	120.000	Euro	Bertelsmann
Radio NRW	26.373	Euro	Bertelsmann Hörfunkbeteiligung
Antenne Bayern	14.376	Euro	Bertelsmann Hörfunkbeteiligung

Wohlgemerkt sind das nur die Gelder für die Fernseh- und Rundfunksender. Für Anzeigen in den Zeitungen wurden **22,78 Mio.** Euro lockergemacht.[28] Die sich selbstverständlich im Gros in Besitz der beiden Mediengiganten Bertelsmann und Springer befinden.

Stellen Sie sich das so vor. Unsere Politiker werden geschmiert, von Familie Rothschild und dem Imperium. Das Geld hierzu wird aus den Steuern entnommen, die durch die Deutsche Bundesbank, welche ebenfalls von Rothschilds geführt wird, eingesackt werden. Die Politiker sind nun wiederum so freundlich und geben den von Rothschild dominierten Unternehmen Bertelsmann und Springer Werbegelder. Und wie durch einen Zauber sind die Auslagen für die nötige Korruption eingebracht. Ein schöner Kreislauf ist entstanden. Nur einer, bzw. viele, müssen zubuttern, damit die Sache rund läuft. Die Leute und armen Rackerer, die brav ihre Steuern abliefern. Die Unternehmen mit Weltruf in Deutschland zahlen schon lange keine Steuern mehr. Also wer sind jetzt die bedauernswerten Zeitgenossen, die blechen? Kleiner Tip, es ist dieselbe Nase, die Sie morgens im Spiegel sehen.

Die Schlüssel zur Macht

Wenn die Gedanken und Gefühle unter Dach und Fach sind, braucht es nur noch ein Mittel, um den Willen der Menschen zu lähmen. Es gibt sogar zwei.
Einerseits durch die Medien. In zahllosen Diskussionsshows wird der mögliche Bedarf nach Klärung scheinbar abgehandelt. Die Gespräche drehen sich jedoch im Kreis, ohne erkennbares Ergebnis. So ist das im Sinne des Erfinders.
Sofern trotz der ganzen Unterhaltung durch Film und Shows immer noch nachgehakt wird, greift das zweite Mittel. Im Rahmen der Aluminiumherstellung fiel als Abfallprodukt Fluor an. Dieses Element lähmt den Willen massiv und fördert kleine Depressionen. Beides ist gut geeignet, den echten Informationsbedarf gering zu halten. Außerdem konnte so der Abfall billig entsorgt werden. Begonnen hatte dies bei Alcoa in Amerika, übrigens auch etwas in die sehr dubiose Nazifinanzierung verwickelt, die gleich Gegenstand der Erörterung sein wird. Das Fluor wurde von nun an in die Zahnpasta und in das Trinkwasser hinzugegeben.
Ob die Medien, Fernsehen, Radio und Zeitungen, das Thema Kontrolle läuft unter dem Motto »Brot und Spiele«. So hielten die Römer schon das Volk bei Laune. Und warum sollte man eine erfolgreiche Strategie ändern? Als nächstes Instrument kommt das liebe Geld und allgemein die materiellen Belange. Die Einkommensteuer als Einnahmequelle wurde mit der englischen Zentralbank salonfähig. Die Zinsen für die Kredite zieht die Bank von England ein, gegründet 1694.
Die englische Zentralbank wird heute inoffiziell unter **N.M. Rothschild** and Sons geführt. In der einen Quelle mit der Überschrift »Chart of who owns the Federal Reserve« heißt es wörtlich: »Chart 1 reveals the linear connection between the Rothschilds and the Bank of England«.[29]
Diese direkte Verbindung des Bankhauses Rothschild und der englischen Zentralbank kommt auch an anderer Stelle zum Ausdruck, **»Und zu diesem Zeitpunkt«** – 1815 – **ergriff das Haus Rothschild die Kontrolle über die ... Bank of England«**.[30]
Im Jahre 1815 fand der Wiener Kongreß statt, auf dem die Führungsrolle der Allianz offiziell in die Hände der Rothschilds gelegt wurde. M.A. Rothschild hatte wohl den Rat der 13 davon überzeugen können, daß seine Söhne dem Vater in Nichts nachstehen. Was soll ich sagen, er hatte Recht.

Die Schlüssel zur Macht

Über die amerikanische Zentralbank, die heute zu 53% in Händen von Rothschilds liegt, sei nur soviel gesagt:
Nach einhundertdreiundzwanzigjährigem Ringen war es endlich am 24. Dezember 1913 so weit. In einem Staatsstreich wurde die illegale FED eingeführt. Mit den Stimmen von nur drei Senatoren, da die Anderen im Weihnachtsurlaub waren. Sie sehen, es gibt keinen Trick, der nicht blöd genug ist, um angewandt zu werden. Seither zahlen die Amerikaner glücklich ihre Einkommensteuer. An wen? Na, an die Eigentümer der privaten Notenbank natürlich.
Und die Deutschen, die ja so stolz gehalten werden auf ihre Bundesbank, an wen zahlen die Einkommensteuer?
Nun, Deutsche sind so was wie gutmütige Trottel. Aber zu sehr sollte man Sie trotzdem nicht reizen, darum wird die Katze nicht aus dem Sack gelassen. Also beobachten wir die Mitglieder der Bundesbank, bzw. ihrer Vorgängerin, der Reichsbank.
Die Reichsbank war eine »von der Reichsregierung unabhängige Gesellschaft eigenen Rechts mit juristischer Persönlichkeit. Die Generalversammlung als Vertretung der Anteilseigner bildet den Zentralausschuß.« Die Reichsbank hatte am 1. Januar 1901 6214 inländische und **1857 ausländische Anteilseigner.**
Der langjährige Reichsbankpräsident **Hjalmar Horace Greely Schacht**, ein sehr deutscher Name, war von 1908 bis 1915 stellvertretender Direktor der **Dresdner Bank**. In den Jahren 1914/15 war er dem Generalgouvernement in Brüssel für die Errichtung der belgischen Zentralbank zugeteilt.
Da dämmert etwas. Im Nov. 1923 zum Reichswährungskommissar und im Dez. 1923 schon zum Reichsbankpräsidenten ernannt, soll er sich gegen die Aufnahme von Auslandskrediten eingesetzt haben. Leider erfolglos. Wie unser Kanzler Schröder gegen den Irakkrieg. Deutschland bekam Kredite im Überfluß zugeschachert. So eine Stellung als Präsident ist einfach nicht mehr das, was sie vor der Machtübernahme der Rothschilds einmal war.
Auf der Pariser Sachverständigenkonferenz über den Young-Plan, **Owen Young** ist seines Zeichens K 300-Mitglied, war Horace Greely Schacht deutscher Hauptdelegierter.
Er trat im April 1930 zurück, mit Inkrafttreten des Young-Planes. Gut. Wahrscheinlich waren seine Bedenken im Vorfeld nicht richtig gehört wor-

Die Schlüssel zur Macht

den. Im März 1933 übernahm er erneut den Posten des Reichsbankpräsidenten. Unter der Herrschaft der Nazis. Bitte verzeihen Sie meine jetzt folgende, ungebührliche Reaktion: **Häääh? Wegen Young kündigen und bei Hitler anheuern?** Also bitte. Das verstehe wer will. Auf die logische Erklärung bin ich gespannt. Machen wir es besser so. Reichskanzler war Bethmann-Hollweg gewesen, ein Rothschild. Ein Direktor der Reichsbank war Max Warburg, der schon für Deutschland Delegierter in Versailles war. Applaus, für die exzellente Plazierung der eigenen Leute in Schlüsselpositionen.

Bei der heutigen Bundesbank gehen Ottmar Issing und seine Kollegen alljährlich auf die netten Treffen der Bilderberger, wo Rothschild und Co. Zugegen sind. Ich sage Ihnen den naheliegenden Verdacht. Nach Jahrzehnten zähen Ringens und akribischem Aufbau privater Kontakte, konnte die eigentlich unabhängige Bundesbank endlich über die persönliche Schiene im Kreis der Allianz der Dunkelzeit begrüßt werden. Fazit des logisch begründeten Verdachtes:

Die Deutschen zahlen ebenfalls Einkommensteuer an die Rothschilds samt Familie.

Anders läßt sich das Geklüngel der Bundesbankoberen nur schwer erklären. Wie sieht es nun mit den **Gesetzen** aus? Sie erinnern sich an den Satz von M.A. Rothschild, geben sie mir die Kontrolle über das Geld und es ist egal, wer die Gesetze macht. Grundsätzlich ist das richtig, aber da die Politiker schon mal auf der Lohnliste stehen, können sie ja auch gleich die gewünschten Gesetze verabschieden. Das kriegen die hin.

Dann bliebe nur noch die Kontrolle über die Energie. Wieviele Sonnenkraftwerke haben wir trotz steigender Lichtintensität? Wie sieht es mit Alternativen zur Energiegewinnung aus und wieso ist Öl so teuer, wo viel billigere Verfahren schon lange vorhanden sind? Antworten können selber gegeben werden. Hier sind Sie bestimmt viel schlauer als meine Wenigkeit.

Im Rückblick auf diese Punkte kommt zum Vorschein wie umfassend das Konzept mit der Kontrolle aufgezogen wurde. Wie bei einem überlegt gebauten Spinnennetz. Den Namen der Mutterspinne kennen Sie auch, also was soll ich Ihnen noch erzählen? Nun, da wüßte ich auf Anhieb Einiges. Spannendes und Abenteuerliches. Neugierig? Gut. Dann machen wir weiter.

Im Morast: Kriege und Nazis

Krieg ist die Personifizierung des Bösen selbst und seit Freiherr Johann Wolfgang von Goethe stecken immer die gleichen Regisseure hinter den Kriegen. Es sei denn der Große Brockhaus von 1930 lügt und die Herrschaften aus der Politik sprechen die Wahrheit. Ebenso natürlich die großen Medien, die allerdings sonderbarerweise von der gleichen Dynastie gelenkt werden, die für die Kriege verantwortlich zeichnet. Da dürfen Zweifel an der Richtigkeit angebracht werden. Im Großen Brockhaus von 1933, 15. Auflage, Band 16, Seite 135 und 136, steht folgender Teilsatz unter dem Begriff Rothschild: »**Im Anleihegeschäft stellten die R. immer mehr auch polit. Bedingungen und entschieden so mit über Krieg und Frieden.**« Und später heißt es »**Die Kriege kamen von nun an auch gegen den Willen der R. zustande.**« Das bedeutet Rothschilds entschieden über Krieg und Frieden und es war definitiv ihr Wille solche anzuzetteln. Eindeutiger kann die Botschaft eines Lexikons wohl kaum lauten. Sonst wäre sie als unsachlich und damit ungeeignet für das Festhalten von Tatsachen einzustufen. Bis zum heutigen Tage gibt es fast keinen größeren Krieg, der nicht von Rothschilds gelenkt oder finanziert wurde. Wie die Praxis beweist.

Im engl.-frz. Krieg 1812 – 1814 wurden die beiden Parteien jeweils von den Bankhäusern Rothschild London und Paris finanziert. Genauso im amerikanischen Bürgerkrieg, der von 1861 – 1865 währte, die Nordstaaten vom Bankhaus zu London und die Südstaaten vom Bankhaus Rothschild Paris. Im französisch-preußischen Krieg 1870/71 wurde die französische Seite von Rothschilds angestachelt. Die süddeutschen Staaten, allen voran Bayern mit König Ludwig II, stellten Preußen ihre Soldaten zur Verfügung, und so wurde die Niederlage Frankreichs in einem Blitzkrieg besiegelt. Hernach wurde der deutsche Kaiser in Versailles ausgerufen. Dieser Rückschlag kam das Imperium teuer zu stehen. Beinahe wäre die finanzielle Säule in sich kollabiert, doch Preußen ließ den militärischen Gegner verschnaufen. Ein verhängnisvoller Fehler, denn nun konnte sich die Allianz der Dunkelzeit erholen und neu formieren. Das taten sie auch. In perfekter und geschick-

ter Weise. Diesmal wurde von langer Hand ein schwerer Schlag gegen Deutschland vorbereitet.
Denn irgendwann vor diesem Jahr 1870 war dem Anführer der Dunkelmacht Wichtiges kenntlich gemacht worden. Dieses Wissen versetzte die verwandte Sippe in die Lage Vorkehrungen zum unbedingten Machterhalt zu treffen. Denn es war Ungeheuerliches geweissagt worden.
Am Ende des dunklen Zeitalters wird den Rothschilds und ihrem gesamten Imperium des Terrors und der Kriege, das Zepter der Macht aus der Hand genommen. So lautet die klare Botschaft. Unmißverständlich. Hören wir dazu die genauen Worte von einem weithin bekannten und hochangesehenen Redner:
»Das Reich Gottes wird von Euch genommen und einem anderen Volk gegeben werden, das die erwarteten Früchte hervorbringt«.
Wer hatte das zu wem gesagt? Der genaue vollständige Originaltext soll sich im Archiv der »Societas Templi Marcioni« befinden und soll aus den Tontafeln der Sumerer entstammen. Diese Passage im Neuen Testament, Matthäus 21, Vers 43, gibt den Inhalt der Prophezeiung wider. Und darin spricht Jesus Christus zu den Pharisäern.
Unsere weisen Urahnen hatten wieder einmal vorausgesehen, was geschehen würde. Aber welchem Volk sollte die bedeutende Rolle zugespielt werden? Auch dazu gab es Klärendes.
Im Urtext wird klar, um wen es sich bei dem »anderen Volk« handelt. Jesus Christus richtet seine Worte an Germanen einer römischen Legion. Und er verkündet ihnen, **daß das germanische Volk das Reich des Lichtes auf Erden errichten wird.**
Jetzt war die dunkle Allianz von Schwarzem Adel und Rothschilds und Konsorten im Bilde. Die ahnungslosen und gutdenkenden Preußen, im Verbund mit den Süddeutschen, ließen also den Fisch vom Haken. In großzügiger deutscher Manier. Das wurde sofort genutzt. Nun begann eine einmalige Kriegsvorbereitung. Raffiniert und ausgeklügelt bis ins Letzte.
Während außen die Konflikte mit den anderen Nationen geschürt wurden, um einen neuen Krieg herbeizuführen und Deutschland den Garaus zu machen, setzte eine perfekte und hervorragend organisierte Unterwanderung Deutschlands ein. In die Schlüsselpositionen von Politik, Staat und Gesellschaft konnten Familienmitglieder der Allianz eingebracht wer-

Im Morast: Kriege und Nazis

den. Ob Politiker, Bankiers, Anwälte, Journalisten oder Unternehmer, überall nisteten sich die Maden ein.

In dieser Zeit war auch die Familie Warburg sehr engagiert tätig. Während Moritz in Amerika in wichtige Positionen gelangte und Karriere bei der FED machte, war Max in Deutschland als Berater des Kaisers und Finanzminister der Reichsbank tätig. **Max** Warburg und sein Bruder (Paul) **Moritz** Warburg dürften im Übrigen Pate gestanden haben für eine Anekdote von Wilhelm Busch.

Wie kam es nun schlußendlich zum I. Weltkrieg? Nach dem Sarajevo-Attentat war Theobald von Bethmann-Hollweg so frei und unterschrieb die Kriegserklärung an Frankreich und Russland. Die Abwesenheit des Kaisers ermöglichte dies und die Gelegenheit wurde sofort dementsprechend genutzt. Das wird in der Literatur als diplomatischer Fehler des damaligen Reichskanzlers angesehen. Eine doch saloppe Darstellung einer Tat, die voller Absicht entspricht. Herr Bethmann-Hollweg ist nämlich ein Abkömmling der Familie Rothschild.

Um die Motive der harten und raffinierten Vorgehensweise gegen Deutschland zu erkennen, bedarf es einer Überwindung. Des Griffes in die schwelende Wunde, die stets offen gehalten wird. Das dunkelste Kapitel deutscher Geschichte, die Nazizeit. Nur wer hier genau hinsieht, erwirbt die Fähigkeit, das raffinierte Spiel wirklich zu durchschauen.

Glauben Sie mir, vor Monaten hätte ich angewidert Halt gemacht vor diesem unangenehmen Thema. Doch als Stück für Stück das ganze, schreckliche Ausmaß zum Vorschein kam, und ich die, in diesem Zusammenhang gern gemachten, unseligen Vorwürfe als verfehlt erkannte, da gab es kein Zurück mehr.

Jeder halbwegs anständige Mensch sollte sich verteidigen, wenn ihm unangebrachte Vorwürfe gemacht werden. Und Angriff ist die beste Verteidigung. Darum wird wie im Blitzkrieg gegen Frankreich alles an Anhaltspunkten und Belegen in diese klaffende Wunde hineingestoßen. So kann diese endlich heilen. Wenn Sie ebenfalls befreit werden wollen von dem am Lodern gehaltenen Schuldgefühl ein Deutscher zu sein, dann lesen Sie weiter. Linderung bei diesem Gefühl kann auf jeden Fall in Aussicht gestellt werden.

Die Deutschen sind Stehaufmännchen. Das mußten die Rothschilds samt Gefolge erkennen. Einen Krieg verloren und nach kurzer Zeit wieder obenauf. Da braucht es noch einen Krieg.

Nazifinanzierung
Die Nazis waren das Produkt ihrer Geldgeber. Wir leben in einem kapitalistischen System, mit materialistischer Ausrichtung. Um es neudeutsch zu sagen, ohne Knete keine Fete oder ohne Moos nix los. Kein Geld, heißt kein Treibstoff, keine Produktion, keine Waffen und Ausrüstung. Die Betrachtung der Nazifinanzierung ist ein unverzichtbarer Schlüssel zum Erkennen der Hintermänner. Dort finden sich die geistigen Nazis, die Urheber.
Im Falle von Hitler und seinen Nazis sieht die Antwort so aus. Von Senator Homer T. Bone, der am 4. Juni 1943 vor dem Senatsausschuß für Militärische Angelegenheiten Folgendes äußerte: »Farben was Hitler and Hitler was Farben«. Dies korrespondiert mit dem Satz »Die IG Farben verteilte 400.000 Reichsmark an Hitler. Es war dieses geheime Geld, das die Nazimachtergreifung im März 1933 finanzierte«.[31]
Jetzt haben Sie Adolf Hitler vor sich. Stellt sich die Frage, ob Sie einem Wahnsinnigen, Massenmörder und rassistischen Fanatiker finanzielle Unterstützung gewähren. Mit dem Risiko das eingesetzte Kapital ganz zu verlieren? Wohl kaum. Welche Verbindung gibt es also zwischen Adolf Hitler und der Familie Rothschild? Hier ist sie.
Wir gehen kurz in die Vorgeschichte Adolf Hitlers zweiundfünfzig Jahre vor seiner Geburt. Seine Großmutter väterlicherseits war Maria Anna Schicklgruber. Sie arbeitete in Wien in einem feinen Haus. Der Hausherr lebte in Wien und die Ehefrau in Frankfurt, weil es um die Ehe nicht sonderlich gut stand, »their marriage was so bad« Der einzige Sohn des Hauses verbrachte seine Zeit in Paris und Frankfurt, so war der Vater von allen familiären Kontakten abgeschnitten. In einem biographischen Buch von Hermann von Goldschmidt heißt es 1917 »Er (der Hausherr) hatte einen ausgeprägten Hang zu jungen Mädchen, seine Abenteuer mit diesen mußten von der Polizei vertuscht werden«[32] Nun, in der Zeit ihrer Tätigkeit als Hausmädchen wurde Maria Anna Schicklgruber schwanger. Als die adlige Familie den Faux-pas entdeckte, mußte die junge Frau mit dem uneheli-

chen Kind unter dem Herzen das hohe Haus verlassen. 1837 schenkte sie Alois Schicklgruber das Leben, Adolf Hitlers Vater war geboren und der Hausherr war niemand anderes als Salomon **Mayer Rothschild, zweitgeborener Sohn des Mayer Amschel Rothschild.**
Gemäß dem Psychoanalytiker Walter Langer war Adolf Hitler definitiv ein Rothschild-Abkömmling. Dessen Informationen stammen von Hans-Jürgen Köhler, einem hochrangigen Gestapo-Offizier, der seine Informationen 1940 unter dem Titel »Inside the Gestapo« zum Besten gab. Weiteres Material kam vom österreichischen Kanzler Dolfuß und David Icke war so fleißig und faßte alles zusammen.
Hier wird von aufmerksamen und fleißigen Lesern eingewendet, beim Autor Werner Maser stünde, daß A. Hitler ein Schicklgruber sei. Dann schauen Sie einfach bei welchem Verlag die Bücher des Herrn Maser erscheinen. Wilhelm Heyne Verlag, gehört inzwischen Bertelsmann, und das ist Rothschild.
Ein Beispiel für unbedachte Aktionen ist die Schauspielerin Iris Berben mit ihrem Buch vom Antisemiten Hitler und den diesbezüglichen Strömungen in Deutschland. A. Hitler war ein Antisemit, das ist zweifelsohne richtig. Frau Berben wurde mitsamt Buch vorgestellt bei n-tv. Der Fernsehsender gehört zu 47% Bertelsmann. Es ist mühsam, die schlecht Informierten zu belehren. Frau Berben sollte besser genau hinsehen, für wen sie ihren Namen hergibt und vor wessen Karren sie sich spannen läßt.
Im Jahre 1907, nach dem Tode seiner Mutter, verschwand Adolf Hitler scheinbar spurlos für zehn Monate von der Bildfläche. Aber nur scheinbar. Er hielt sich während dieser Zeit in der damals modernsten Männerpension Europas, in Wien, auf. Diese befand sich im Besitz von Albert v. Rothschild. Zehn Monate Zeit, um das Schicksal Deutschlands und der Welt in eine schlimme Richtung zu lenken.
Nachdem die Vorbereitungen getroffen waren, floß das unterstützende Geld für die Nazis über mehrere Stationen. Federführend waren die Deutsche Bank, IG Farben und zu einem kleineren Teil die Unions Bank und Thyssen.
Die Unions Bank wurde geführt von William Averell Harriman, der Ende des 19. Jh. von der Familie Rothschild tatkräftig unterstützt worden war. W.A.Harriman hatte einen Kompagnon, der hieß Prescott Bush und war

der Großvater von George W. Bush. Und die Unions Bank verfügte über eine enge Zusammenarbeit mit Thyssen. Das Haus Thyssen-Bornemisza ist Mitglied im K 300[33] und gehört dem Schwarzen Adel an. Die Deutsche Bank ist aktuell die größte deutsche Privatbank, sie war es auch damals. Sie wies ein »weitreichendes Engagement mit der Naziregierung« auf. »Historiker belegten, daß die Deutsche Bank auch den Bau des KZ Auschwitz mitfinanziert hatte.[34]
Hermann Schmitz war der Vorstandsvorsitzende der IG Farben, Vorsitzender der Deutschen Bank und Direktor bei der BIZ. Die Deutsche Bank hatte im Jahre 1922 eine recht untypische Bankbeteiligung übernommen, die Deutsche Petroleum AG. Die Deutsche Bank war 1870 u.a. von dem Hauptgründer Georg von Siemens zur Entstehung gebracht worden. Sie beherrschte laut Rüdiger Liedtke die AEG, die wiederum mit der Firma Siemens 1919 die Osram GmbH errichtet hatte.
Wem gehört die Deutsche Bank? Auch hierauf wußte der Große Brockhaus Antwort.
Die Diskontogesellschaft, damals Deutschlands zweitgrößte Bank, übernahm mit einer eigens errichteten Filiale, der ersten in fünfzig Jahren, Teile des Bankhauses Rothschild zu Frankfurt.
»Das Frankfurter Bankhaus (M.A. Rothschild und Söhne) wurde zuletzt von Wilhelm Karl von Rothschild geleitet, der am 25. Januar 1901 verstarb. Mit ihm erlosch das Frankfurter Haus im Mannstamm und das Geschäft wurde zur Liquidation gebracht. Einen Teil desselben übernahm die am 1. Juli 1901 errichtete Frankfurter Filiale der Diskontogesellschaft in Berlin.«
Brockhaus Konversationslexikon von 1903, 14. Aufl., Bd. 13, S. 1030.
Die Diskontogesellschaft wurde 1929 mit der Deutschen Bank verschmolzen. Im Jahre 1931 sah sich das Bankhaus Rothschild in Wien vor massive Probleme gestellt.
Louis v. Rothschild war »Präsident der Österreichischen Creditanstalt, an der die Familie mit 30% beteiligt war. Dann wurde die fast bankrotte Bodencreditanstalt übernommen. 1931 kam der Zusammenbruch der Creditanstalt. Die Pariser und Londoner Rothschild-Banken retteten die Rothschildbank Wien vor dem Aus. Ein Auslandsgläubiger-Komitee unter Führung von Lionel Rothschild und Lord Kindersley sanierte die Bank schließlich«.[35]

Im Morast: Kriege und Nazis

Die Deutsche Bank sammelte wiederholt Perlen der Rothschilds auf. Viel deutlicher läßt sich die Familie Rothschild selten in die Karten schauen. Die 1938 erfolgende Übernahme der Creditanstalt-Bodenverein durch die Deutsche Bank gibt den letzten klaren Hinweis.
Es bieten sich dem hinsehenden Betrachter zwei alternative Deutungen an. Entweder der Zufall brachte die Deutsche Bank zwei Mal dazu Rothschild-Banken weiterzuführen, mitsamt den ganzen Indizien, oder aber die Deutsche Bank weist in den Eigentumsverhältnissen von damals die führende Handschrift der Rothschilds auf. Ihr geschätztes Einverständnis einmal vorausgesetzt, halte ich mich an die Version Nr. 2.
Demnach gehörte die Deutsche Bank mehrheitlich den Rothschilds und Verwandten.
Und die Eigentümer der IG Farben sind?

Vorab dieses Zitat »**Die Deutsche Bank beherrschte die IG Farben**«[36] Ein recht deutliches Indiz.
Das Hauptverwaltungsgebäude der IG Farben, der sog. Pölzig-Bau, befand sich in Frankfurt auf dem Grüneberggelände. **Dieses Grundstück war seit 1837 Eigentum der Rothschilds.** Das ist schon der zweite Beleg. Mit dem Pölzigbau gibt es noch so eine kleine Geschichte, sie hat mit Goethe zu tun und kommt im Kapitel XIV. Das wird dann das dritte Anzeichen.
Sehen wir uns noch die Führungsspitze der IG Farben in Deutschland etwas genauer an:
Hermann Schmitz, Vorstandsvorsitzender Deutsche Bank und BIZ.
Max Warburg, Bankier und Industrieller, Gestapochef (Des Griffin) und Teilnehmer für die deutsche Seite an den Versailler Friedensverträgen. Sein Onkel hieß **Oppenheim**. Bei denen hat **M.A. Rothschild** seine Bankausbildung gemacht. Er verließ Deutschland 1938. In aller Seelenruhe, ohne behelligt zu werden. Verwunderlich.
Als Direktionssekretär war **Prinz Bernhard der Niederlande**, inzwischen verstorben, in den frühen 30er-Jahren bei der IG Farben. Davor war er achtzehn Monate bei der SS und danach bei Shell Oil. Sein Austritt aus der NSDAP kam mit seiner Hochzeit 1937, die standesgemäß war. Er war Habsburger und seine Frau aus dem Hause Nassau-Oranien. Beides Schwarzer Adel. Die Tochter **Königin Beatrix** ist Mitglied im Komitee der

300, wie ihre Verwandte **Queen Elisabeth II.** auch. **Ein Indizienhaufen türmt sich vor uns auf.**
Betrachten wir nun den amerikanischen Ableger der IG Farben. Hermann Schmitz war Präsident. Sein Neffe Max Ilgner Direktor. Im »Board of Directors« entdecken wir u.a.:
H.A. Metz, Bank of Manhattan, im Besitz der Khun Loeb & Co., wobei der »Co.« nach dem Tode von Kuhn und dem Rückzug von Loeb das Zepter übernahm. In Gestalt von Jakob Schiff, dem Enkel von M.A. Rothschild. Die Bank of Manhattan im Besitz der Rothschilds.
C.E. Mitchell, National City Bank (Rockefeller) und FED-Direktor.
Paul Moritz Warburg, Teilhaber Khun Loeb (Rothschild) und 1914 – 1918 Mitglied und Vizepräsident der FED.
Walter Teagle, Direktor der Federal Reserve N.Y. und Vorsitzender Standard Oil.
W.H. von Rath, Direktor German US General Electric (=AEG).
Carl Bosch und Edsel Ford von der Ford Motor Company.[37]
Die IG Farben gehörte also zum Rothschildimperium, den Eindruck vermag man als logisch denkender Mensch zu gewinnen. Ihre Nachfolger tun es ebenfalls noch. Außerdem zeigt sich, die IG Farben war ordentlich verflochten mit der Federal Reserve. Sie steht für zwei Namen, Rothschild und Rockefeller, die beiden mächtigen Familien.
Nach dem Zweiten Weltkrieg wurde ein Plan zur kompletten Zerlegung dieser Strukturen in der deutschen Industrie ausgearbeitet, er hieß nach seinem Entwickler Morgenthau-Plan. Doch die Zerstückelung der verbrecherischen Naziförderungsstrukturen wurde geblockt, und zwar von Franklin Delano Roosevelt. Eigentlich unverständlich. Roosevelt war mit einer Dame aus dem Hause Delano verheiratet und die sitzen laut Dr. John Coleman im K 300. Nun leuchtet diese Verhinderung der Zerschlagung ein. Das Geld für die Nazis floß von der amerikanischen Zentralbank FED in die Deutsche Bank zur IG Farben und so zu den Nazis. FED, Deutsche Bank und IG Farben sind mehrheitlich Rothschild-Unternehmen.
Die Nazis, als ureigenes Produkt ihrer Geldgeber, weisen somit direkt auf Rothschild hin.
Als leitender Angestellter wurde der Verwandte Adolf Hitler an die Spitze der Nazis gesetzt.

Im Morast: Kriege und Nazis

Das **Konzentrationslager Auschwitz** ist in der heutigen Darstellung eine Lüge, allerdings eine ganz andere als man landläufig vermuten möchte. Dazu bedarf es nur eines klaren Blickes, der genau Visier nimmt.

»Das auf Initiative der IG Farben eingerichtete Lager Buna entsprach also dem Vorbild anderer nationalsozialistischer Konzentrationslager« und »gut eineinhalb Jahre nach dem Baubeginn in Auschwitz hatte die IG damit ihr eigenes Konzentrationslager«.[38] Finanziert von der Deutschen Bank und betrieben von der IG Farben zusammen mit der SS, wie auch diverse andere Internierungslager, läßt sich die eindeutige Verbindung der Familie Rothschild zum Betreiben des KZ Auschwitz schon herleiten, doch es kommt noch viel dicker. Schier Unfaßbares kann bei simplem Hinsehen ergründet werden, in frei und öffentlich zugänglichen Dokumenten festgehalten.

Verschiedene Zeugen gaben ihre Aussagen zu den Vorkommnissen in Auschwitz zum Besten. So äußerten sich u.a. die Herren Markowitsch, Frankenthal und Halbreich zur Anzahl der Selektionen von Gefangenen zu den Gaskammern. Diese Befragten waren Häftlinge und Zwangsarbeiter und schilderten eine Frequenz von einmal vierteljährlich bis monatlich. Zwei weitere Aussagen kamen von **Mitgliedern des medizinischen Personals**. Herr Cuenca bestätigte die Ausführungen der Insassen, der Andere lieferte widersprüchliche Zahlen ab. **Und legte sich irgendwann auf mehrere Selektionen pro Woche fest.** Sein Name ist im Nürnberger Dokument NI-10824 vermerkt, er heißt **Kohn**. George Bush hatte im Juli 2006 für die FED einen neuen Vizegouverneur namens Donald Kohn ernannt. Da Familie Bush mit den Kerrys verwandt ist, die einfach von Kohn zu Kerry einen Namenswechsel vollzogen, könnte es sich durchaus um einen Verwandten handeln. Die Wurzeln des Henoch Kohn liegen im südlichen Polen, unweit von Auschwitz. Da er die Familienfeste der Rothschilds besucht und rein logisch als solcher gelten sollte, stellt sich die Frage ob der Altbundeskanzler neben einer Verwandtschaft zu Adolf Hitler auch Blutsbande mit dem Herrn Kohn des KZ Auschwitz hegt. Was erheblich geänderte Rückschlüsse auf die tatsächlichen Vorgänge rund um Auschwitz anregen würde.

Der Apparat der ruchlosen Bande hat viel Mühe, Zeit und Geld verwandt, um eine gefälschte geschichtliche Darstellung zu etablieren. Darum sollte keine Energie darauf verschwendet werden, nach dem Knochen mit der Zahl tatsächlich ermordeter Juden zu schnappen. Auch wenn die Berner Zeitung, Konrad Adenauers Ausführungen und die Bertelsmann-Bibliothek in New York hierzu Widersprüche erkennbar machen. Allein die Eigentumsverhältnisse der Nazifirmen Deutsche Bank und IG Farben ermöglichen namentlich die Familie Rothschild wegen deren Verwicklung zu belangen.

Die IG Farben als Betreiber des KZ Auschwitz in Union mit der SS, hat die Menschen zur Zwangsarbeit herangezogen und vergast. 95% des Zyklon B kam von der IG Farben. Bei n-tv wurde versucht die Gasherstellung der Degussa alleinig in die Schuhe zu schieben. Armselig, wenig schuldbewußt und lügend, wie eh und je.
Derselbe Sender brachte ausführlich die Feierlichkeiten in Auschwitz zum Gedenken an die Verbrechen des Holocaust. Prinz Charles hat seinen Sohn Harry laut Medienmeldungen zum Besuch in Auschwitz verdonnert. Wahrscheinlich hat er vergessen, daß seine Verwandten, die Bushs, sich in den 40er Jahren auf der Anklagebank wegen eben dieser Nazifinanzierung wiederfanden. Außerdem braucht er nur seiner Mutter zu sagen, sie solle im K 300 mal ein ernstes Wort mit den Rothschilds sprechen. Damit solche unguten Geschichten wie mit den Nazis und Auschwitz zukünftig vermieden werden können.
Schauen wir uns noch einige Strukturen des Naziregimes genauer an. Die Familie von Thurn und Taxis gehört dem Schwarzen Adel an. Sie unterhält traditionell gute Kontakte zu Familie Rothschild. Max v. Thurn und Taxis ist nebenbei Gründer der allgemeinen SS gewesen. Da verwundert es kaum, daß die SS schwarze Uniformen besaß. Eine Unterabteilung der SS war die Gestapo, Geheime Stabspolizei. Max Warburg war Chef der Gestapo.
Wenn notorische Lügner wie unsere Politiker kritische Menschen aus dem Volk als Nazis und Antisemiten bezeichnen, dann liegt der Verdacht nahe, daß auch dies Lügen sind. Genau so ist es. Hierbei werden sogar freche Lügen ins Feld geführt. Weil anständige Menschen den Blick senken, wenn das Wort »Antisemitismus« fällt. Sobald die Medien der Rothschilds und Konsorten ihre Kritiker beschimpfen, als Nazis oder Antisemiten, sehen die Mitmenschen den Gescholtenen gleich schräg von der Seite an, dabei ist

das einer von den Eigenen. Anstatt das Lügenmaul richtig ins Visier zu nehmen, aus dem nämlich der Unsinn kommt.
So jedenfalls ist das blanker Hohn. Wenn jedoch der Vizepräsident des Zentralrates der Juden, Herr Michel Friedman, zwischen einer Koksnase und einem Nuttenbesuch die Freundlichkeit besitzt, die Deutschen auf den stets vorhandenen Antisemitismus hinzuweisen, dann wird es lächerlich. Wenn man im Glashaus sitzt, wirft man nicht mit Steinen. Da könnte man versucht sein, an ein altes Sprichwort zu denken: **Was kümmert es eine deutsche Eiche, wenn eine Sau sich an ihr wetzt.**

Wiederum muß auf die offizielle Version in den Geschichtsbüchern gepfiffen werden.
Der 1922 ermordete Walther Rathenau war Präsident der AEG zwischen 1915 und 1919. Was wiederum eine Verbindung zum Komitee der 300 herstellt, welches er der Öffentlichkeit preisgegeben hatte. Auch die Kopplung von Siemens, Deutscher Bank und IG Farben mit dem K 300 deutet sich an.[39] Alles ein Sumpf.
Wo bitte sind die Entschuldigungen der Rothschilds für die Verbrechen des A. Hitler? Wenn kein Bedauern oder Schuldbekenntnisse der Rothschilds vorliegen, heißt das nur Eines: Der Mord an den Juden war volle Absicht. Wieder werden zwei Völker gegeneinander gehetzt. Wie immer. »Wenn zwei sich streiten, freut sich die Dunkelmacht.«
Die Juden und die Deutschen werden gegeneinandergestellt. Zwei Völker als Feinde. Sind die beiden Völker der Juden und Deutschen nur Marionetten eines raffinierten Puppenspielers, der ein teuflisches Spiel betreibt? **Wortwörtlich zitiert aus dem Großen Brockhaus, 1931, 15. Auflage, Seite 57.**
Um jedweden blödsinnigen Anfeindungen aus dem Weg zu gehen. Der Anfangsteil mit dem Suchbegriff wurde, der Spannung wegen, ans Ende gestellt. Komplette Textwidergabe.
»Ein magisches Symbol in Gestalt eines Kreuzes, dessen vier Arme rechtwinklig oder bogenförmig gestaltet sind, wodurch der Schein einer Bewegung erweckt wird. Für Europa ist das H. durch Funde aus Siebenbürgen und Bessarabien bis in die Jungsteinzeit, für Asien, wo es sich bis China und Japan nachweisen läßt, bis zur Mitte des 3. vorchristl.

Jahrtausends (Susa Elam, hethitische Altertümer) nachweisbar. Besondere Bedeutung hatte das H. in Indien. Vom Malaiischen Archipel ostwärts bis nach Polynesien. In Afrika ist es aus dem W (Goldküste, Aschanti) sowie von Lederarbeiten des Sudans und auf Holzplastiken im Kongogebiet bekannt, in Amerika aus dem **Mississippigebiet,** bei den Puebloindianern, aus dem Gebiet der mittelamerik. Hochkulturen und aus dem brasil. Urwald. Seine Verbreitung ist also universal und keineswegs auf die sog. Arier beschränkt; nur bei den semit. Völkern und den Australiern ist es unbekannt. Das H. hat als Symbol zahlreiche Bedeutungen. **Im ind. Buddhismus gilt es als ein Glück weissagendes Zeichen; linksgeflügelte H. bedeuten Aufstieg, Entstehung, Geburt, Glück, rechtsgeflügelte Niedergang, Vergehen, Tod.** In Mexiko hat es die Bedeutung für **Jahres- oder Sonnenlauf** usw. Seine Ausdeutung als Heils- und damit Kennzeichen der Arier geht im wesentlichen auf Guido List (1910) und seinen Anhang zurück, dadurch ist es zum Abzeichen der antisemit. Verbände geworden. Seine Form ist als **Linearbild des Menschen,** als Darstellung von **Thors Hammer,** als Bild zweier gekreuzter Blitze, eines fliegenden oder im Nest brütenden Storches oder **der Sonne** und als **technisches Spiralmotiv** zu erklären versucht.« Vorab steht: »**Hakenkreuz**, lat. Crux grammata, frz. Croix grammée, Sanskrit Swastika oder Svastika, altengl. Fylfot.

Das rechtsgeflügelte Hakenkreuz kam von den Nazis, die wiederum durch Familie Rothschild finanziert wurden. Guido List hat das Naziemblem entworfen. Steht er in Verbindung mit der Verwandtschaftslinie aus der Friedrich List stammt oder ist der Verlag List, der inzwischen zu Springer gehört, seine Familie?

Das deutsche Volk ist Bestandteil des riesigen indogermanischen Stammes, wir sind also genau genommen alle Brüder und Schwestern, wurde dem Untergang geweiht. Die Juden, die sich strikt weigerten in das Rothschild-Ghetto nach Israel gebracht zu werden, wurden mit dem Davidstern versehen. Ist das ein jüdisches Zeichen? Nein, ist es nicht! Geht es auf König David zurück? Nein, auch daher rührt der Davidstern nicht. Es ist das Zeichen der Familie Rothschild. Die gebrandmarkten, gequälten und gemordeten Juden, angeblich in deutschem Namen, sind mit dem Brandzeichen der Rothschilds bestückt worden. So wird in der Regel Vieh gekennzeichnet und der Besitzer hieß Rothschild. Warum sollten die Juden

unbedingt nach Israel? Unter Stalin wurde die gezielte Vertreibung der Juden aus Russland, mit Ziel Israel, nahtlos fortgeführt. Die Antwort kommt am Ende des Kapitels.
Beide, Deutsche und Juden, wurden mit der Signatur à la Rothschild versehen. Die Deutschen in der Rolle der Bösen, die Juden als Opfer. Die Darlegungen dürften als Beleg für die perverse Art der Regieführung ausreichen.
Das Hakenkreuz, linksgeflügelt versteht sich, war also ein fünftausend Jahre altes, positives Symbol. Mit welchem atemberaubend positiven Hinweis folgt später. Die deutschen Soldaten marschierten unter einem schwächenden Symbol. Das steht für Niedergang, Vergehen, Tod. Doch das reichte wohl immer noch nicht. An der Ostfront wurden Mikrowellengeräte zum Wärmen für die Soldaten verwandt. Aufgrund der überaus schädlichen Strahlung wucherte der Krebs bei den jungen Soldaten rasend schnell. Das ging so weit, daß die Oberste Heeresleitung den Obernazi Hitler zum Verbot der Geräte bewegte. Hersteller der ersten Mikrowellen könnte die AEG gewesen sein. Die ist im Konglomerat IG Farben, Deutsche Bank und Siemens verhaftet. Ungeachtet dessen wird der grausame Vorsatz immer deutlicher erkennbar. Die Mikrowellen von heute sind einen Deut besser, damit man nicht gleich dran stirbt. Das wird im Thema Gesundheit abgehandelt.
Wo bitte bleibt hier die Achtung vor den anderen Menschen, können Sie mir das sagen? Da sind keine Politiker, die unsere Gesundheit oder unser Leben schützen. Sofern irgendjemand auf die Idee kommen sollte, der Autor sei antisemitisch, wird Folgendes eingewendet: Der Autor kritisiert die Rothschilds und deckt die Wahrheit auf. Er mag Menschen, ob Juden, Deutsche, Franzosen, Italiener, Nigerianer, Amerikaner, Araber und beliebige Andere auch. Manche liegen ihm naturgemäß nicht so. Kein Problem für einen toleranten Menschen. Und außerdem ist er eine typisch deutsche Promenadenmischung. In seinen Adern fließt Blut von Schweden, Baltendeutschen, Weißrussen, Bayern, Hugenotten und einiges mehr. Außerdem besitzt er hinter dem Pseudonym einen Nachnamen, der zu den zehntausend ältesten aus der jüdischen Genealogie stammt. Also mit voreiligen Anschuldigungen sollten die Herrschaften sehr vorsichtig sein, sonst

geht der Schuß nach hinten los. Wie sieht nun die belegte Kritik an Rothschilds genau aus?

1. Adolf Hitler war ein Verbrecher und Antisemit par excellence. Er war ein Rothschild.

2. Die Nazis waren das Werk der Rothschilds. Die haben Juden und Andere gemordet.

3. Die IG Farben war Betreiber des KZ Auschwitz, zusammen mit der SS setzte sie Menschen als Zwangsarbeiter ein und vergaste sie. Die IG Farben war und ihre Nachfolger sind mehrheitlich Rothschildunternehmen.

Wenden Sie sich der Wahrheit zu. Hier steht sie, schwarz auf weiß. Wer bitte ist hier der Antisemit, der Kriegstreiber und Obernazi? **Derjenige, der die Wahrheit sagt oder Hitler und seine Familie?!**
Das ist die Wahrheit. Und die Lüge hält endlich die Klappe. Ein für allemal. Aufrichtige und reumütige Entschuldigungen werden selbstverständlich akzeptiert, so ist es seit jeher Brauch und Sitte in Deutschland gewesen.
Wären die Nazis wirklich endgültig besiegt und abgeurteilt wurden, wie die offizielle Version stets angibt, dann hätten wir inzwischen Frieden. Dem ist leider nicht so, und das hat einen Grund. Damals wie heute ziehen die Rothschilds die Fäden. Beweise? Hier, bitte:
»Im Mai 1945 wurde die Deutsche Bank ebenso wie die anderen Berliner Großbanken stillgelegt... Unter Hermann Josef Abs begann der neuerliche Aufschwung... Die alten Großbeteiligungen wurden wieder übernommen, die Deutsche Bank agierte, als hätte es Nazi-Deutschland und den Krieg nie gegeben«.[40] Es bleibt schwer verständlich wie dieselben Strukturen, die den Nazis den Weg finanzierten, wieder das Zepter in die Hand nehmen können. Die Wurzel des Übels der Nazizeit bleibt unangetastet. Das alte Spiel ginge demnach weiter. Das wird erkennbar, an den relativ geringen Strafen der verantwortlichen Manager. »Am 30. Juli 1948 sprach das amerikanische Militärtribunal VI folglich zehn der Angeklagten von allen Vorwürfen frei.

Im Morast: Kriege und Nazis

Acht IG-Manager wurden..zu Gefängnisstrafen zwischen eineinhalb und fünf Jahren verurteilt«.[41]
Eineinhalb bis fünf Jahre, während gegen Millionen kleinere Glieder der Naziherrschaft zum Teil drakonische Strafen verurteilt wurden. Die Kleinen kriegen die Hucke voll und die großen Bosse auf der Bühne kommen glimpflich davon. Haarsträubend und unglaublich.
In der Regel ist es so, ein Verbrecher der davonkommt, macht solange weiter, bis er auffliegt.
Es gab Arbeitskommandos, darunter ein »Erschöpfungskommando«, bei dem die versklavten Menschen im Laufschritt mit 50-Kilo-Säcken bis zum Tode drangsaliert wurden. Die IG ließ die Zwangsarbeiter bei minus 30 Grad Celsius ohne Mäntel im Freien arbeiten. Essenentzug und katastrophale Arbeitsbedingungen forcierten ein zügiges Lebensende.
Für die letzten inhaftierten IG-Manager kam am 31. Januar 1951 der Gnadenerlaß.[42] Einfach unfaßbar. Und wissen Sie warum das möglich war? Weil die Deutschen vor Scham die Köpfe gesenkt haben und damit sieht man die Realität nicht mehr. So wurden uns die schlimmsten Verbrecher des 20. Jahrhunderts direkt wieder vor die Nase gesetzt. Echter Wahnsinn.
Die Untersuchungen der Verwicklungen amerikanischer Unternehmen wurden als kompliziert bezeichnet und gezielt verschleppt. Das OSS, **Office of Strategic Services**, Vorläufer der CIA, war mit dem Fall betraut. Die Verteidigung der IG Farben wurde von der Kanzlei des Rechtsanwaltes Allan Walsh Dulles betrieben, Rockefeller-Verwandter und CIA-Mitgründer.
Was in Gottes Namen ist kompliziert an den amerikanischen Verwicklungen? Dieselben Strukturen der Drahtzieher führen die Untersuchung. Im Kern tauchen nur zwei Namen auf, Rothschild und Rockefeller. Kopf hochnehmen, Augen aufmachen und schon wird klar wer die Drahtzieher sind. Die »Spende« der Rockefeller Foundation in 1946 wird verständlich. Um die Verwicklung der wahren Urheber zu verschleiern und die Ahnungslosigkeit der Menschen zu erhalten. Ein Blick in die heutigen Besitzverhältnisse in Deutschland zeigt, was zu befürchten war.
Rüdiger Liedtke »Wem gehört die Republik« mit Zahlen aus dem Oktober 2003.

Deutsche Bank

Eigentumsstruktur:	Institutionelle Anleger halten 82% und 46% liegen im Ausland.
Beteiligungen:	Daimler-Chrysler 11,8%, Allianz 3,2%, Linde AG 10%, Axel Springer 29,66% etc.
Manager:	Beispiel: Hilmar Kopper, laut der »List of company managers« bei Akzo Nobel, Bayer, Daimler Chrysler, Unilever und Xerox.

Allianz

Eigentumsstruktur:	»Münchener Rück hält 15%, Eigene Aktien 5%, weitere Institutionelle Anleger 46%, Investmentgesellschaften 17% und Deutsche Bank und Familie Finck halten je ein Aktienpaket unter 5%«.
Beteiligungen:	AMB Generali 9,5%, BASF 6,1%, Bayer 5,7%, Deutsche Bank 3,1%, Linde 12,6%, MAN 24,2%, RWE 6,9%, Schering 12%, Siemens 2,9%.

Ein ähnliches Bild bietet sich bei Münchener Rück und den anderen deutschen Weltfirmen. Es ist das alte Lied in Moll, und es erzählt vom schrecklichen Leid der Menschen. Während die Mitmenschen jedes Mal vor Scham den Kopf senken, wenn die Schimpfworte Nazi oder Antisemit angesprochen werden. Im Westen nichts Neues heißt das traurige Fazit. Und das nur, weil der Allianz der Dunkelzeit aus eben diesem Westen das Ende droht.

Über 42 massive Kapitulationsversuche von deutscher Seite wurden ignoriert. Der Versuch Frieden zu stiften ist viel stärker gewesen als die Geschichtsbücher uns weismachen wollen. Anstatt ein vorzeitiges Kriegsende gab es viele Tote bis zum bitteren Ende zu beklagen. So zog sich der II. Weltkrieg mindestens zwei lange Jahre unnötig hin und die immer wieder neu angebotene Kapitulation wurde mißachtet. Leute wie General Patton waren vor Ort und sahen ein ganz anderes deutsches Volk als das in den Medien Gemalte.

In Deutschland wurden die Städte bombardiert und die Menschen starben im Bombenhagel. In Dresden lief die Sache etwas anders. Aus Schlesien drängten die Flüchtlinge in Richtung Deutschland. Vor den Toren Dresdens harrten ca. 600.000 aus. Dresden hatte zu dieser Zeit rund 600.000 Einwohner und 150.000 Wohnungen. Auf Anfrage hieß es, die Stadt würde nicht bombardiert. Was bei einer Lazarettstadt wie Dresden auch völkerrechtlich vernünftig erscheint. Als die flüchtenden Menschen im Vertrauen auf diese Aussagen dort zum Rasten ansetzten, fielen die Bomben. Mit verheerenden Folgen. Laut offizieller Angaben sind etwa 35.000 Menschen umgekommen, diese Zahlen wurden auch bei einer Gedenkdemonstration im Februar 2005 von den Medien genannt. Die Hälfte der Wohnungen, also 75.000, wurden zerstört. Es gab 35.000 identifizierte und **220.000** gezählte, nicht identifizierte Tote. Macht insgesamt 255.000 Tote. Die nicht gezählten Toten könnten sich in etwa auf eine ähnliche Zahl belaufen, denn von den Leichen stammen 135.000 Eheringe. Eine grausame Lüge, die da zum Vorschein kommt. So läßt sich der perfide ablaufende Völkermord notdürftig kaschieren.

Die kürzlich stattfindende, friedliche Demonstration in Dresden zum Gedenken an die Opfer dieses Bombardements nannte fünfzigtausend ruhig agierende Teilnehmer. Was in aller Welt haben dort fünftausend Neonazis zu suchen? Werden die vielleicht ebenso wie die Nazis von den Rothschilds finanziert? Die Bomben auf Dresden und die schlesischen Flüchtlinge waren eine grausame Tat. Die Lüge über die Opferzahl ist bösartig. Aber das friedliche Gedenken an die Opfer mit dem Schmutz der Nazis zu besudeln, weist auf immanente Charakterlosigkeit ohnegleichen hin. Die sehe ich hier als gegeben an. Und dafür gibt es keine Entschuldigung. Für sein Verhalten kann man sich entschuldigen, nicht aber für seinen Charakter.

Es wäre erfreulich, wenn Sie den Mantel aus schlechtem Gewissen, Schuldgefühlen und Ängsten vor Krankheit oder Terror ablegen könnten. Dann würden Sie imstande sein, die Aufgabe, die unsere Vorfahren, die Erbauer der Pyramiden für uns vorsahen, in Angriff zu nehmen. Mit dem Mantel, gestrickt aus Lügen und Leid, sind Sie die Beute der verschlagenen Ränkeschmiede. Ohne diesen Ballast werden Sie schier Unglaubliches bewirken. Sie sorgen für Frieden und Gerechtigkeit auf Erden. So wie es geschrieben steht.

Gleich ist es geschafft, dann verlassen wir den schlimmsten Morast. Kurz vorher gilt es noch zu erklären, warum die dunkle Macht die Juden, die ja scheinbar deren eigenen Leute sind, ans Messer geliefert hat. Nebenbei wird mitgeteilt, was sich im III. Weltkrieg genau abspielt.

Es ist wie bei einem Pokerspiel. Die Dunkelmacht hatte vier Asse im Ärmel, um dem Ende ihrer Macht zu begegnen.

1. Die Vertreibung der Deutschen.
Da braucht es nur ein Zitat, und Sie wissen Bescheid. Hierfür gibt es nur eine logische Erklärung. Am 22.10.1939 forderte Lionel de Rothschild gegenüber John Colville, Sekretär von Winston Churchill, folgendes Kriegsziel: »Deutschland den Juden zu überlassen und die Deutschen unter den anderen Völkern dieser Erde aufzuteilen«.

Das hat sich der Herr Rothschild sauber ausgedacht. Hat aber nicht geklappt.

2. Zerstörung durch Krieg
Die Deutschen sind ein Phänomen. Man kann sie gar nicht weit genug runterhauen, als daß sie nicht wieder auf die Füße kämen. Die spucken in die Hände und bauen wieder auf. Das muß erschütternd sein, wenn man dieses Volk am Boden sehen möchte. Haut also auch nicht hin.

3. Der gezielte Völkermord
Hier weist die raffinierte Strategie Erfolge auf, das läßt sich nicht verhehlen. Im Thema Gesundheit wird das noch deutlicher. Die Bombardierungen der Städte und der Zivilbevölkerung, wie in Dresden oder Hamburg, sprechen deutliche Worte. Es ist typisch deutsch an das Gute zu glauben und zu erwarten, daß alle so denken. Dadurch wird man anfällig gegen Heimtücke und Raffinesse. Die liegt hier vor. Auch dieser Trumpf brachte nicht den gewünschten Sieg auf der ganzen Linie.

4. Was geschieht wirklich im III. Weltkrieg?
Die »große Stadt« wird fallen. Angeführt von den Germanen des Jesus Christus, werden die Völker der Erde den Rothschilds und Konsorten das Zepter der Macht aus der Hand nehmen, und die Herrschaft der Menschen

beginnt. Wenn die Deutschen jedoch nur laut in Erwägung ziehen, gegen die Bande mobil zu machen, dann ginge ein Aufschrei der Entrüstung über die ganze Welt. Von den Medien des Imperiums überall angeprangert. Es hieße, »die Nazis sind wieder unterwegs«. Das ist das verbliebene Trumpf-As der Dunkelmacht. Der III. Weltkrieg wird im eigentlichen Sinne gar kein Krieg, es ist vielmehr ein Akt symbolischer Art. Darum wäre es äußerst hilfreich, wenn die Deutschen ihren Brüdern und Schwestern in Israel und anderswo die genaueren Zusammenhänge darlegen. Denn es gibt für kein einziges Völkchen auf Erden spezielle Gene, folglich sind wir alle vom selben Stamm.

Die Angehörigen des germanischen Volksstammes sind im Wesen herzlich und liebenswert. Sie sind grundanständig und haben keinen Arg in sich. Sie denken gut und zweifeln auch an sich selbst. In ihrer Vorstellung ist jedermann zufrieden, wenn er ein schönes Zuhause und eine gesunde Familie hat. Was braucht es mehr zum Leben?
Deutsche kämen nie auf die Idee zu behaupten, sie haben eine wichtige Rolle auf dieser Welt zu spielen. Sie hocken lieber wie ein Häuflein Elend da und pflegen die von den Medien sehr massiv geschürten Schuldgefühle. Ein wenig mehr Selbstbewußtsein wäre hilfreich. Das stellt sich automatisch mit erweitertem Wissen ein. Was hiermit geschieht. Jetzt benötigt es nur noch den spürbaren Willen, seine Augen auch bei unangenehmen Dingen zu öffnen und der Wahrheit ins Gesicht zu blicken. Dies obliegt Ihrer Bereitschaft und Fähigkeit, über die niemandem, am allerwenigsten mir, ein Urteil zusteht. Ich würde mich jedoch glücklich schätzen, wenn Sie am Ball bleiben.

Religion und Drogen

Die Religionen unserer Welt haben sich größtenteils in der Umbruchphase von überlieferten Legenden zu den vorliegenden alten Schriften entwickelt. Damals entstand ein quasi luftleerer Raum, der nach einem übergeordneten Göttlichen verlangte. Die Menschen der Antike waren orientierungslos geworden im beginnenden dunklen Zeitalter.
Die einzelnen Geschichten der verschiedenen Glaubensrichtungen ähneln sich dabei so stark, daß eine Verwandtschaft oder eine gleichgeartete Grundlage durchaus möglich scheint. Ob nun Hinduismus, Buddhismus, Judentum, Christentum oder Islam, den Religionen haften die Überschneidungen und Übereinstimmungen an.
Schön und wünschenswert wäre die allgemeine Toleranz, die andersgläubigen Menschen entgegengebracht wird. Bei den Völkern und einfachen Individuen scheint dies meist kein Problem darzustellen. Anders sieht die Sache da schon bei den raffinierten Regisseuren von Streitigkeiten und Auseinandersetzungen aus.
Irgendein schlauer Mensch meinte einmal zu mir, »diskutiere nie über Politik, Religion oder Geschmack. Bei allen dreien kommt es nur zu Streit. Weil die Leute vergessen, den Anderen mit Toleranz zu behandeln.« Jetzt fällt mir wieder ein, wer das gesagt hat. Dies kam aus dem Munde meines Großvaters, Opa Edgar. Weiterhin sagte er, »frag' nicht viel, tu es einfach. Denn letztlich ist es nur deine Entscheidung.«
Als mein Onkel, sein Sohn, in anderer Angelegenheit die sehr bunten Bermudashorts meines Opas kritisierte, meinte dieser nur trocken: »Jeder verunstaltet sich so gut er kann.«
Was sagt mir das in Bezug auf die Religion? Jeder soll glauben, was er möchte. Es ist seine Sache und damit möge er glücklich werden. Das ist annähernd meine Einstellung.
Die Religion ist ein Topf, in dem sich Meinungen sammeln und Gedanken entwickelt werden. Solche Zentren sind ein lohnendes Ziel, um zu beeinflussen. Folglich wurden die Religionen ins Visier genommen. Denn der

Religion und Drogen

Glaube beinhaltet die Manipulation von Gefühlen. Perfektes Vehikel dieser Lenkung ist die Angst.

Angst vor dem Teufel, vor der Bestrafung von Sünden oder dem Fegefeuer an sich. Wer sich fürchtet, der ist gefangen im eigenen Geist. Er wird nur schwer sein Unterbewußtsein abrufen können. Das entspricht dem Wunsch derjenigen, die unfreie Menschen brauchen, um die Macht weiterhin in Händen halten zu können.

In diesem Zusammenhang bedeutet Glaube eher »nicht-wissen-wollen« als vertrauen. Ein solcher Mensch will die schreckliche Wahrheit nicht erkennen. Was verständlich sein kann.

Dennoch verweigert er sich der Annahme der Realität und wird zur leichten Beute des alten Spiels. Wenn scheinbar unterschiedliche Parteien zur Auswahl stehen, wählt man anhand dessen die genehme Richtung. Schlimm ist nur, wenn alle Parteien dem gleichen Herrn gehorchen. Dann wurde man sauber verladen. Genau dies geschieht bei der Religion, wie jetzt ein wenig dargelegt wird.

In die Planspiele zur Weltordnung sind zwei italienische Institutionen eingeflochten. Die Geheimloge P2 und der Vatikan. Die Geheimgesellschaft P2 war eine recht ruhige Loge bis zum Jahre 1963, mit damals 14 Mitgliedern. Im Todesjahr von John F. Kennedy forcierte und finanzierte die CIA einen starken Aufbau dieser italienischen Loge, was drei Jahre später zu einer Mitgliederzahl von mehr als eintausend führte. Es wurden unterschiedliche Gruppen zusammengeführt. So finden sich unter den Freimaurern Persönlichkeiten aus Wirtschaft, Politik, Kirche und auch aus der Unterwelt. In dieser Loge soll auch Silvio Berlusconi Mitglied sein, sein plötzlicher Reichtum mit einem beachtlichen Startkapital gab wiederholt Anlaß zu Spekulationen. Wir entdecken eine beträchtliche Anzahl von Kardinälen und Bischöfen, die insgesamt mehr als einhundert beträgt. Nicht zu vergessen hochrangige Mitglieder der Mafia, Anwälte, Journalisten und ein Ehrenmitglied soll George Bush sen. sein. Eine Einbindung deutet sich an.

Die Loge P2 wirkt so wie ein Pool, in dem Vatikan, Politik, Wirtschaft und Mafia vereinigt sind. Gleichzeitig agiert die CIA als Drahtzieher und Koordinator der einzelnen Gruppen und die Malteserritter sind als militärisches Exekutivorgan des Vatikan mit hochrangigen CIA-Leuten besetzt. Ein weiteres Indiz.

Der Vatikan
Diese Institution hat sich im Laufe der Jahrhunderte Dinge zuschulden kommen lassen, die nur schwer mit christlichen Grundsätzen vereinbar sind. Die Verfolgung Andersgläubiger, die Hetzjagden der Inquisition, Einführung der Leibeigenschaft oder die Hexenverbrennung. Das Kerbholz der katholischen Kirche ist ein langes.
Die Hexenverbrennung konzentrierte sich im Wesentlichen auf alleinstehende, ältere und obendrein wohlhabende Frauen. Nachdem diese auf dem Scheiterhaufen verbrannt waren, wurden ihre Besitztümer zwischen dem Fürsten und der Kirche aufgeteilt. Adel und Kirche vereint beim Verteilen des Mammons. Oder es handelte sich bei den »Hexen« um hübsche, junge Frauen, die den Oberen begehrenswert erschienen, aber sich strikt weigerten, denen gefügig zu sein. Man sieht, die katholische Kirche spielt kräftig mit im Konzert der weltlichen Gier des dunklen Zeitalters.
Die Tontafeln der Sumerer unter Verschluß des Vatikan, passen ausgezeichnet in jenes Bild, welches sich nach dem roten Faden der Geschichte herleiten läßt. Wobei nur etwa ein Viertel der vatikanischen Bibliothek erschlossen ist und der Rest munter vor sich hin modert. Ein toller Umgang mit geschichtsträchtigen Dokumenten.
Eine weitere, fast unglaubliche Ausführung finden wir in den Worten »**In den frühen 40er Jahren war ein polnischer Verkäufer bei der Chemiefirma IG Farben beschäftigt, der den Nazi Zyanid für den Gebrauch in Auschwitz verkauft hat. Der gleiche Verkäufer hat auch als Chemiker an der Herstellung von Giftgas mitgearbeitet. Nach dem Krieg... trat er der katholischen Kirche bei und wurde 1946 zum Priester ordiniert«.**[43] Dieses Zitat scheint angetan, die Hintermänner des Vatikan schemenhaft zu erkennen.
Ein ehemaliger Angestellter der IG Farben wird Papst Johannes Paul II.. Dazu würde passen, daß Papst Johannes Paul II. »gleich als erstes bei seinem Amtsantritt die Freimaurer von der Exkommunizierung erlöste und 1983 im Vatikan **die 200-köpfige Trilaterale Kommission, von David Rockefeller persönlich gegründet, empfing**«.[44]

Der Verdacht erhärtet sich zusehends. Wie auch an den zahlreichen Finanzaffären ersichtlich wird. Die Vatikanbank arbeitet zudem eng mit dem Bankhaus Rothschild zusammen. Spuren und Hinweise zur dominanten Hand gibt es genug.
Der größte Feind der katholischen Kirche ist Luzifer, was wörtlich übersetzt »Träger des Lichtes« bedeutet. Der Mensch hat in seiner DNA Lichtmoleküle oder Biophotonen, also ist jeder von uns ein Lichtträger. Alles klar, oder? Wenn Jesus Christus die Liebe als Mittel im Umgang der Menschen miteinander lehrt, wie ist es dann möglich, daß seine selbsternannten Vertreter auf Erden so unerbittlich und haßerfüllt gegen den »Träger des Lichtes« angehen? Ebenso wie der Vatikan die Logen des Lichtes durch die militanten Malteserritter bekämpfen läßt. Diese Logen wollen die wertvollen Botschaften und Geheimwissenschaften allgemein bekannt machen, was der Gegenseite natürlich gar nicht schmeckt.
Die ganzen Verbrechen im Namen Gottes und so pikante Punkte wie die Hexenverbrennung, machen die eine Vorhersage des Nostradamus geradezu wünschenswert, nämlich daß Papst Johannes Paul II. der letzte Papst war. Ach so, Sie meinen wir haben mit Benedikt XVI. einen Nachfolger gefunden? Mal sehen. Ein Gebäude in Rom, welches die Tafeln sämtlicher Päpste der Geschichte beherbergt, bietet Platz für 158 Tafeln und ebenso viele Päpste. Johannes Paul II. war der 158. Papst, es ist keine Stelle mehr frei. Laut der Malachias-Weissagung **endet das Papsttum mit einem Bischof.** Joseph Ratzinger hat in den ersten Wochen nur den Ring des Bischofs von Rom getragen, nicht jedoch den Fischerring des Papstes.
Aber der schlagende Beweis kommt jetzt. Theodor Kolberg hat im Eigenverlag ein Buch mit dem Titel »Der Betrug des Jahrhunderts« herausgebracht. Dabei wurde mit viel Bildmaterial belegt wie Papst Paul VI. von einem Doppelgänger ersetzt wurde. Theodor Kolberg ist dann plötzlich verstorben und sein Buch nahezu verschwunden. Wie üblich. Exakt dieser päpstliche Doppelgänger hat am 25. März 1977 Herrn Ratzinger zum Erzbischof von Freising und München ernannt. Bild folgt gleich. Falscher Papst bedeutet falscher Erzbischof. Ist das gut oder ist es noch besser?
Papa Ratzi befindet sich seit 1974 in ständiger Begleitung seiner Haushälterin, welche völlig überraschend einen Professorentitel besitzt. Eine hervorragende und zugleich überraschende Qualifikation für den Job

Religion und Drogen

im Haus. Natürlich haben der Papst und seine Haushälterin ein rein platonisches Verhältnis, das steht doch außer Frage. Einerlei, mit Benedikt XVI. endet das Papsttum und das ist wirklich wünschenswert. Der vorletzte Papst als Zyangasverkäufer der IG Farben und der Letzte mit 16 Jahren KZ- Aufseher in Dachau, man sollte wohl fragen wie das mit dem Stellvertreter Gottes auf Erden gemeint sein könnte.

Noch zwei Gruppierungen im weiten Feld der Religionen sollen hierbei ins Blickfeld gerückt werden. Die **Zeugen Jehovas**, auch Wachturmgesellschaft genannt, wurden von Charles Taze Russell gegründet. »Dessen Familie spielte eine Hauptrolle im Opiumhandel des 18. Jahrhunderts und war auch für die Gründung des Skull & Bones verantwortlich. Das ist jener Orden, der als Mitglieder die Bushs und auch deren Verwandten John F. Kerry aufweist. Dieser Charles Russell hielt auch seine berühmte Tempelrede. Zwei der frühen Führer der Zeugen Jehovas waren Walter H. Bundy und Edwin Bundy.« McGeorge Bundy war der Sicherheitsberater von John F. Kennedy. Entweder hat er bei der Ermordung von JFK seinen Job schlecht oder aber sehr gut gemacht. Die Bundys sind eine alte Familie des Ostküstenestablishments. Es könnte klar werden, wohin die Zeugen

Jehovas tendieren. **Quelle ist hier Robin de Ruiter »Die 13 satanischen Blutlinien« S. 67 und 70.**
Die Sekte Scientology ist immer wieder in Verruf geraten. In den USA besitzt sie den Status einer Kirche, in Deutschland den einer Sekte. Scientology spielt eine entscheidende Rolle im Abgreifen von Personen, die bei anderen Glaubensrichtungen noch nicht untergekommen waren. Wer einfach die Stimmung und das Gefühl im Oberbauch analysiert, das einen schon beim Anblick der Grundstücke und Gebäude überkommt, kann vielleicht in Worte fassen, was für ein Unbehagen einen dabei heimsucht. Ganz zu schweigen von dem Eindruck, der einem bei Versuchen zur Bekehrung oder zum Beitritt vermittelt wird. Die dabei zur Schau gestellte unnachgiebige Vehemenz zeugt kaum von liberaler Behandlung und Toleranz gegenüber Andersgläubigen. Noch heftiger wird der Versuch, aus der Scientology auszutreten. Ebenso wie bei den Zeugen Jehovas. Da wird notfalls die gesamte Familie gegen den Abtrünnigen in Stellung gebracht.
Auch bringen die Gebäude kein echtes Gefühl von Herzlichkeit, Geborgenheit oder Sanftheit zum Ausdruck. Einige bekannte Mitglieder von Scientology sind Schauspieler wie z. B. John Travolta, Susan Sarandon, Tom Cruise und Priscilla Presley. Es drängt sich der Verdacht auf, daß bekannte und beliebte Personen des öffentlichen Lebens als Aushängeschilder für ein positives Image genutzt werden.
Doch der Schein ist trügerisch. Die Kirche wurde von jenem Ron Hubbard gegründet, der ein hoher Beamter der CIA war und damit indirekt in Berührung mit G. Bush senior und den Rockefellers kam. Jenem George Bush, »der die Vernichtung fundierter Analysen zu Cannabis angestrengt hatte, da von über 10.000 Studien über Cannabis nur ein Dutzend zu negativen Ergebnissen gekommen war, und die ohne Wiederholung blieben«.[45] Dieser unverhohlene Versuch der Zensur stichhaltiger Analysen des G. Bush sen., verbunden mit dem Auftreten von Scientology, fördert etwas sehr Interessantes zutage, nämlich daß die Mitglieder der Sekte als strikte Gegner des Hanf auftreten, und zwar mit der genau gleichen falschen Argumentation wie sie von der Allianz der Dunkelzeit eingesetzt wird. Die logischen Parallelen und erhellende Verknüpfungen nehmen klare Konturen an. Wie schlägt man nun eine annehmbare Brücke von der Religion zu den Drogen? Tja, hier ist sie.

Karl Marx ließ folgendes Zitat los: »Religion ist Opium für das Volk«
Auch diese Äußerung ist viel bemerkenswerter als sich auf den ersten Blick erahnen lässt, die pikanten Details gilt es herauszupicken. Die Belange des Opium werden, wie gesagt, heute durch das K 300 wahrgenommen, in welcher die Familie Rothschild federführend scheint. Als »Principes« inter pares, die Ersten unter ihresgleichen.
Karl Marx, Sohn des jüdischen Advokatanwaltes Heinrich Marx-Levi, trat im Jahre 1847 mit dem in London wirkenden, deutschen »Bund der Gerechten« in Verbindung. Der war von den B'nai B'rith, den »Söhnen des Bundes« ins Leben gerufen worden. Die wiederum, laut den drei jüdischen Autoren von »Dope, Inc.«, als private Geheimdienstorganisation des Hauses Rothschild gegründet worden waren. Das steht so bei Robin de Ruiter auf Seite 83 und der Rest kommt wieder aus dem Großen Brockhaus von 1932, 12. Band, S. 197f.
Also, Karl Marx meinte Religion sei Opium für das Volk. Opium ist eine vielseitige Droge, die blendend weiterverarbeitet werden kann. Den Handel und Transport des Rohstoffes hat eine andere Firma zur Aufgabe.
Im Jahre 1947 gegründet, begann die CIA schnell Verbindungen zu knüpfen. »Schon 1950 baute sie Verbindungen zur korsischen Mafia auf und wurde in Marseille tätig, das später zur Drogenmetropole Nr. 1 in Europa«[46] wurde. »Ab 1966 wurde die Loge P2 in Italien finanziert und Kontakte zur sizilianischen Mafia geknüpft«.[47] Die CIA baute vor dem Vietnamkrieg Stützpunkte in Burma, Thailand und Laos auf. Dort entstand bald darauf der größte Drogenhandel der Welt. »Nach zehn Jahren Militärpräsenz mit dem Anhängsel CIA, kamen siebzig Prozent des Opiums aus Südostasien. Transport mit der Air America.«[48]
Der Staat Panama war 1903 auf Betreiben der USA als Staat aus der Taufe gehoben worden. Diktator Noriega war ein CIA-Mann. 1989 wurde das von ihm geführte Militärregime durch die USA beseitigt. Die CIA kam mit ins Land und prompt stieg die Opiumproduktion an.
Die Taliban in Afghanistan waren durch die CIA aufgebaut worden. Bis in den August 2001 verhandelte die amerikanische Regierung, bei Beteiligung der Ölindustrie, mit den Taliban. Afghanistan ist ein idealer Standort zum Anbau von Opium, genaugenommen der Günstigste weltweit. Kurz nach dem 11. 09. 2001 wurde Afghanistan überrollt, die CIA kam ins Land, die

Produktion von Rohopium stieg. Genau diese Taliban hatten zuvor eine ganze Jahresernte Rohopium verbrannt. Das fand das K 300 wohl kaum witzig. Womit ein brauchbares Motiv für den Afghanistanfeldzug vorliegt. Die CIA gilt manchen Autoren als »Drogenmacht Nummer Eins auf dieser Welt« und der andere Name der CIA, »Cocaine Import Agency«, wird verständlich und passender.[48]

John F. Kennedy hatte den CIA-Chef Dulles in hohem Bogen gefeuert und wollte die CIA komplett umstrukturieren. Bedauerlicherweise wurde er vorher ermordet.

Afghanistan lieferte bis vor zwei Jahren rund die Hälfte an Rohopium für das amerikanische Heroin und enorme fünfundsiebzig Prozent des europäischen Heroins. Heroin stammt aus dem Hause Bayer und wurde kurz nach 1900 als Hustensaft getestet. **In 2006 wurde nun eine Rekordernte gemeldet, mit einem aktuellen Weltmarktanteil an Rohopium von sagenhaften 92%.** Ein echtes Superkunststück für ein kriegsgeschütteltes Land, in dem die Nato angeblich permanent Offensivwellen fährt und ein kleiner Bomberrundflug genügen sollte sämtliche Opiumfelder zu eliminieren.

Jetzt fehlt eigentlich nur noch **Kokain**. Das kam ab 1862 in Form »einer kommerziellen Produktion durch Merck & Co. aus Darmstadt«,[49] auf den Markt. Ab 1828 hatte diese Firma Morphin produziert, dessen Verbreitung 1879 eingestellt wurde, und zwar als die enorme Suchtbildung festgestellt wurde. Die Firma Merck steht in enger Verbindung zur Familie Finck, die als Bankier fungiert. 1880 wurde so das Bankhaus Merck, Finck & Co. gegründet.

Die Firma Merck gründete 1895 die offene Handelsgesellschaft Merck und Co., die später unabhängig wurde. Angeblich. Merck und Co. ist heute einer der Pharmariesen in dieser Welt. Baron von Finck ist Mitglied im K 300 gewesen,[50] und war Gründer der beiden Versicherungskonzerne Münchener Rück 1880 und Allianz 1889. Außerdem war die Firma Merck & Co. aus Darmstadt seit Ende des 18. Jh., damals noch in Gestalt der Engelsapotheke, in den Händen von Familie Rothschild. Wer das sagt? Nun, Sie lesen es im XIV. Kapitel. Es wird eine Überraschung, die erhalten bleiben sollte. Ich sage Sie kennen den Mann. Hundertprozentig. Und soll-

Religion und Drogen

ten Sie dessen Leumund ernsthaft in Abrede stellen, müssen wir ein ernstes Gespräch führen. So von Mensch zu Brockhaus.
Die Ächtung des Hanf durch das K 300 fügt sich nahtlos in das entstehende Bild von der Struktur des weltweiten Drogenhandels. Mit einem legalisierten Hanf gäbe es keine Gelder aus Drogen zu verdienen. Neben unzähligen anderen Geschäftseinbußen. Was gibt es über die **synthetischen Drogen** zu berichten?
»**Dieselben Chemikalien wie zur Herstellung synthetischer Drogen werden beim Drucken von Papiergeld benötigt.**« Diese Erkenntnis ergab sich als Nebeneffekt im Zuge einer Untersuchung des Bundeskriminalamtes bei scheinbaren Verstößen einer deutschen Gelddruckerei. Es lag die Vermutung nahe, die Druckerei hätte mehr Geldscheine als geordert gedruckt. Was sich jedoch als falsch herausstellte. Wo sind also die Chemikalien verblieben? Jedenfalls bedeutet dieses verblüffende Ergebnis, Geld und Rauschgift sind enger miteinander verknüpft, als weitläufig bekannt ist. Synthetische Drogen kommen aus derselben Ecke wie das Geld. Und wer die Kontrolle über das Geld innehat, dürfte inzwischen klargeworden sein. Nun ist es unweigerlich Zeit für ein wenig Licht. Eine positive Perspektive. Hier ist sie. Möge sie das Herz erfreuen, Gemüt und Geist erfrischen, auf daß ein Lächeln Ihr Gesicht erhellt.

Die einzige Rettung
Gott beklagte sich einmal bitter bei seinen Engeln, wie sehr er es bereue, den Menschen geschaffen zu haben. »Warum Herr?« fragten jene erstaunt. »Ich habe ihnen alles gegeben, was sie brauchen: Augen zum Sehen, Ohren zum Hören, einen Mund zum Sprechen, ein Gehirn zum Denken, Hände zum Arbeiten und einen gesunden Körper. Sie sind bestens ausgerüstet für ihren Aufenthalt auf Erden. Und trotzdem kommen sie ständig zu mir und betteln. Sie betteln um Namen und Ansehen. Sie betteln um Kraft und Gesundheit. Für jede Kleinigkeit bestürmen sie mich. Ich weiß nicht, wo ich mich vor diesen undankbaren Geschöpfen verstecken soll.«
»Der höchste Gipfel des Himalaya, ewig bedeckt von Schnee und Eis, das wäre vielleicht ein geeignetes Versteck«, meinte ein Engel. »Oh nein, bestimmt würden sie mich dort finden«, erwiderte der Herr.

»Auf dem Grund des tiefsten Ozeans würden dich die Menschen sicher in Ruhe lassen«, schlug ein anderer Engel vor. »Ausgeschlossen, seufzte der Herr, sie würden Mittel und Wege finden, mich auch dort aufzusuchen.« Da sagte ein weiser Engel: »Herr, verstecke dich im Herzen der Menschen, dort werden sie dich niemals finden«.
Gott befolgte jenen guten Rat, und seitdem hat er seine Ruhe. Denn wahrlich sucht der Mensch Gott überall – in Kirchen, in Tempeln, in Büchern, in der Natur, doch niemals in seinem eigenen Herzen.
Wenn Gott in unserem Herzen ist und das Herz sinnbildlich für die Liebe steht, dann führt uns das zur Gleichung Gott = Herz = Liebe und das heißt Gott ist Liebe.
Dies war übrigens auch der gemeinsame Ruf der Katharer, einer Glaubensgemeinschaft, die sich dem unguten Treiben zu entziehen suchte. Anfang des 13. Jh. wurde sie auf Geheiß der katholischen Kirche im Süden Frankreichs niedergemetzelt.
Jetzt noch ein kleines Ratespiel zum Schluß. Zahlen Sie Kirchensteuer? Nein? In Ordnung. Zahlen Sie an die Kirche trotzdem Geld? Jawohl, und zwar saftig. In Deutschland haben die Kirchen insgesamt etwa 20 Mrd. Euro im Jahre 2000 kassiert. Nur ein Drittel davon macht die Kirchensteuer aus. Den Rest gibt es für Urkunden und Rechtstitel, die dafür sorgen, daß mit Steuergeldern Kirchentage, Ausbildungen, kirchliche Kindergärten, Gehälter der Pfarrer und anderer Bediensteter, Zulagen für Bischöfe und manches mehr gezahlt werden. Was meinen Sie, wer da im Hintergrund sitzt und schon wieder Ihr hart erarbeitetes Geld zum guten Teil einstreicht? Na, merken Sie, wie wir alle gemolken werden, immer von der gleichen Adresse? In unseren Händen liegt es, diese Zustände zu ändern. Es gilt die altbekannte Weisheit

Hilf Dir selbst, dann hilft Dir Gott.

Der 11. September 2001

Die schrecklichen Ereignisse an diesem Tag zeigen recht deutlich wie die dunkle Macht über Leichen geht. Die zur Schau gestellte Brutalität dient der Abschreckung und Verängstigung. Denn Angst lähmt. Darum geht es unter anderem. Wie meist, wurde auch hier ein geplantes Ereignis aus mehreren Überlegungen heraus in die Tat umgesetzt. Beide Türme und Gebäude Nr. 7 wurden gesprengt. Die Familien Rothschild, Rockefeller und Bush waren maßgebliche Eigentümer des mit Spritzasbest verseuchten WTC. Eigentlich sind damit schon weitere Erklärungen unnötig. In Anbetracht der immer noch viel zu hohen Zahl an Unwissenden und aus respektvoller Würdigung der nicht vorgewarnten Opfer, werden im Folgenden die Abläufe um das WTC beweistechnisch astrein abgehandelt. Dabei wird klar, daß gesprengt wurde, wer dahintersteckt, warum dies geschah und wozu dieser wahrlich terroristische Akt genutzt wurde. Die arabischen Attentäter gab es nur in der Hollywood- reifen Medienpräsentation. Ein anständiger Mensch wendet den Blick bei soviel menschlichem Leid ab. Das ist normal. Trotzdem gilt es hinzuschauen, um das abgezogene Spiel zu erkennen.

In einer komprimierten Ausführung werden die addierten Indizien, Widersprüche, Beweise und Unmöglichkeiten dargelegt. Favorit unter den verwendeten Quellen war und ist »Wir werden schamlos irregeführt« von *Gerhoch Reisegger, ISBN 3-89180-068-1*

Ausführlich und sorgfältig beweistechnisch abgehandelt. Gründlich und aufschlußreich besticht er durch Detailtreue und Genauigkeit. Bei manchen Leuten ist in Bezug auf den Autor Gerhoch Reisegger der Eindruck aufgekommen, der Mann sei Anhänger des rechten Spektrums. So war die eingefädelte Botschaft einer Panoramasendung. Wenn die Kritiker der Obernazis Rothschild von den Medien der Rothschilds wie RTL, Sat1 oder Spiegel und Bildzeitung, bzw. den anderweitig verbundenen Medien, als Nazis dargestellt werden, dann dürfte erkennbar sein, wieviel Wert dem beigemessen werden kann. Nämlich gar keiner.

Das dunkle Imperium, angeführt von Rothschilds und dem Schwarzen Adel, sieht sich als Nachfahre der Templer und legt stets Wert auf Symbolik. **Hier findet sich auch der Beleg, warum ausgerechnet der 11. September als Datum zum Sprengen genommen wurde.**
Vasco da Gama, der portugiesische Eroberer und Entdecker Indiens, segelte 1498 und 1502/3 unter dem Tatzenkreuz der Templer nach Indien. Der Mönchsorden war ja im Christusorden Portugals fortgeführt wurden. Zitat aus Thomas Ritter *(»Abbé Sauniere und der Schatz der Templer«, Jochen Kopp Verlag, S. 202, ISBN 3-930219-49-2)*
»Am 11. September sind wir dann in das Königreich Kanamer gekommen. Da warteten wir die Schiffe von Mekka ab.«
Genau das bilden sich die Urheber der Sprengung der Türme wahrscheinlich auch ein.

1. Die Türme des WTC wurden von Baubeginn 1966 - 1972 bzw. 1973 erbaut. Auftraggeber war David Rockefeller, Eigentümer die Hafenbehörde. Ein Konzern der sich u.a. im Besitz der Rockefellers befindet, und in den »die Familie Bush erhebliche Summen investiert hat«.[51]

2. Für das WTC wurde Asbest als Dämmstoff verwendet. Die fachgerechte Entsorgung der Türme, die zu diesem Zeitpunkt dringend anstand, hätte ca. vierzig Milliarden Dollar gekostet, ohne die anfallenden Gesundheitsklagen. Daraufhin wurde ein Sprengungsangebot eingeholt. Dieses belief sich auf 4,6 Milliarden Dollar. Aufgrund der hinlänglich bekannten Asbestproblematik wurde die Sprengung von der Gesundheitsbehörde folgerichtig untersagt. Die Rechnung für die Eigentümer der Hafenbehörde hätte gelautet: 40 Mrd. USD plus X.

3. Ein halbes Jahr vor der Sprengung des WTC wurden die zwei Türme an Larry Silverstein für 99 Jahre verpachtet. Trotz der bekannten Asbestbelastung. Kaufmännisch unklug.

4. Das WTC wurde **nur einen** Monat vor der Zerstörung von Larry Silverstein versichert, auf die 1,5-fache Deckungssumme des aktuellen Schätzwertes, oder genau 3,55 Mrd. Dollar pro Schadensereignis,[52] ein

unüblicher Versicherungsmodus. Die explizite Mitversicherung gegen Terroranschlag wird als statistisch unwahrscheinlicher Fall eingestuft.

5. Ein Turm setzte sich aus **78.000** Tonnen Stahl, bei einem Gesamtgewicht von **370.000** Tonnen zusammen. Die angeblich eingeschlagenen Flugzeugtypen verfügen über eine Masse von 175 Tonnen, davon 64 Tonnen Kerosin. **64 Tonnen Brennstoff für 370.000 Tonnen.**

6. Kerosin verbrennt bei 850 Grad. Stahl wird zwar schon über 600 Grad weich, aber zum Schmelzen bringen ihn einzig 1600 Grad im Hochofen. Dort herrschen konstante Temperaturen und eine ständige Zufuhr von Brennstoff, im vorliegenden Fall Kerosin. Es wurde **geschmolzener Stahl** im Fundament gefunden. Physikalisch unmöglich.

7. Die Fassadenlöcher im WTC sind kleiner als die »Umrisse beider visuell gezeigter Flugzeuge«.[53] Das Einschlagsloch muß größer sein. Physikalisch unmöglich. Die offizielle Version wird absurd und lächerlich.

8. In den Trümmern wurden keine Flugzeugteile gefunden. Pro Flugzeug existieren zwei Black Boxes. Die überstehen sogar einen Atomkrieg, wenn alles andere nur noch Pulver ist. Es wurde dem Vernehmen nach nur eine von acht aufgefunden. Technisch unerklärbar, da die Geräte einen Peilsender haben.

9. Die gefundenen Leichenteile am WTC waren nicht größer als wenige cm². Somit konnten nur Fahnen beerdigt werden. Aber es wurden **komplett erhaltene Pässe von arabischen Attentätern gefunden.** Dafür gibt es nur eine Erklärung. **Die begabtesten Flugschüler der Welt kurbeln bei 200 Meter pro Sekunde Fluggeschwindigkeit die Fensterscheibe im Cockpit runter, und lassen die Reisepässe hinabsegeln, bevor sie ins WTC einschlagen.** Das wollen Sie allen Ernstes glauben? Die Pässe wurden gefunden nachdem Agenten von CIA und FBI das Gelände betreten hatten. Fragen? Die Namen der arabischen Attentäter lagen vierundzwanzig Stunden später vor. Super.

10. In Boston wird eine Maschine entführt und verschwindet vom Radar. Schade, denn das geht gar nicht. Der arabische Flugschüler fliegt jetzt von Boston nach New York, ohne die Unterstützung des Towers. Mit einer Straßenkarte oder einem Kompaß? Jetzt New York im Blindflug zu finden, dagegen ist die Suche der Stecknadel im Heuhaufen ein Kinderspiel. Technisch unmöglich.

11. Beim Aufprall des Flugzeuges auf den Südturm sind keine Trümmerteile erkennbar. Der Flieger taucht wie in Butter komplett ein, ohne beim Aufprall irgendwelche Reaktionen der Kollision erkennen zu lassen und verschwindet völlig im Gebäude. Schauen Sie die Bilder der Einschläge genau an. Dabei sind weder an der Fassade, noch am Flugzeug, Trümmer oder irgendwelche Deformationen erkennbar. **Diese Wahrnehmung läßt sich nur mit dem Mischen zweier Filme erklären.** Seit Mai 2004 liegen sogar die Bildbeweise von Gerhoch Reisegger vor. Der Mann gibt sich viel Mühe wissenschaftlich genau und einwandfrei zu informieren. Schauen Sie rein, es lohnt sich.

12. Der symmetrisch verlaufende Zusammenbruch der Türme paßt nicht zum asymmetrischen Aufprall der visuell gezeigten Flugzeuge. Vor allem, was explodiert da so gleichmäßig, wo doch das Kerosin als Brennstoff schon längst abgefackelt ist. Physikalisch zweifelhaft.

13. Die Turbinen eines Flugzeuges sind massive, schwere Maschinen. Das Flugzeug, das in den Südturm eingeschlagen sein soll, wäre so eingetaucht, daß die rechte Turbine durch das Gebäude durchgeschossen und ca. 1000 Meter weiter niedergegangen wäre. Keine Turbine, kein Flugzeug. Ganz klar. Physikalisch unmöglich.

14. Die Aufnahme des Crash im Südturm soll von einer »unbeabsichtigt« laufenden Kamera von CNN stammen. Zusätzlich wurde ein »offizielles Amateurvideo« von CNN gesendet. Die Bilder wurden mit einer Kamera aufgenommen, die mit mehr als 25 Bildern sendet. Das ist eine Ausstattung, die noch nicht einmal Profikameras beim Fernsehen aufweisen, schon gar nicht bei einer »versehentlich« laufen gelassenen

Kamera.⁵⁴ Warum ist das so bedeutsam? Ganz einfach. Das menschliche Auge ist imstande 24 Bilder pro Sekunde zu unterscheiden. Ab 25 erfolgt eine unvollständige Auflösung und das menschliche Auge kann getäuscht werden. Darum ging es ausschließlich.

15. Viele angebotene Aufnahmen, die kein Flugzeug zeigen, und dementsprechend passende Zeugenaussagen, wurden in den Medien schlichtweg ignoriert, wohl aber im Internet zeitweise zum Besten gegeben. Diese Zeugen schweben seither in höchster Gefahr. Eine vergleichbare »Zeugenschwindsucht« wie bei der Ermordung von John F. Kennedy ist zu befürchten.

16. Offiziellen Augenzeugen (hat die mal jemand überprüft?) sprechen von Flugzeugen, die angeblich gesehen wurden. Bei einer Geschwindigkeit von 200 Metern pro Sekunde. Toll, nicht nur die begabtesten Flugschüler der Welt, sondern auch die flinkesten Augenroller aller Zeiten. Passagierflugzeuge können es unmöglich gewesen sein, aber unbemannte Flugzeugdrohnen passen zu den Löchern in der Fassade. Und wer stellt ferngesteuerte Drohnen her? Die Firma Northrup-Grumman, gegründet von Thomas Paine, Mitglied K 300 und seit Mitte des 19. Jh. mit der Familie Rothschild verflochten. Damals in die Wege geleitet durch Nathan Mayer Rothschild.

17. CNN wird wie ABC, NBC und CBS durch die FED und das K 300 kontrolliert.⁵⁵ Ted Turner als Gründer von CNN ist Mitglied im K 300.⁵⁶ Jane Fonda hat sich eine knappe Zeit vor dem 11.09.2001 von Ted Turner getrennt. Fragen Sie die Dame doch einfach mal warum.

18. »Noch vier Wochen nach dem Einsturz der Gebäude des WTC-Komplexes wurde in fünfzehn Meter Tiefe, oder sieben Stockwerke im Keller, **da wo siebenundvierzig zentrale Stützpfeiler mit dem Fundament verbunden sind,** förmlich geschmolzener Stahl gefunden. Kurioserweise auch im WTC Nr. 7, das durch keinerlei erkennbare Trümmer getroffen wurde. In dem Gebäude lagerte belastendes Aktenmaterial gegen die Familie Bush. Wie praktisch.

19. Diese enorm hohen und andauernden Temperaturen im Fundament, einer sauerstoffarmen Umgebung, die jeden Verbrennungsvorgang behindert, sind mit der offiziellen Version nicht erklärbar. **Zu Beginn der Einstürze beider Türme** wurden einundzwanzig Meilen nördlich des WTC im Lamont-Doherty Earth Observatorium seismische Aktivitäten gemessen. Genau genommen handelte es sich um zwei **Erdbeben der Stärken 2,1 und 2,3 auf der Richterskala,** was einer gewaltigen, unterirdischen Explosion entspricht. Die seismischen Ausschläge erfolgten vor dem Aufprall der Trümmerteile. Die Erschütterung des Bodens war um ein Vielfaches höher als die Energie der herabfallenden Turmreste. »Das Erdbeben entsprach einer Sprengung mit ca. 80.000 Pfund Ammoniumnitrat«.[57]

20. Da kommt eine Frage wie aus der Pistole geschossen, wer hat den Sprengstoff geliefert? Vielleicht DuPont, die Busenfreunde der Rothschilds? Bitte nachforschen. Wir betreiben jetzt etwas Wahrscheinlichkeitsrechnung. Am 11. September um 9:59 a.m. Ortszeit gibt es ein Erdbeben mitten in Manhattan. Exakt wenige Sekunden, bevor die Trümmer aufkommen. Mit einer recht geringen Wahrscheinlichkeit. Um 10:28 kommt schon das zweite Erdbeben. Wieder in Manhattan. Ebenfalls wenige Sekunden vor dem Aufprall der Turmreste des Südturms. Wie hoch ist das Risiko eines Bebens in Manhattan? Wie groß ist die Möglichkeit zweier kurz aufeinanderfolgender Erdbeben in diesem Zeitraum, und das in kompletter zeitlicher Verbindung zu den einstürzenden Türmen? Was meinen Sie wohl? Richtig. Null Komma Nix. **Beweis Nr. 1**

21. Der Stahl wurde nicht, wie normal üblich, von den Ingenieuren auf Explosionsspuren untersucht, obwohl Ohrenzeugen von Explosionen im Gebäudeinneren berichteten. Der Stahlschutt wurde schnell nach Asien verkauft. Beweise weggeschafft anstatt untersucht. Das besorgte die Firma Controlled Demolition. Die war auch mit der Beweissicherung vor Ort betraut. Die Firma hat noch eine Funktion wahrgenommen. »Sie besitzt die Erfinderrechte an den momentan besten Methoden zur Zerlegung von Großgebäuden mittels ferngesteuerter

Der 11. September 2001

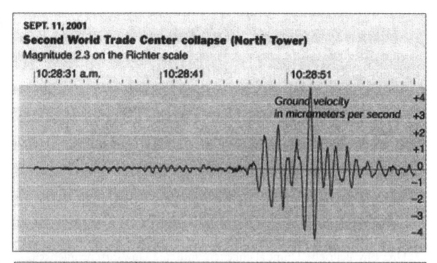

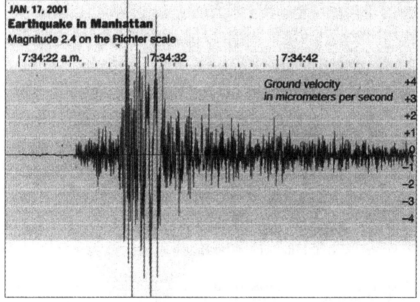

Sprengsätze. Sie ist mehrfacher Weltrekordinhaber auf diesem Gebiet und weltweit führend. Die Firma erhält regelmäßig Aufträge von der US-Regierung für die Zerstörung militärischer Anlagen«.[58] Der Stahlschutt wurde über die Firmen Metal Management in Newark, N.J., und Hugo Neu Schnitzer, N.Y., flott nach China, Indien und andere asiatische Länder verkauft. Keine Untersuchungen auf Explosionsspuren mehr möglich. Die **Sprengungsfirma Controlled Demolition** bekam im Januar 2004 einen milliardenschweren Bauauftrag im Irak. War das die Restzahlung für die erfolgreiche Sprengung?

22. Das Pentagon ist umgeben von der sogenannten »No-Fly-Zone«, der bestbewachten Flugverbotszone weltweit. Genau dort soll eine schwerfällige Passagiermaschine mal eben so eine knappe Stunde in der Luft unterwegs gewesen sein. Die Abfangjäger der Luftwaffe benötigen keine fünfzehn Minuten, um in der Luft zu sein. Mal ganz abgesehen von dem **Einschlagsloch**, das viel zu klein ist, **den stehen gebliebenen Laternenmasten und dem trümmerfreien Rasen** vor dem Pentagon. Drei physikalische Unmöglichkeiten und eine Unwahrscheinlichkeit.

23. Die angebliche Absturzstelle des Passagierflugzeuges nahe Pittsburgh weist eine Länge von sechs Metern auf. Trümmerfelder bei vergleichbaren Abstürzen haben über hundert Meter im Durchmesser, unabhängig von der Beschaffenheit des Untergrundes. Bei dieser Geschwindigkeit wirkt jede Oberfläche wie Beton. War es vielleicht ein schwarzes Loch? Das kann kein normaler Mensch glauben. **Physikalisch absurd.**

24. Firmen, die zum engsten Kreis gehören, teilten den Mitarbeitern mit, sie sollen zuhause bleiben. So z.B. Morgan Stanley, zu JP Morgan gehörend und in der FED als Anteilseigner integriert, und Oppenheim Stocks. Obwohl diese Firmen zahlreiche Stockwerke belegten, sollen sie keinen einzigen Mitarbeiter verloren haben.[59]

25. Und jetzt die Zeugenaussage des Mark Loiseaux, Kopf der Firma Controlled Demolition. Horst Mahler wurde der Prozeß gemacht, weil er äußerte, daß die Türme gesprengt wurden. Er war jedoch so gewieft, Mark Loiseaux als »Sachverständigen Zeugen« aufzurufen. Und dieser befreite sich durch folgende Aussagen vom möglichen Vorwurf des Meineids. Ihm war »von seinen Auftraggebern die Notwendigkeit der

Verminung des WTC« anhand von Geheimdienstberichten über »geplante Angriffe terroristischer Organisationen«[60] begründet worden. Mit der Gefahr eines Dominoeffektes einstürzender Wolkenkratzer in Manhattan. Genau darum erhielt die Firma Controlled Demolition den Auftrag, das WTC zu verminen, damit bei Einsturzgefahr die Türme zur Implosion gebracht werden können. Der Beton sollte dabei pulverisiert werden, um die Gefährdung durch den Kollaps zu mindern. Am 11.09. 2001 wurde Mark Loiseaux »**von autorisierter Seite in Kenntnis gesetzt, daß der Ernstfall eingetreten sei und die Türme inklusive Gebäude Nr. 7 zur Implosion**« zu bringen seien. Jetzt muß nur noch Mark Loiseaux befragt werden, wer die »Autorisierte Seite« genau war, dann ist definitiv klar, wer die wahren Hintermänner sind. Sollte der Zeuge Loiseaux in Schutzhaft genommen werden, wäre das Programm der CIA zum Zeugenschutz wohl besser außen vor zu lassen. **Beweis Nr. 2.** Ariel Sharon sagte seinen Besuch in New York kurzfristig ab und die Carlyle Group hatte ihre Jahreshauptversammlung. Die Rede ist vom Rüstungskonzern, dessen Berater Bush, Powell, George Soros und Donald Rumsfeld heißen. Weiteres Indiz.

26. George W. Bush hatte einen besonderen Versprecher. Am 4.12.2001 sprach er bei einer Kundgebung davon, daß er Bilder vom ersten Flugzeug früh morgens gesehen habe. Nur dummerweise gab es da noch gar keine Bilder zu sehen, jedenfalls keine offiziellen. Bitte, da sehen Sie's, so was kann passieren, wenn Mami und Papi miteinander verwandt sind.

27. »In der Nähe eines scheinbar fürchterlichen Szenarios im WTC befanden sich zwei erfahrene Feuerwehrleute, die seelenruhig mit der Basisstation Funkverkehr hatten. Keine Panik oder akute Gefahr vernehmbar. Kein Bericht von Feuern, die im Inneren toben. Einfach gar nichts, was dem geschilderten Bild entspricht. Und aus heiterem Himmel werden die beiden Männer von Explosionen in den Tod gerissen«.[61] Unwahrscheinlichkeit.

28. Schon Ende des 18. Jahrhunderts hatten die R-Illuminaten mit der Neuen Weltordnung kokettiert. David Rockefeller, immerhin WTC-Mit-Eigentümer, ließ folgendes Zitat los: »Wir stehen am Rande einer weltweiten Umbildung. Alles was wir brauchen ist die richtige, alles umfassende Krise, und die Nationen werden in die Neue Weltordnung einwilligen«. **Exakt am 11. 9. 1990 hatte George Bush** senior, ebenfalls WTC-Miteigentümer, **die »Neue Weltordnung« verkündet.** Das können Sie übrigens mehrfach bei Jan van Helsing nachlesen. Die Verwirklichung der neuen Weltordnung wird jedoch leider ohne Bushs und Konsorten umgesetzt. Daß das nicht in deren Schädel geht, komisch.

29. Der Bordcomputer kann nach Herstellerangaben nicht abgeschaltet werden. Er verhindert den überstürzten Sinkflug, um die Türme anpeilen zu können. Was bei 200m pro Sekunde ein absolutes Meisterwerk wäre. Aber wer auf einer Cessna mit zwanzig Bordinstrumenten lernt, der kann garantiert auf Anhieb Hunderte von Instrumenten überblicken. Eine technische Unmöglichkeit und eine hochgradige Unwahrscheinlichkeit.

Immer wieder wurde der Hoffnung Ausdruck verliehen, es möge doch anders sein und die schreckliche Erkenntnis solle bitte weichen. Die Hoffnung wurde enttäuscht. Weil es das Ende einer Täuschung war. Es gibt noch mehr Punkte. Doch die Vorgelegten reichen drei Mal. Darum hören wir jetzt auf und ziehen Bilanz.

Bilanz

Sprengung	**Arabische Attentäter**
2 Beweise	1 Versprochener Beleg für die Verwicklung der Al-Kaida (Vorlage steht bis heute aus)
7 klare Indizien	Bilder (gefälscht wie bei JFK)
12 Ungereimtheiten	Lügen
13 Unmöglichkeiten	Halbwahrheiten

Der 11. September 2001

So sieht der Überblick der Argumente und Anhaltspunkte aus. Die offizielle Bilanz konnte nur durch die gefälschten Bilder und haarsträubende Lügen ausgeglichen werden. Was auch bei den involvierten Akteuren nicht anders zu erwarten war, aber das wurde ja schon gleich eingangs angesprochen.

Die Parallelen zwischen der Kennedy-Ermordung und der Sprengung des World Trade Center, mitsamt der gleichen Hauptdarsteller und Nutznießer, springen ins Auge. Das zur Schau gestellte Verhalten kennt nur Lügen. Eine Frage taucht noch auf:

Warum wurden für die Untersuchung der absurden und lächerlichen Version der arabischen Attentäter unter der Führung von Osama bin Laden gerade mal 800.000 Dollar bereitgestellt, während die Affäre um Miss Monica Lewinsky 40 Mio. Dollar verschlungen hat? Wenn die Verwendung von Clintons Zigarre bedeutsamer ist als die Tötung Tausender von Menschen, mit anschließenden Kriegen und noch mehr Toten, dann stimmt etwas nicht mehr auf Erden.

Gleichzeitig wird darin die Perversion des aktuell geltenden Wertesystems erkennbar und die perfekte Erkenntnis des herausragenden Schwachpunktes der Menschen im Dunklen Zeitalter. Mit künstlich geschaffenen Bildern können die Leute von der Wahrheit weggeführt werden und die permanente Wiederholung durch Fernsehen und Zeitung besorgt den Rest. Ein Blick in die Eigentümerliste dieser Medien offenbart das raffinierte Spiel, aber vielen mangelt es an Zeit und Lust, die Oberflächlichkeit zu durchdringen.

Die Sprengung des WTC am 11. September 2001 verband mehrere Motive miteinander. Da war zum einen die teure Asbestentsorgung, die so vermieden wurde. Außerdem stand die FED kurz vor der Entlarvung ihrer illegaler Aktivitäten, namentlich des massiven Ankaufs von US- Staatsanleihen. Mit dem Einläuten eines beispiellosen Raubzuges, Erdgas in Afghanistan und vor allem Erdöl aus dem Irak, konnte die anstehende Pleite der Zentralbank vorerst verhindert werden. Der Glücksgriff mit dem irakischen Öl brachte der FED den Handlungsspielraum, um Banknoten zu drucken. Mit der Umstellung zur Bewertung der Ölreserven von Euro auf Dollar war die amerikanische Notenbank hierzu befugt.

Sehr wichtig ist auch die Verbreitung von Angst in der Bevölkerung. Mit dem Versuch den Blick auf einen unbekannten Bösewicht zu lenken, der natürlich gejagt aber sonderbarerweise nie erwischt wird. Daraus ließ sich gleich noch die Legitimation für weitere verbrecherische Aktionen ableiten. Bertold Brecht ließ neben einigen guten, diesen sehr wertvollen Satz los: **»Wer die Wahrheit nicht kennt ist ein Dummkopf, aber wer die Wahrheit kennt und sie eine Lüge nennt ist ein Verbrecher«.**

Das Wort von den Verschwörungstheorien ist eine raffinierte und zugleich bösartige Lüge. Es ist hier die Rede von Tatsachen. Wer im Zusammenhang mit der Sprengung des WTC immer noch von Verschwörungstheorien spricht, ist entweder ein hartnäckiger Dummkopf oder ein Verbrecher. Nur eine Kategorie Menschen verdient meines Erachtens Toleranz. Leute, die der schrecklichen Wahrheit nicht ins Gesicht sehen können. Dafür habe ich Verständnis.

Wer keine Beweise vorbringen kann, sondern nur Täuschungen und Unwahrheiten, dem sollte überhaupt kein Gehör mehr geschenkt werden. Diese Herrschaften lügen schon, bevor sie den Mund aufmachen. Und wer glaubt schon notorischen Lügnern, vor allem wenn die Qualität der Lügen so miserabel ist?

Der Lüge Verschwörungstheorien wurde der Garaus gemacht, so endet die Verschleierung der Wahrheit. Ein für allemal. Der 11. September war ein explosiver Kraftakt. Allerdings geht der dunklen Allianz der Saft aus. Deswegen wurde die Brutalitätsschraube, verbunden mit Terror und Angstschüren, angezogen. Sofern die Menschen, die in Kontakt zu diesen Leuten stehen, ein Auge auf jene haben, sind keine derartigen Übergriffe zu erwarten.

Die Urheber dieser Tat mögen dem Einzelnen übermächtig und kaum bezwingbar erscheinen. Doch der Schein trügt. Wer sich hinter einem George W. Bush versteckt, kann der wirklich ein mächtiger dunkler Herrscher sein?

Dschingis Khan war vielleicht ein dunkler Herrscher, aber er hat sich wahrlich nicht versteckt.

Rothschild, Rockefeller, Windsor und wie sie alle heißen, verbergen sich im Hintergrund. Das hat ein Großer oder Mächtiger keinesfalls nötig. Aber wenn man die Nazis finanziert hat, mit Adolf Hitler verwandt ist, Drogen

verschachert und seit zweihundert Jahren jeden größeren Krieg finanziert, dann scheint es besser die Bälle flach zu halten und die Wahrheit entweder zu unterdrücken oder zu lügen was das Zeug hält. Beides wird praktiziert. Das dunkle Imperium ist übrigens bedeutend nervöser als der Normalbürger ahnt. Vor kurzem lief im Fernsehen ein Tatort. Äußerst geschickt hat der Regisseur dabei erstklassige Arbeit geleistet. Eine Frau erstattet Anzeige gegen die CIA, weil die den Lebensgefährten, einen der angeblichen arabischen Attentäter, ermordet haben soll. Die Anklägerin und Zeugin war schon einmal in der psychiatrischen Anstalt. Also eine Verrückte. Der damit befaßte Polizist geht jedoch typisch deutsch und somit gründlich den Aussagen auf den Grund. Er findet alle Angaben als wahr bestätigt und fängt an ihr zu glauben. Ungefähr in der Mitte des Filmes findet eine Diskussion statt, bei der die Sprengungsversion deutlich besser wegkommt. Dann verläuft der Tatort und am Ende wird der Zuschauer mit beiden Versionen zurückgelassen. Tags darauf stand in den deutschen Zeitungen folgende Frage zu lesen:
Haben Sie den Tatort von gestern auch nicht verstanden?

Riechen Sie wie sich da jemand gewaltig ins Höschen macht und deswegen festzustellen sucht wie weit die Erkenntnis in der Bevölkerung gediehen ist? Erst die offen verbreitete Wahrheit verdammt die Lügner zum Schweigen. Zwingen wir sie in die Knie. Mit der klar ausgesprochenen Wahrheit. Einzig sie beendet diese Regentschaft der Dunkelheit und wir sind dieses furchtbare Joch los. Wir krempeln die Ärmel hoch und packen es an. So wie es die Indogermanen seit Jahrtausenden tun. Ein Paradies auf Erden rückt in greifbare Nähe, endlich.

Denn es wird wahrlich Zeit für ein Leben in Frieden auf Erden.

Katalog der Grausamkeiten

Der Blick zurück über die letzten zweitausendfünfhundert Jahre offenbart Erschreckendes. Menschen, die Gutes wollten oder taten, wurden ermordet oder ins Lächerliche gezogen. Ungefähr mit dem römischen Reich begann die dunkelste Epoche der Menschheit. Ständig fanden Kriege statt. Schon im 13. Jahrhundert hatten die Habsburger und von Savoyen mit ihren Kriegszügen in der Schweiz, in hervorragender Raubrittermanier, Land und Leute zu versklaven versucht. Folgt ausführlich im Kap. XVI.
Im Mittelalter gab es einen Raubzug nach dem anderen. Hexenverbrennung, Leibeigene, und immer wieder Kriege. Kreuzzüge, Dreißig-Jähriger Krieg usw. und so fort. Das Kabinett des Krieges hatte in dieser Zeit Hochkonjunktur. Ob Französische Revolution, der französisch-englische Krieg, amerikanischer Bürgerkrieg, der frz.-preußische Krieg, immer das Lied der Kanonen. Dann folgten mit etwas Spanne der I. und der II. Weltkrieg. Und **Hoppla**, auf einmal entsteht eine lange Pause in der Kette der großen Kriege. **Frieden.** Seit nunmehr fast sechzig Jahren. Wenigstens im Herzen Europas. Die Menschen haben endlich die Schnauze voll von Kriegen, die Schäden an Leib und Leben waren genug. Das gibt es doch nicht. Endlich haben die Leute es begriffen. Fantastisch, toll, denken Sie. Schrecklich, ein Desaster, denken die Herrschaften Rothschild und Schwarzer Adel. Denn jetzt laufen die dunklen Regisseure gleich mehrfach Gefahr. Erstens entgeht denen ein wahrhaft erstklassiges Geschäft. Zweitens kommen die Menschen zur Besinnung. Wer nicht mehr an der Front seinen Brüdern gegenübersteht, der stellt fest, daß es überall auf der Welt Menschen gibt, die einem sympathisch sind. Und natürlich auch andere, die einem weniger sympathisch erscheinen. Was aber wirklich kein Grund ist, Krieg zu führen. Ein Schweizer erkennt, die Österreicher sind doch besser als wir meinten. Auch die Holländer entdecken, es gibt sogar nette Deutsche. Die benachbarten Völker kommen sich näher und es entsteht ein bunter Haufen von Leuten, die im Wesentlichen alle das Gleiche wollen. Leben, lachen und ein wenig Spaß haben. Weil arbeiten halt nicht alles

ist. Das ist für uns schön, für die anderen stellt es eine hochbrisante Gefahr dar.
Denn die Oberfläche unter der die Wahrheit verborgen ist, wird jetzt hauchdünn und immer durchsichtiger. »Und, oh Gott, in der Ruhe arbeitet das Unterbewußtsein, nun wird alles ins Bewußtsein gespült. Die Menschen werden begreifen, was für ein schreckliches und brutales Spiel mit Ihnen abgezogen wurde und noch immer wird.«
Es entsteht das Problem, wie bringe ich jetzt die blöden Deutschen um, die uns einfach nicht den Gefallen tun und endgültig untergehen. Das gilt natürlich auch für die anderen Europäer, gleiches Recht für alle. Die Gerechtigkeit der Dunkelallianz. Dringend muß ein Ersatz her für den Krieg, und die **Zauberwaffe heißt Krankheit**.
Nach dem II. Weltkrieg ist Wiederaufbau angesagt. Die Menschen spucken einmal in die Hände und bauen ihre Häuser wieder auf. Sie halten zusammen und helfen sich gegenseitig, weil Ihnen gar nichts anderes übrigbleibt. In dieser Zeit regiert die Bescheidenheit, man freut sich über Kleinigkeiten. Dummerweise sind die Strukturen der Nazizeit nicht aufgelöst wurden. Aber das wissen die kleinen, einfachen Menschen nicht. Sie sind vollauf mit den alltäglichen Sorgen beschäftigt. Lebensmittel ranschaffen, Haus bauen, Kinder großziehen. Was interessiert schon die große Politik. »Die spinnen doch eh alle«, lautet ein gängiger Kommentar, und die Menschen gehen lieber ihrem Tagwerk nach.
Was fatal ist, denn die Häscher lauern schon wieder. Ganz vorsichtig arbeiten diese sich an die Beute ran und nehmen das ersatzweise gefundene Verbrechen für den Krieg in Angriff. Die größten Untaten beginnen oft ganz klein. So auch hier.

Wie die Ärzte in das Schema eingeflochten wurden.
Grundsätzlich sind Ärzte Personen, denen ein enormes Vertrauen entgegengebracht wird. Fast alles machen wir in Eigenregie. Nur zwei Bereiche bleiben meist außen vor. Politik und Gesundheit.
Das sind die Ansatzpunkte, wo die Schwächen sitzen. Während die Politiker eher einfach gestrickt sind, empfänglich für finanzielle Zuwendungen, sieht die Einbindung der Ärzte etwas komplexer aus. Manche

Mitglieder des Standes konnten vielleicht schon im Vorfeld auf die Seite des Imperiums gebracht werden. Damit sind diese Leute eingebunden. Bei denen, die lieber für sich bleiben oder gar integer sind, bietet sich ein anderer Weg an. Medizin ist ein hartes, langes und auch teures Studium. Wer sein Studium noch selber zahlen konnte, der sieht sich mit der Eröffnung seiner Praxis vor neue Kosten gestellt. Die Praxisfinanzierung steht an. Ganz einfach, man geht zur Bank und fragt an. Die Bonität stimmt, die privaten Großbanken wie Deutsche oder Dresdner Bank, bieten besondere Programme an. Der Kredit ist also da. Jetzt kommt kurz darauf ein Pharmavertreter eines renommierten Unternehmens vorbei und bietet seine Palette an. Da fällt dann der wichtige Hinweis. »Wenn Du unsere Antibiotika ein Jahr lang aktiv verschrieben hast, schickst Du uns eine dreiseitige »Studie« über die gesammelten Eindrücke. Dafür bekommst Du von der Firma 5.000 Euro.« Toll, Kreditrate und Lebensstandard sind gedeckt. Alles im grünen Bereich. Richtig? **Falsch!**

Denn leider wird der Patient nicht richtig gesund. Irgendwann merkt auch der gutgläubigste Kranke, ein Arztwechsel ist angesagt. Hoffentlich bevor er abkratzt, findet er den Weg zur Gesundheit. Der Mensch geht nie wieder zu diesem Arzt. Jetzt höhlt es das System von unten aus, langsam aber stetig. Einige Arztpraxen sind schon leer, es werden noch viele mehr. Entweder die Ärzte springen vom Zug der dunklen Allianz ab oder sie gehen mit unter. Wie gesagt, jede Gutmütigkeit hat ihre Grenzen. Die Unsrige ist jetzt überschritten. Endgültig.

Die Nutzung von Krankheiten wurde systematisch aufgebaut. Zuerst gab es verfehlte Informationen. Ein **hoher Blutdruck** ist schädlich für die Gesundheit und muß unbedingt behandelt werden, so heißt es. Natürlich mit »Medikamenten.« Wer weiß schon, daß die Hersteller dieser Mittel gleichzeitig die Finanziers der Nazis waren? Viele derjenigen, die das wußten, sind gestorben. Auf den Schlachtfeldern des Krieges oder direkt in den Konzentrationslagern der Nazis, von der SS und der IG Farben geleitet. Die Nachfolger der Verbrecherfirma IG Farben, Bayer, BASF und Hoechst, helfen den Menschen, damit die Krankheit behoben werden kann. Ist das so? Natürlich nicht. Ein erhöhter Blutdruck ist nämlich keine Krankheit. Es ist ein körpereigener Mechanismus zur Regulierung eines Problems. Mittels gezielt verfehlter Diskussionen und der obligatorisch folgenden Sensibilisierung durch die Medien, wurde bei den Menschen Angst geschürt. Bei mangelndem Wissen und Angst greift man verständlicherweise zu Hilfsmitteln. Dabei ist das Pektin der Äpfel zum Beispiel angetan, unseren Blutdruck wieder zu senken. Aber Äpfel sind leider viel billiger als Pharmaprodukte.

Dennoch war die koordinierte Aktion von Medien und Pharmaindustrie erfolgreich. Das Verlangen nach Medikamenten war geboren. Und wie. Sichtbarer Beleg für eine erfolgreiche Kampagne der Verängstigung ist dieses Zitat, daß die Deutschen »**im Jahre 2000 immerhin 1,574 Milliarden Packungen an Medikamenten verbraucht haben**«[62] und damit die weltweit größten Pillenschlucker sind.

Ein zweites Beispiel. Die Leber produziert einen Stoff, der Vorstufe für die Sexualhormone Testosteron und Östrogen ist. Er dient nebenbei **als Reparaturmaterial für Gefäße** und ist der **Hauptbestandteil unserer Gallenflüssigkeit**.

Diese körpereigene Substanz heißt **Cholesterin**. Das ist ein Blutfett und wird simpel abgebaut durch Bewegung. Die kostet erst mal gar nichts. Wenn Sie nun aber durch eine öffentliche Diskussion verängstigt werden und dem Abhilfe schaffen wollen, dann verdient jemand Geld mit den angebotenen Mitteln. Obgleich dies der Grundstoff für Hormone und Fettverdauung ist, womit Cholesterin dringend benötigt wird. Hier liegt eine Falsch- bzw. Desinformation vor. Einzig Bewegung und Sexualität führen schon zum Abbau des Cholesterins.

Wir erhalten mit den industriell hergestellten Lebensmitteln eine völlig falsche Dosierung der Nahrung. An sich sollte das Verhältnis von Basen- zu Säurebildnern 80 zu 20 betragen. Doch dank der Industrie ist es genau umgekehrt. Wir werden somit durch die Nahrung chronisch übersäuert. Angebliche Medikamente, Haltbarkeitssubstanzen und Zusatzstoffe verstärken die Übersäuerung. Dabei wird Sauerstoff aus den Zellen verbraucht, was einen lebensfeindlichen Zustand nach sich zieht und eine erkleckliche Anzahl von Krankheiten hervorruft. Ein ausgeglichenes Säure-Basen-Verhältnis bewahrt uns vor Krankheiten wie Neurodermitis, Allergien, den meisten Autoimmunerkankungen, Krebs, Herzinfarkt, Schlaganfall, Arthrithis, Diabetes, vermutlich auch Alzheimer, Parkinson, Multipler

Katalog der Grausamkeiten

Sklerose und vielen mehr. Das wird im Kap. XXII. mit möglichen Wegen zur Gesundheit behandelt.
Die größten alltäglichen Sauermacher sind Kaffee, Nikotin, Zucker und Alkohol, Fleisch und Brot. Lebensmittel enthalten oft im Übermaß Fett und Zucker. Beides führt zu Erkrankungen des Stoffwechsels. Eine scheinbare Abhilfe wird über eine Vielzahl von Diäten angeboten. In zahllosen Zeitschriften, auch der Giganten Bertelsmann und Springer, werden verschiedene Varianten angeboten. Was wiederum eine enorme Übersäuerung nach sich zieht und ein Organ sehr stark in Mitleidenschaft bringt. Die Bauchspeicheldrüse, welche nämlich Verdauungssekrete für alle drei großen Stoffgruppen bildet.
Ob Fette, Kohlenhydrate oder Eiweiß, die Bauchspeicheldrüse ist immer dabei. Wenn dieses Organ nun permanent überlastet ist, kann es sein, daß Menschen krank werden. Sie bekommen **Diabetes**, Zucker. Vom Typ I oder II.
Wieder werden Dutzende Medikamente angeboten. Werden Sie Ihren Diabetes auf diese Art los? Bestimmt nicht. Es gibt jedoch **Heilpilze**, die Ihre Zuckerkrankheit wirklich beseitigen können, Typ II innerhalb weniger Wochen. Heilpilze sind ein Nahrungsergänzungsmittel, den Titel Medikament können sich meistens nur noch die Firmen leisten, die auch den Bankiers gehören. So blockiert man die Konkurrenz, ganz einfach. Anhand der jeweiligen Heilpilze besteht demgegenüber die gute Chance, daß Ihre Bauspeicheldrüse wieder zu arbeiten anfängt. Im Abspann nachzulesen. Mit Telefonnummer und Adresse.
Rauchen gefährdet die Gesundheit, das weiß inzwischen fast jeder. Schließlich steht es auch auf den Packungen drauf. Ist damit einem Raucher beim Bewältigen seiner Sucht geholfen?
Garantiert nicht. Ganz im Gegenteil. Jetzt wird er zusätzlich zu dem was gleich geschildert wird, noch von negativen Botschaften traktiert.
Die Tabakindustrie pflegt ihre Kundschaft. In den Tabak werden Zusatzstoffe gegeben, es handelt sich um sogenannte Suchtbildner. Bis zu **eintausend** Suchtstoffe kommen hinzu. Die Familie Rothschild begann Mitte des 19. Jh. Tabakernten aufzukaufen und diesen Bereich für ebenfalls gute Geschäfte zu entdecken. Steht im Großen Brockhaus v. 1933, 15. Aufl. Bd. 16, S. 136.

123

Katalog der Grausamkeiten

Aber die anhaltende Suchtbildung reicht noch nicht ganz aus. Sicherheitshalber, so wird es in beobachtenden Kreisen gemunkelt, wird das **Zigarettenpapier in flüssiges Opium getaucht.** Kann bei Dr. John Coleman *»Das Komitee der 300«* nachgelesen werden. Opium kam anno dazumal vom BEIC und heutzutage vom Nachfolger, dem Komitee der 300. Nun leckt sich ein Raucher über die Lippen und entwickelt das Verlangen nach dem Glimmstengel zwischen den Zähnen. Sie sehen, es gibt fast keinen Kniff, der nicht zu dreckig wäre.

Die **Multiple Sklerose** (MS) gilt als unheilbar. Kein Wunder, hier schlummert ein enormer Verdienst. Bei dieser Erkrankung des zentralen Nervensystems erwies sich eine Pflanze als besonders hilfreich, der Hanf. Dürfen Menschen, die MS haben, Hanf anbauen? Keinesfalls, das ist ein Verbrechen. Die Schergen und Vasallen der Obernazis achten darum auf die strikte Einhaltung des Hanfverbotes. Das nennt man auch unterlassene Hilfeleistung oder Totschlag. Außerdem verstößt es gegen Menschenrechte, wie das Recht auf Leben. Aber wer Menschen vergast und in Kriegen sterben läßt, der wird sich doch wohl einen Dreck um die Einhaltung von Menschenrechten kümmern, oder?

Die Krankheit **Parkinson**, auch Schüttellähmung genannt, ist der MS ähnlich. Die Vergiftung mit Schwermetallen erzeugt den gleichen Effekt. In unseren Zähnen wurde eine längere Zeit quecksilberhaltiges Amalgam verarbeitet. So war einerseits ein Abfallprodukt der Industrie entsorgt und... Zwei Fliegen mit einer Klappe.

In Gebieten ohne direkten Meereszugang wurde ein Mangel an **Jod** festgestellt. Die üblichen Medien teilten das mit. Deswegen wird Jod in die Nahrung und das Salz dazugegeben. **Jod erzeugt eine seelisch und körperlich empfundene Angst.** Der Mensch wird hyperaktiv, er ist ständig in Bewegung. Das wird gleich ganz wichtig bei Ritalin. Sobald der Mensch versucht ruhig zu werden, kommt die Angst hoch. Die Schilddrüse liefert unser Jod, das in geringen Mengen für die Stoffwechselvorgänge benötigt wird. Noch besser, sie kann es sogar selber herstellen. Was für ein Wunderwerk ein Mensch doch ist und hat keinen blassen Schimmer davon. Von der Firma Kali und Salz wird z.B. der Rohstoff geliefert. Es handelt sich um eine ehemalige Tochter der BASF.

Fluor ist ein sehr tiefgreifendes, chemisches Element. Es wird eine Verlangsamung und eine schleichende Wirkung verzeichnet. Angeblich zum Reinigen und Desinfizieren des Wassers, haben die Aluminiumhersteller ihren Abfall in unserem Trinkwasser entsorgt. In der Schweiz und den USA sogar noch stärker als in Deutschland. Zusätzlich wird aus dem Industriemüll Zahnpasta hergestellt.
Aspartam ist der Ersatzstoff für Zucker. In Amerika weisen mehr als 9.000 Produkte diese synthetische Droge auf. Das ist die Domäne der Pharmaindustrie der Familie Rothschild. Aspartam enthält Methanol, das bei 25 Grad Celsius zu Formaldehyd wird, ein starkes Zellgift. So wird verständlich warum A. das Gehirn und den Sehnerv zerstört. Zusätzlich löst es Nervenkrankheiten aus, die fälschlicherweise für MS gehalten werden. Lupus, Alzheimer, Hirntumore, die Palette der Grausamkeiten kennt praktisch keine Grenzen. Das ist einem Dokument von Dr. Aurelia Louise Jones entnommen. Dieser Horrorzusatz ist auf dem Markt. Und wie. Aspartam wird ohne Deklaration vielen Nahrungsmitteln beigefügt. Ausgewiesen finden Sie es in den meisten Light-Produkten, zuckerfreien Kaugummis oder bei Fruchtsäften. Dieses Aspartam wurde ursprünglich von der Firma Monsanto hergestellt und auch patentiert. Die größten Anteilseigner sind durchweg Investmentgesellschaften, wie z. B. Fidelity Management Research (10,56 %), Barclays Global Investors N. A. (4,5 %) oder die Deutsche Asset Management Americas (1,85 %). Wem die Banken mehrheitlich gehören wissen sie inzwischen. **Die Barclays Bank ist gemäß Robin de Ruiter eine reine Rothschildbank,** wie die Deutsche Bank mehrheitlich auch. Diese Firma Monsanto vertreibt genetisch verändertes Saatgut, in großem Stil.
Ritalin. Wenn das Jod und die anderen Gifte endlich erfolgreich waren, dann wird ein Kind zum Zappelphilipp. Kein Wunder, denn der Körper windet sich jetzt vor Schmerzen, die gar nicht ins Bewußtsein gelangen. Diagnose: Hyperaktivität, ADS. Die Firma Novartis bietet Ritalin an, eine synthetische Droge, ein Psychopharmakon. R. **»hinterläßt dauerhaft Spuren im Gehirn und zieht eine Störung des Gehirnstoffwechsels nach sich«.** Woher ich das habe? Nun, aus einer »Studie, nur zum internen Gebrauch«, also von Novartis selbst. R. führt nach abruptem Absetzen bei Langzeitbehandlung zu Suchtbildung, Parkinson als Folge ist möglich.

In den USA erhalten Schulen eine Aufwandsentschädigung für die Gabe von Ritalin an die betroffenen Kinder. Kopfgeld wäre wohl passender. Zwangsverabreichungen sind möglich.
Die Kinder sind meist hochintelligent, mit IQ's von über 130, Einstein hatte 125. Nach einem halben Jahr Ritalin liegt der IQ bei etwa 75, etwas mehr als eine Brotscheibe. Grausam.
Elektrosmog macht krank. Wie entsteht der? Ganz einfach, z. B. durch die Steckdose. Aus der kommt Wechselstrom, die Schlechteste der Teslaerfindungen, Gleichstrom wäre gesünder. Elektrogeräte wie Fernseher, Computer, Radios, Handys, Hochspannungsleitungen, sie alle erzeugen Elektrosmog, der uns krank macht. Unsere Zellen vertragen die hohen Voltzahlen nur schlecht. Irgendwann werden wir krank.
Der neueste Clou sind die **UMTS-Sendemasten**. Die Handymasten waren schon schlimm, aber jetzt kommt der Megahammer, um die Menschen richtig fertigzumachen. Mit **irren Siebzigtausend Wechselschwingungen pro Sekunde,** die Atombombe des Elektrosmogs wird angeworfen. Schon heute hat Deutschland die **mehr als Zehnfache** Dichte an Handymasten, wie für guten Empfang und intakte Netze benötigt. Warum, wozu? Damit Sie bloß krank bleiben. Sie erahnen vielleicht wie verzweifelt die Allianz der Dunkelzeit um den Machterhalt kämpft. Hier läuft ein Völkermord nach dem Motto, »wenn wir nicht mehr an der Macht sind, seid ihr schon lange tot.«
Seit über hundert Jahren existiert eine feste Sicht zu einer schweren Krankheit. Die sich damit befassende Wissenschaft gilt als die Erfolgloseste ihrer Art. Die Rede ist von Krebs. Im Jahre 1968 machte Dr. Alfons Weber vom Max-Pettenkofer-Institut in München einmalige Mikroskopaufnahmen, bei denen Mikroparasiten zu sehen sind. Überall, in den Tumorzellen, als auch im Blut. Das brachte Dr. Weber zu dem Schluß, »eine Krebszelle die stirbt, ist nichts anderes als eine von Mikroben infizierte Zelle in den letzten Abwehrkämpfen«.
Demgegenüber spricht die Krebsforschung von »einer altruistischen (anandere-denkenden) Zelle, die sich für die anderen aufopfert«. Für die These von den Mikroben jedoch, gibt es »überzeugende Beweisketten« und seit dreißig Jahren ein Protozoennachweisverfahren. 1970 führten Professor Übing, Dr. Shields und Dr. Winter ähnliche Tests durch und sind zum glei-

chen Ergebnis gekommen. Für die Version von der uneigennützigen, sich opfernden Zelle, die den Heldentod stirbt, gab es zwar keine Belege, dafür flossen im Rahmen des »Vorsorgeprogramm Krebs« des Jahres 1971 reichlich Forschungsgelder. Eine Chemotherapie kommt in etwa auf dieselben Kosten, bringt somit die gleichen Erträge wie die Aidsbehandlung. Etwa 20.000 - 60.000 Dollar pro Jahr und Patient. In den USA erhielt das Versorgungsprogramm von 1971 bis 1976 neun Mrd. Dollar an Zuwendungen. Das hört sich wie ein gutes Geschäft an, vor allem wenn eine Heilungsmethode mit 95% Erfolgsquote existiert, die praktisch geschenkt wäre. Sie haben richtig gelesen.

Dr. Robert Beck, Physiker und Forscher, stellt für »Krebs, Aids und Lupus 95% Erfolg in Aussicht, für Herpes 50% und für Eppstein-Bahr 100%. Hepatitis B und ein Dutzend anderer scheinbar unheilbarer Krankheiten könnten zu einem großen Teil aus unserem Leben verbannt werden«.[63] Er bedient sich dabei eines Gerätes, das eine Blutelektrifizierung, damit ein Abtöten der Parasiten und eine Immunisierung bewirkt. Die Ausführungen entstammen einem Film über den Vortrag von Dr. Beck.

Es war noch eine Internetseite angegeben, www.krebs-bankrott.de. Bitte lieber Leser, lösen Sie sich von der Idee, daß nur die teuren »Medikamente« helfen. Sobald das K 300 das Kommando hat, regiert das Geld und Ihre Belange wie Gesundheit oder Frieden, gehen prompt den Bach runter. Die materielle Gier zerstört den Gedanken des Heilens und der Vorsatz helfen oder gar heilen zu wollen, war den Eigentümern der Pharmaindustrie noch nie zu eigen. Sie können glauben, was und wem Sie wollen, doch wie immer kommt die Bitte: Prüfen Sie Ihr Gefühl.

Die Methoden, um Außerordentliches zu erreichen, sind zahlreich. Die Frequenzen wie von Dr. Beck beschrieben, pflanzliche Heilmittel, Homöopathie, Geistheilen oder die Powertube aus dem Hause Fritonex und manches mehr. Nur nicht ins Bockshorn jagen lassen. Denn Eile schadet nur der Intuition. Wer Sie hetzen oder gar drängen will, verfolgt ein anderes Ziel als Ihre Gesundheit. Viele Wege führen zum Ziel, doch nur einer ist der Ihre. Finden Sie ihn mit Bedacht und horchen Sie auf Ihr Gefühl.

Dr. Gert Ryke Hamer belegte auch andere Ursachen für Krebs. Durch den gewaltsamen Tod seines Sohnes Dirk aufgrund eines unglücklichen

Querschlägers, vom Prinz von Savoyen abgefeuert, lief er, neben seinen medizinischen Ansichten, Sturm gegen diese alte Familie des Schwarzen Adels. Er zog den Kürzeren. Was zu erwarten war.

Nächstes Beispiel, **Aids**. Woher kommt eigentlich die Immunschwächekrankheit? Dazu erfahren wir bei Milton W. Cooper etwas mehr.
»Einer der engsten Freunde von Papst Johannes Paul II., Dr. Wolf Szmuness, war der Kopf hinter den Hepatitis-B-Impfstoffversuchen, die von November '78 bis Oktober '79 und März '80 bis Oktober '81 vom Center for Disease Control in New York, San Francisco und vier anderen amerikanischen Städten durchgeführt wurden, und mittels derer die Aids-Seuche auf das amerikanische Volk losgelassen wurde«.[64] Außerdem beschreibt der Autor, daß schon 1969 das amerikanische Verteidigungsministerium 10 Mio. Dollar erhielt für die Herstellung des Aids-Virus. »1977 begann die Weltgesundheitsorganisation (WHO und Ableger der UNO) damit, über 100 Millionen Afrikaner mit dem Aids-vermischten Pockenimpfstoff zu impfen«.[65] **Die Behandlung eines Aids-Patienten kostet jährlich ungefähr 20.000 bis 60.000 US Dollar.** Hören wir dazu eine andere Aussage an: »Im Frühjahr 2001 verklagten 39 Pharmafirmen die südafrikanische Regierung wegen Verletzung des Patentrechtes. Sie hatte 1997 ein Gesetz erlassen, das die Behandlung von Aids-Patienten mit billigen Medikamenten ermöglichte«.[66] Nehmen wir mal kurz an, die beiden Autoren hätten Recht. Dann wäre Aids im Labor entwickelt und gezielt verbreitet worden, um richtig abzukassieren und nebenbei die Menschen mit Vorsatz krankzumachen. Inzwischen ist die Rede von einem neuen, viel tödlicheren Virus. Nur, tödlicher als tödlich, was macht das schon? Hier wird es erkennbar, das teuflische Spiel der Medien mit der Angst. Zum großen Glück aller Menschen ist die Vogelgrippe auf dem Plan erscheinen, um vorrangig Gelder einzusacken. Doch mit ihr kam Erhellendes zum Vorschein.
Tamiflu war ein Mittel aus der Aidsforschung und wies unerwünschte Nebeneffekte auf. Die Patienten starben binnen weniger Wochen, was einen satten Einbruch der sprudelnden Gewinne bedingt hätte. So wurde Tamiflu umgemodelt, auf ein simples Grippemittel, und blieb dennoch ein Ladenhüter. Das schmeckte dem ehemaligen Vorstandsvorsitzenden und immer noch Mehrheitsaktionär der Herstellerfirma Gilead Sciences überhaupt

Katalog der Grausamkeiten

nicht. Eine Lizenz wurde vergeben, an die Firma Roche. Und kurze Zeit später kam die Medienpanik richtig ins Rollen, Tamiflu konnte verkauft werden und **Donald Rumsfeld** war glücklich, weil sein Geldbeutel richtig klingelte.

Interessanterweise erzeugt die Pille genau die Symptome, die für die Vogelgrippe typisch sind. Woraus messerscharf gefolgert wird, wie die Vorgehensweise ist. Man nehme ein Gift, das Symptome und Krankheiten erzeugt. Die Medien schüren das Interesse der Bevölkerung und die Pharma steht als Retter bereit. Lebensmittel, Zeitungen und »Medikamente« verkauft, drei Fliegen mit einer Klappe.

Was würden Sie sagen, wenn es ein alternatives Verfahren für Aidskranke gibt, das bei 24 Testpersonen mit ausgebrochenem Aids zur vollen Heilung geführt hat, wobei inzwischen alle Betroffenen ohne Symptome von Aids sind? Was meinen Sie, wenn diese Methode lumpige 1,32 Dollar kostet und vom Entdecker an die Leute weitergegeben wird? Der Mann heißt Dr. Robert Beck, seine Entdeckung wird allen zuvor genannten Punkten gerecht und zum Lohn dafür wurde er brutal zusammengeschlagen. Die zuständige Behörde meinte sinngemäß, es wäre schade, daß man daraus wohl kein lukratives Patent machen könne. Vor wenigen Jahren verunglückte er tödlich auf der Straße. Auf gerader Strecke.

Bei Krebs und Aids wird mit einer komplett unlogischen Argumentation hantiert. So werden immunsenkende Mittel bei Immunschwächekrankheiten verabreicht und von vermeintlichen Krebstumoren Gewebeproben entnommen, obwohl die Schulmedizin behauptet schon eine Zelle könne ausreichen, um Metastasen zu bilden. Nicht der einzige Widerspruch, wie bei Lothar Hirneise »Chemotherapie heilt Krebs und die Erde ist eine Scheibe« gut nachgelesen werden kann.

Die simple Mitteilung »Sie haben Krebs« versechsfacht übrigens auf einen Schlag die Anzahl jener Krebszellen. Ausgelöst durch das Gefühl Todesangst und die damit verbundene Kraft der Gedanken.

Übrigens, auch ein Tee aus afrikanischem Wermut, Artemisia annua anamed, lieferte schöne Ergebnisse. Bis hin zur fehlenden Nachweisbarkeit von Aids. Und wenn Sie wissen, daß jedes weiße Pillchen von Bush, Rothschild und Co. **E 171 alias Titandioxid** enthält, dann könnten Sie aufhorchen. Weil das nämlich ein hochgradig krebserregender Stoff ist, wie sogar den

UN- Listen zu entnehmen ist. Also wird man eventuell sukzessive dahin geführt, deren Krankmacher dankend und bestimmt abzulehnen. Denn Medikament heißt wörtlich übersetzt heilt den Geist, was auf kein einziges von deren Tablettchen zutrifft.

Den Trick mit den Studien könnten Sie schon kennen. Thema Mikrowelle. Im II. Weltkrieg aus dem Programm genommen wegen schnell wucherndem Krebs. Nach dem Krieg wieder eingeführt. Die Studien wurden versprochen, kamen nie. Kein Wunder, denn die Erwärmung mit der Mikrowelle erhitzt die Moleküle nicht von außen nach innen, sondern umgekehrt. So werden die Eiweißketten zerstört, es entsteht denaturiertes Eiweiß, Gift für den Organismus. Die krankmachenden Strahlen wurden fein verteilt, jetzt stirbt es sich auf Raten. Inzwischen kräht kein Hahn mehr nach den Überprüfungen. Handys sind ebenfalls Mikrowellen und bringen das Hirn zum Schmelzen. Sie erhöhen die Spannung fast so stark wie Mikrowellen. Logische Folge ist der Ausfall der krebshemmenden Arbeit der Zirbeldrüse. Versprochene Studien wurden nie geliefert. **Ist denn das normal?**
Falls Ihnen wider Erwarten noch nicht speiübel sein sollte, jetzt kommt der Generalangriff auf alle zwölf großen Hirnnerven. Wenn Sie es packen, ist wirklich das Schlimmste überstanden, dann geht es aufwärts. Versprochen. In drei Kapiteln lassen wir dann endgültig den Sumpf hinter uns. Glauben Sie mir, das wünsche ich mir auch sehnlichst. Also, los geht's.
Die entscheidende Entwicklung des Immunsystems zieht sich bis zum **7 – 8. Lebensmonat.** Erst dann wird der dritte, wesentliche Baustein ausgebildet, die B-Lymphozyten. Der kindliche Organismus ist ab da imstande auf Fremdeiweißstoffe zu reagieren. Vorher kann unmöglich eine adäquate Immunreaktion stattfinden.
Impfstoffe sind exakt jene **Fremdeiweißstoffe**. Mit der **Impfung** vor dem 8. Lebensmonat wird das Kind geschädigt. Aber wie? Was für Substanzen sind eigentlich in Impfstoffen enthalten? Hierzu schreibt Rolf Schwarz in seinem Buch »Impfen – ein Jahrtausendirrtum?« auf Seite 19: »**Zu den abgeschwächten oder abgetöteten Mikroben im Impfstoff kommen noch die Begleitstoffe: Eine Mixtur aus Aluminium-Verbindungen, art-**

fremden Eiweißen, Formaldehyd, Antibiotika und Quecksilberverbindungen.«

Klingt wie ein Giftcocktail, ist es auch, und sehr raffiniert zusammengesetzt.
Quecksilber und Aluminium sorgen für eine Verzögerung der Nervenreaktionen. Somit setzt die nachteilige Wirkung erst ein wenig zeitversetzt ein, jetzt kann der Impfstoff nicht mehr einwandfrei als Auslöser von Krankheiten bestimmt werden. Es sei denn gründliche Untersuchungen werden vorgenommen, doch diese wären sehr teuer und dummerweise sind die finanzkräftigen Institutionen in dem Bereich über die Eigentumsverhältnisse verbunden mit der Pharmaindustrie. Zufälle gibt es. Artfremde Eiweiße sind andere Viren, inwiefern neue Erreger entstehen ist weitgehend unbekannt. Der zentrale Angriff auf das kindliche Gehirn ist jedoch offensichtlich. Formaldehyd ist ein Zellgift und zugleich perfektes Konservierungsmittel. In seiner Funktion als Zellgift öffnet es die Blut-Hirn-Schranke, damit der Giftcocktail in die juvenile Schaltzentrale gelangt. Für die Viren wirkt Formaldehyd als Konservierungsmittel, damit die wohlbehalten an ihren Bestimmungsort gelangen können.
Bakterien und Viren bewegen sich anteilsmäßig gegeneinander. Die Antibiotika drosseln jetzt die Bakterienzahl, sodaß die Viren gepuscht werden und eine ordentliche Armee in den kindlichen Organismus einrücken kann. Die Beschreibung der gesamten Inhaltsstoffe befindet sich übrigens auf der Packungsbeilage, die Sie jedoch fast nie zu Gesicht bekommen. Außerdem wird vollkommen klar, bei Impfungen liegt kein Irrtum, sondern eine klare, eiskalte Absicht vor.

Die Liste, der mit Impfungen in Verbindung gebrachten Erscheinungen, ist lang. Hier kommt eine Auswahl. Allergien, Gehirnschäden, Multiple Sklerose als Folge der Polioschutzimpfung, Entwicklungsstörungen, massive Neurodermitis, Mongolismus, Angstzustände, jugendlicher Diabetes, kindliches Rheuma und einiges mehr. Viele auffällige Verhaltensweisen der kleinen Kinder sind die typischen Muster bei Gehirnentzündungen.
Zuerst wurden einfache Impfungen eingesetzt. Ein paar Jahrzehnte später kamen die etwas erweiterten Dreifachimpfungen. Das sind drei Krankheiten

gleichzeitig, für ein Immunsystem das noch nicht mal eine Immunantwort geben kann. Zusammen mit zwei anderen Gründen stand die Dreifachimpfung bei den Ursachen für plötzlichen Kindstod ganz oben. Aufgrund der gestiegenen Schwingung des Planeten überstanden die Kinder irgendwann die Attacke auf ihre Gesundheit. Darum wurde vor etwa zwei Jahren nachgelegt. Die **Sechsfachimpfung**. Die daraufhin drastisch gehäufte Rate mit plötzlichem Kindstod veranlaßte sogar die Ärzte zur Annahme, daß diese Sechsfachimpfung und der plötzliche Kindstod direkt miteinander verbunden sind. Kommentar der Pharmaindustrie: »Jetzt machen wir einfach eine fünf- bis zehnjährige Studie, dann wissen wir, ob der Zusammenhang wirklich besteht.« Wahnsinn, der Sarkasmus trieft in Strömen. Was für Belege für die real herrschende Form der Bösartigkeit brauchen wir noch? Wer so antwortet, gehört gleich gegen Tollwut geimpft. Seit kurzem existiert die Zehnfachimpfung, selten gab es einen klareren Tötungsversuch.

Zeckenimpfung. Hier nun ein Highlight an Blödi-Information, präsentiert bei n-tv, im Sommer 2004, ca. 13 Uhr 17. Die Komplikationen bei Zeckenbissen werden geschildert. Zuerst wird die Einnahme von Antibiotika zur Vorbeugung vorgeschlagen. Wieso Antibiotika, wenn es sich um Viren handelt? Bedeutet eine unnötige Belastung des Organismus. Es folgt der Hinweis auf von Zecken übertragene Borreliose, die schulmedizinisch unbehandelbar ist. Homöopathisch gibt es übrigens Mittel. Der bei Zecken vorkommende FSME-Virus wird mit dem Rat einer Impfung verknüpft. Versehentlich vergessen wurde die Tatsache, daß nur jede 200. Zecke diesen Virus aufweist. Unterschlagen wurde auch die Tatsache, daß die Impfung verheerende Nebenwirkungen hat, die schlimmer als die Beschwerden des FSME-Virus sein können. Bei diesem Beitrag lief als Musik »Der Weiße Hai«, zur Untermalung. N-tv gehört Bertelsmann zu 47%.
Die Grippeschutzimpfung bei Rentnern und alten Menschen, die schon geschwächt sind, soll wahrscheinlich nebenbei eine Entlastung des desolaten Staatshaushaltes bewirken. Außer dem anderen, perfiden Motiv. Geschwächte Menschen zu impfen ist unverantwortlich. Rentner und Kinder werden hier gezielt angegangen. Feige und hinterhältig. Wie üblich.

Mir ist keine angemessene irdische Strafe für diese gemeinen Verbrechen bekannt. Darum ist es gut, daß eine kosmische Strafe für diese Taten vorgesehen ist. Das nenne ich Gerechtigkeit. Die genaue Beschreibung des Strafmaßes folgt noch.

Ich frage Sie direkt ins Gesicht, **wer läßt seinen Kindern Impfstoffe spritzen, die von den Nazifinanziers, Hitlerverwandten, Kriegstreibern und KZ-Betreibern kommen?** Die Antwort geben Sie. Ihre Entscheidung. Meine dürften Sie kennen.

Medikamente von den Nazifinanziers und KZ-Betreibern?
Vergessen Sie's. Ein Horrorkabinett ist eine Komödie, gegen das, was im Bereich Gesundheit abläuft. Fragen Sie doch einfach die Ärzte, ob die ihre Kinder auch impfen lassen. Sie werden sehen, die Meisten tun es nicht. Die Gründe hierfür haben Sie gerade gelesen. Das passende Trostpflaster bekommen Sie mit den homöopathischen Mitteln, die imstande sind, die Impfschäden zu beseitigen. Literatur hierzu gibt es reichlich. Grundsätzlich sollten Sie einen fachkundigen Homöopathen zu Rate ziehen.

Die Grundlagenforschung der heutigen Pharmaindustrie kommt zu einem guten Teil aus den Greueltaten an den Inhaftierten der Konzentrationslager. Ehrlich, welcher vernünftige Mensch glaubt ernsthaft, die Nazifinaziers, Kriegstreiber der letzten zwei Jahrhunderte, Verwandte des Adolf Hitler und Betreiber des KZ Auschwitz, würden sich als Hersteller von Medikamenten qualifizieren? Abgehakt. Bevor das passiert, feiern der Weihnachtsmann und der Osterhase Hochzeit und wir sind alle eingeladen. Nochmal: Medikamente von den Nazifinanziers und KZ-Betreibern gibt es nicht.

Was geschieht nun mit den echten Heilmitteln, den natürlichen? Hier die Beispiele. Ein natürliches Element des Periodensystems ist zum Heilen angetan. Es heißt **Germanium**, wurde zuerst in Deutschland entdeckt, danach benannt und ist heute in Deutschland verboten. Ein Element wird verboten, da kann man sich doch nur an den Kopf fassen. Der heilige Ort Lourdes liefert immer wieder Wunder ab, aufgrund des dortigen Wassers.

Weil dieses stark germaniumhaltig ist. Noch leichter zugänglich ist Germanium in Heilpilzen.

Vit. B17 zeigte enorme Erfolge bei Lungenkrebs und anderen Krebserkrankungen. Es wurde verboten. Aprikosen und Bittermandeln enthalten Vit. B17. Auch in weichen Kernen von Pfirsichen, Nektarinen, Kirschen, Pflaumen und Äpfeln findet sich der Vitalstoff. Wie in Buchweizen, Hirse und z.B. Macadamia-Nüssen.

In den USA ist die Herstellung und der Handel mit Vit. B17 bis heute verboten. Begleitet von gezielter Falschinformation des New Yorker Rockefeller Institutes. Das mögen wir. Das WTC sprengen, Nazis finanzieren, aber Heilmittel verbieten. Und die Kranken, die sich das Leben retten wollen, werden sogar ins Gefängnis eingesperrt. Das ist die Realität. So etwas passiert, wenn man tatenlos Verbrechen duldet. Irgendwann wird das Pack richtig dreist. Die passenden Artikel hierzu und andere, wertvolle Hinweise, können Sie der Zeitenschrift entnehmen, die in Sachen Gesundheit Pionierarbeit leistet. Das soll lobend und dankend erwähnt werden, was hiermit geschieht. Die genaue Adresse der **Zeitenschrift** finden Sie im Nachtrag zur Gesundheit, wie auch die Firma, welche die Aprikosenkerne anbietet. Die scheinbaren und angeblichen Medikamente in unserer Gesellschaft sind meist nur noch die Gifte der Pharma.

Um die Menschen via Krankheiten zuverlässig zu bearbeiten, bedurfte es noch eines Schrittes. Die Volksheilkunde, die Tradition in der Behandlung von Krankheiten mußte ausgeschaltet werden. Seit den Zeiten des Dritten Reiches ist die Anzahl der »erlaubten« Heilpflanzen und Heilkräuter von über 400 auf ca. 100 gesunken. Der Großteil wurde wegen »schädlicher« Wirkungsweisen aus der Heilkunde verbannt.

Vor weit über dreitausend Jahren sind mehr als 900 Heilpflanzen nachweislich in Ägypten als Medikamente eingesetzt worden. Mit beeindruckenden Ergebnissen. Vor sage und schreibe zehntausend Jahren wurden Schädeloperationen durchgeführt, wohlgemerkt erfolgreich. Die Patienten blieben am Leben. Selbst das ist heutzutage nicht immer gesichert.

Bei den Heilpflanzen wird die Lobby der Pharmaindustrie richtig plump. Pflanzen werden verboten. Mir nichts dir nichts. Von wem veranlaßt? Von den altbekannten Verwandten Adolf Hitlers, Rothschilds und ihren

Katalog der Grausamkeiten

Lakaien, unseren Politikern. Bitte schön, jetzt haben wir den Salat. Die Politiker fallen uns in den Rücken, weil wir denen nicht auf die Finger schauen und sie den Verlockungen oder Erpressungen des Imperiums überlassen. Ein ernstes Versäumnis.

Die Sache mit dem Huflattich
Die Betreiber des KZ Auschwitz strengen über die involvierten und hörigen Politiker das Verbot einer dreitausend Jahre alten Heilpflanze an, des Huflattich. Ein uraltes Hustenmittel. Begründung, Huflattich löst Krebs aus. Oberflächlich betrachtet nichts Ungewöhnliches. Festgestellt bei Ratten im Labor. Die armen Tiere sind geopfert worden. Die Ratten bekamen Extrakt vom Huflattich hoch dosiert gespritzt und verstarben an Krebs. Genauer hinschauen. Huflattich wird in Form von Tee verabreicht, das ist die gängige Darreichungsform. Die Dosis macht das Gift laut Paracelsus. Sie glauben, Sie seien davor bewahrt worden durch den Genuß von Huflattichtee Krebs zu bekommen? Mal sehen. Um Krebs auf diese Weise zu erhalten, wie bei den Ratten geschehen, müßten Sie die hübsche,

niedliche Menge von: **20 Liter Huflattichtee am Tag saufen. Und das ein halbes Jahr lang.**
Sie bräuchten praktisch einen eigenen Trog. Nur gute Pferde kommen auf das Tagespensum. Selbst Rindviecher können nicht soviel saufen, geschweige denn Menschen. Dummerweise können Sie auf diese Weise gar keinen Krebs bekommen, weil Sie schon in den ersten Tagen an Nierenversagen gestorben sind. Lange bevor der Huflattich Ihnen schädlich werden könnte. Wenn es nicht so traurig wäre, könnte man glatt drüber lachen.

Beinwell, Beinwurz oder Comfrey
Unsere Vorfahren auf diesem Planeten fanden durch simples Beobachten Wichtiges heraus. Die Wurzel des Beinwell, auch Beinwurz genannt, sieht aus wie ein Knochen. Daraus wurde gefolgert, vielleicht hilft das bei Knochengeschichten. Gut gedacht. Mit Beinwell heilen die gebrochenen Knochen, ohne irgendeine Operation. Kein Witz, dreitausend Jahre alter Ernst. Beinwell ist Ende 2004 aus dem Handel genommen worden, verboten.

Die pflanzlichen Wirkstoffe sind antibakteriell und fördern das Immunsystem. Zudem wächst Beinwurz rasend schnell und kann bis zu acht Mal im Jahr geerntet werden. Er eignet sich als Dünger, bereichert den Salat und gehört an sich in jeden Garten.

Die Milch darf es auch nicht mehr richten.
Vor etwa zwanzig Jahren gab die Weltgesundheitsorganisation eine interessante Losung aus: Die tägliche Einnahme von Milch wäre äußerst förderlich für die Gesundheit der Menschen. Klingt eigentlich verheißungsvoll. In diesem Zusammenhang erfreut es zu wissen, daß Kühe sowohl Beinwell als auch Hanf mit Freude verspeisen. Sofern sie solche Leckerbissen bekommen. Schweizer Kühe, denen dies verabreicht wurde, gaben eine derart hochwertige Milch, daß diese ideal als Muttermilchersatz eingestuft wurde. Sogar fast noch hochwertiger. Schön? Pustekuchen. Sogar bei den selbstbewußten Eidgenossen wurde das Verbot beibehalten, trotz der erwiesenen Vorteile. Damit die Pharmaindustrie ihren kostspieligen Muttermilchersatz vertreiben kann. Das ist erschütternd und beängstigend zugleich, doch es kommt noch eine Spur schlimmer.
Seit einigen Jahren mehren sich die allergischen Reaktionen auf Milch. Ein deutscher Arzt machte diesbezüglich interessante Beobachtungen. »**Milch und Milchprodukte von Demeter-Kühen rufen keine allergischen Reaktionen hervor.**« Er konnte einen recht simplen Grund ausmachen. Der biologische Anbauverband Demeter hat als einziger das Enthornen der Kühe strikt untersagt. Hierbei bietet die durch Tests erworbene Erkenntnis des Mediziners eine gute Erklärung. »Durch die Enthornung kommt es wohl zu molekularen Eiweißveränderungen und so wird das Milcheiweiß zum Allergen.« Auf diese Weise gebildete Antikörper gelangen nicht in die Blutbahn und sind deshalb nur in aufwändigen Stuhluntersuchungen analysierbar. Laut seiner Einschätzung schadet die Milch der enthornten Kühe grundsätzlich jedem Darm und schwächt damit das Immunsystem. Bei vielen Verbrauchern führt dies zu Unverträglichkeit der Milch, ersichtlich an Gesundheitsproblemen wie Heuschnupfen, Neurodermitis und Asthma bronchiale.
Bereits vorgenommene Darmanalysen bei Menschen mit derlei Symptomen belegen dies. So wurden im Darm von betroffenen Menschen aller-

gische Reaktionen auf die Milch enthornter Kühe nachgewiesen. Weitere Forschungen laufen. Nur große Gelder von der Pharma- und Chemiebranche sollten nicht erwartet werden. Derweil wird das Enthornen der Kühe mit Volldampf betrieben.

Wer unterdrückt, gleich ob Personen, Meinungen oder Krankheiten, kann unmöglich heilen. Jeder der Gegenteiliges denkt, irrt. Und, »wer heilt hat Recht«.
Zu den natürlichen und wirksamen Heilmethoden zählen Naturheilverfahren, Anwendungen wie die Akupunktur, Osteopathie, Kinesiologie, Homöopathie und noch einige andere mehr.
Die Homöopathie ist eine Wissenschaft und hat zwei prominente Urväter. Dr. Tyler Kent, ein ehemals verdienter Arzt, und Samuel Hahnemann. Die Erfolge geben dieser Heilmethode Recht. Im Anhang mit den Varianten zur Genesung wird die Homöopathie genauer dargelegt.
Homöopathische Arzneimittel dürfen keine Anwendung angeben. Der Normalmensch kann so nichts mehr mit den siebentausend Mitteln anfangen. Die Pharmaindustrie kann nun alle ihre Produkte fast ungehindert unter die Leute bringen. Solche Gesetze erlassen unsere Politiker, damit die Herrschaften, die denen das Schmiergeld zahlten, die Spesen zurückbekommen. Und natürlich ein wenig mehr. Die Medienreaktion auf die Homöopathie ist bisweilen heftig und laut. Richtig dreckig ging es in der Stern-Serie im Sommer 2004 zur Sache. Zur Erinnerung nochmals die kurze Kette der Eigentümer. Stern- Gruner & Jahr- Bertelsmann- Groupe Brussels Lambert – Rothschild.
Immer ganz hinten schimmert die gleiche Nase durch. Die Herrschaften müßten sich besser verstecken, aber inzwischen rieche ich die schon zehn Meilen gegen den Wind. Der Gestank der Lüge ist zu stark geworden, der rote Faden, die Blutspur, liegt vor.

Auch an der **Akupunktur** gab es Böses auszusetzen, diesmal vom Spiegel. Was soll ich sagen, Spiegel weist 25,5% Bertelsmannbeteiligung auf. Schon wieder erwischt. Langsam wird es langweilig. Jean-Jacques Rousseau hat es sehr treffend beschrieben: **»Beleidigungen sind die Argumente jener, die über keine Argumente verfügen«.**

Das Heilpraktikergesetz aus dem Jahre 1938 stammt von Adolf Hitler persönlich. Um diese Störenfriede ganz zu verbieten. Der Verlag »Ärzte-Zeitung« gehört Bertelsmann.
Ganz aktuell wurde am 20. September 2005 in der Bildzeitung die Naturheilkunde bedacht. Dabei werden von der Internistin Dr. Hoffbauer »die größten Irrtümer der Naturheilkunde« angesprochen. Falsch wäre demnach, daß Operationen bei Vollmond günstiger verlaufen, Melisse den Blutdruck senkt, Johanniskraut Depressionen vertreibt und Bachblüten gegen viele Krankheiten wirken. Bild ist Springer, Deutsche Bank und somit Rothschild. Frau Hoffbauer schreibt bei Wilhelm Heyne, das ist Random House, Bertelsmann und wieder Rothschild. Langsam werden die Versuche der Falschinformation richtig plump. Denen muß das Wasser buchstäblich bis zum Hals stehen.

»Mediziner kann nur derjenige genannt werden, der als den letzten Zweck seines Strebens das Heilen betrachtet.« *Dr. Rudolf Virchow, dt. Arzt.*

Ärzte, die aufgrund finanzieller Abhängigkeit auf den Vertrieb von Pharmaprodukten aus den Rothschildfirmen angewiesen sind, fallen aus dieser Kategorie raus. Sie haben den Anspruch, Mediziner genannt zu werden, verloren. Die Pharmafirmen der Familie Rothschild haben den Anspruch noch nie gehabt. Das Maß ist voll. Das Kerbholz bietet keinen Platz mehr.

Eine Philosophie der Schulmedizin lautet in etwa so:
Zerstörung wird mit Zerstörung bekämpft. Das paßt zu den Personen, die hinter der Pharma stehen. In vielen Praxen ist es inzwischen leider Brauch, die Menschen zu verunsichern, zu drängen und sogar teilweise massiv unter Druck zu setzen. Wer Sie zu etwas drängen will, während er auch noch Angst einzuflößen versucht, der bringt keine Heilung.
Betrachten Sie die Methodik des helfenden Therapeuten, den Sie gewählt haben. Es gibt eine klassische Reihenfolge der Schritte. Sie lautet:

1. **Diagnose.** Ohne den genauen Befund der Krankheit sind Sie nicht im Bilde. Bevor man das Ziel nicht kennt, in diesem Fall die Beseitigung eines bekannten Mißstandes, wird kein Schritt getan. Jemand, der ohne

Benennung der genauen Erkrankung irgendwas verschreibt, stochert nur im Nebel und richtet mehr Schaden an als Nutzen.

2. **Therapie.** In der zweiten Phase wird die Vorgehensweise, um der Krankheit zu Leibe zu rücken, erarbeitet. Und bekanntlich kann man den zweiten Schritt nicht vor dem ersten tun.

3. **Heilungsphase.** Jetzt wird die Regeneration des Individuums eingeläutet. Hier können Heilmittel, Operationen oder Sonstiges angewandt werden.

Manche Ärzte nehmen sich gerade mal zehn Minuten Zeit, um ihre Patienten zu behandeln. Ohne viel Brimborium wird unter Auslassen einer Diagnose, bei nur kurz angeschnittener Therapie, die Operation ins Auge gefaßt. Veranschaulichen wir uns das so:
Zuerst der normale Ablauf. Im Laufe des Tages kommt bei Ihnen ein **Hungergefühl** auf. Daraufhin sondieren Sie, welche Lebensmittel heute auf dem Speiseplan stehen und verputzen diese. **Ihre Eßphase.** Nachher ist der **Weg zur Toilette** zwecks Ende der abgeschlossenen Verdauung vorprogrammiert.
Der gängige Ablauf sieht demgegenüber so aus. Sie übergehen Ihr Hungergefühl und auch die nachfolgende Mahlzeit, und finden sich unverhofft auf der Toilette wieder. Jetzt frage ich Sie, was machen Sie auf der Toilette? Ganz einfach, Sie suchen noch immer das Hungergefühl, das Sie dummerweise ausgelassen haben. Wenn Sie im ersten Schritt operiert oder therapiert werden, hechten Sie später der Diagnose hinterher. Damit im Nachhinein klar wird, warum Sie eigentlich operiert wurden. Das nennt man schön altdeutsch, den Gaul von hinten aufzäumen.
Die Politik zieht ihre Daseinsberechtigung aus dem Wunsch der Menschen nach Frieden. Die Ärzte sind dafür auserkoren, die Gesundheit wiederherzustellen. Aktuell neigt sich die Waage eher zu Krieg und Krankheit.
Politiker und Ärzte sind die Medien, anhand der die große Spinne im Hintergrund an den Fäden zieht. Blicken wir nun hinter die Politiker und Ärzte, sehen wir die Drahtzieher. Im Bereich der Gesundheit, ebenso wie in Sachen Politik, begehen wir kapitale Fehler. Wir übertragen unsere

Interessenvertetung auf Personen, die aufgrund sichtbarer, vorliegender Ergebnisse unsere Interessen nicht vertreten. Dazu gibt es zwei Worte: **Sofort abstellen.**
Mit dieser Erkenntnis läuft die Sache unverzüglich richtig. Es gilt nun der Spruch, **Gefahr erkannt, Gefahr gebannt.**
Verstehen Sie mich richtig, die heutigen Chirurgen erbringen hervorragende Leistungen. Die Verfahren und Operationen in der Medizin sind teilweise einmalig und sehr positiv. Die Ärzte fahren Nachtschichten, haben proppenvolle Dienstpläne und Überstunden ohne Ende. Sie sind überlastet. Das führt zu einem kapitalen Fehler. Für Erklärungen zu den einzelnen Fällen fehlt scheinbar die Zeit, die Menschen werden im Unklaren gelassen. So bleibt das zweifelsohne vorhandene Fachwissen eines Arztes ungenutzt. Oft werden suchende Fragen eines Patienten mit Fachbegriffen niedergeschmettert.
Wenn z. B. ein Handwerker den Arzt aufsucht und der schmeißt mit Fremdwörtern um sich, verliert der Patient den Überblick. Er kommt sich klein und unwissend vor. Derselbe Patient könnte dem Arzt etwas von Schraubenschlüsseln, Zwingen, Winden o.ä. erzählen. Und genau der gleiche, verständnislose Gesichtsausdruck wäre beim Arzt vorhanden.
Wenn Patienten vorsichtig nachhaken, werden manchmal neben dem Fachlatein noch Ängste geschürt oder versteckte Vorwürfe ausgepackt. Jetzt hat der Arzt den Zugang zum Patienten verloren, das Vertrauen geht hops. Nur wegen Zeitmangel und formaler Fehler ist eine unbefriedigende Situation entstanden. Vollkommen unnötig. **Denn nicht der Patient muß Vertrauen haben, der Arzt oder Therapeut ist angehalten, dieses Vertrauen zu schaffen.**
Da Ärzte ebenfalls Menschen, Väter und Mütter sind oder Kinder haben, gilt es dieses kleine, aber schwerwiegende Mißverständnis einvernehmlich zu beheben. Das ist unsere Aufgabe. Indem wir höflich und korrekt auf die Probleme aufmerksam machen, bewirken wir den Zugang zueinander. Darum geht es in erster Linie.
Die Allianz der Dunkelzeit stellt jedoch eine schwerwiegende Bedrohung der Gesundheit dar. Aus dem Grunde finden Sie im Kapitel XXII. Hinweise zu den verschiedenen Krankheiten und möglichen Heilungswegen.

Bei Rückenbeschwerden, scheinbaren Arthrosen, Sehnen-und Bänderrissen aller Art, und noch einigem mehr, vermag dieses Buch Ihnen sagenhafte Linderung in Aussicht zu stellen. Exklusiv, nur weil Sie es sind. Aufgrund meiner Ansicht, daß wir zusammenhalten und uns gegenseitig beistehen sollen. Denn erst das macht uns zu wirklichen Menschen und den sich daraus zusammensetzenden Völkern. Jeder hat einen Anspruch auf Frieden und Gesundheit, verdienen wir uns diesen Anspruch.

Schreckgespenst der Dunkelmacht

Die Allianz der Dunkelzeit hatte Anfang des 20. Jh. soweit alles im Griff. Und immer, wenn man glaubt alles sei bestens, lauert eine böse Überraschung. Genau das geschah auch hier.
Wirtschaft, Politik, Geld, Medien, Kriege, Krankheiten, es war alles unter Dach und Fach. Die Deutschen blickten eh nicht, was gespielt wird, und die Anderen waren auch nicht schlauer.
Das feinmaschige Netz der Kontrolle schien perfekt. Die Menschen der angeblich zivilisierten Nationen wurden nun an allen Ecken und Enden abkassiert und kontrolliert. Wie bei einer Schafherde. Eigentlich lief alles reibungslos. Doch urplötzlich tauchte aus dem Nichts ein Spielverderber auf. Die amerikanischen Landwirte hatten eine Pflanze neu entdeckt, die ihnen erstklassige Erträge liefern konnte.
Nebenbei wäre auch noch der Umwelt gedient worden. Die tropischen Regenwälder wären unangetastet geblieben. Doch die Machtstellung war akut gefährdet. Da wird sogar die logisch folgende Umweltkatastrophe in Kauf genommen.
Die Quelle des Reichtums und der Macht der Allianz, an dem sich alle Familien des K 300 erfrischen konnten, drohte mit einem Schlag zu versiegen. Das sauber ausgetüftelte System war vom Einsturz bedroht. Dabei ist der Feind der Dunkelmacht ziemlich grün, und das nicht nur hinter den Ohren. Eine Pflanze war der mächtige, unbesiegbar scheinende Feind. Jetzt rauchten die dreihundert Köpfe der Führungsebene. Geben wir unser böses Spiel auf oder verbieten wir die Pflanze? **Die Würfel waren gefallen, der ergiebigste Biorohstoff der Welt wurde verboten.**
Dieses Unrecht aus dem Bereich der Natur spricht für eine Ignoranz und Dummheit, wie sie kaum vorstellbar scheint. Denn, wer ist schon so dämlich, daß er den Ast absägt, auf dem er selber sitzt? Nun, die Allianz der Dunkelzeit ist es. Das glauben Sie nicht? Na dann passen Sie mal auf.
Die Umstellungskosten der Industrie wurden gespart, da eine Pflanze sowieso nicht patentiert werden kann. Die Verbannung wurde in Angriff genommen. Das K 300, allen voran Familie Rothschild, begann seinen

Feldzug gegen die eine wunderbare, wertvolle Pflanze, die den ganzen Planeten ergrünen ließe, **den Hanf**.

Es gibt auf diesem Planeten nur eine Pflanze, die unseren Papierbedarf decken könnte, ohne daß Bäume abgeholzt werden. Sie heißt Hanf und erwirtschaftet fünf Mal soviel Papier wie Holz, bei gleicher Anbaufläche. Die tropischen Regenwälder werden inzwischen schon zur Herstellung von Papier herangezogen. Ich wäre froh, wenn das ein Witz wäre. Bitte sagen Sie jetzt nicht, unsere Politiker würden den Hanf schon erlauben, wenn der so gut wäre. Das sind immer noch die Politiker, von denen wir glauben, daß sie korrupt und notorische Lügner sind. Von der Seite kann nichts Positives erwartet werden, schminken wir uns das ab. Dann können wir gleich auf ein Weltwunder an sich hoffen.

Und bevor jetzt irgendwelche, dank der Medien des Imperiums, geschürten Vorbehalte geäußert werden: der Autor, also meine Person, hat noch nie gekifft. Und das dürfte auch so bleiben. Es wird hier also keine Lanze für den Hanfkonsum als Rauschmittel begonnen.

Zuerst wurden gezielt über die Medien gefälschte Analysen und Lügen verbreitet, um Angst zu schüren. Jene, die am Opium seit Jahrhunderten Geld verdienten, setzten rigoros den Bann des Hanf durch. Ohne Rücksicht auf Verluste. Unsere Verluste und die anderer Lebewesen.

In Amerika kämpfte Andrew Mellon, Bankier der Mellon Bank, 1937 aktiv für das Verbot. **Hillary Clinton**, die Frau des Bill Clinton, ist verwandt mit diesem Mellon. Er war natürlich K 300-Mitglied[67], und hatte damals 80 Prozent des Geldes seiner Bank an DuPont geliehen. Die Familie DuPont stellt heute noch den weltweit größten Chemiekonzern und wies damals nur zwei Bankverbindungen auf. DuPont wird meist in einem Atemzug mit Rothschild genannt und die Familie DuPont ist selbstverständlich Mitglied im K 300[68]. Eine Heirat von einem Herrn Rothschild und einer Dame DuPont zeigt an, was abgeht.

Just im selben Jahr hatte die Firma ein Verfahren zur Papiergewinnung aus Holzzellstoff entwickelt. Etwa 80 Prozent des Umsatzes von DuPont kamen aus diesem Verfahren. Zufälle gibt es. Wie schön, daß Hanf so ein »gefährlicher Stoff« ist, und die Menschen so naiv, jeden Unsinn der Oberen zu glauben. Familie DuPont und das K 300 konnten erstklassige Gewinne einfahren. Daß es sich bei Familie DuPont um echte Freunde der

Menschheit handelt, erkennt man auf einen Blick. DuPont war damals »der größte Sprengstoff- und Munitionshersteller der USA«.[69] Die DuPonts haben sich laut Robin de Ruiter eine Zeitlang unter Geschwistern fortgepflanzt.

Jetzt kommt die Beschreibung eines Ablaufes der uns allen geläufig ist, aber es dürfte nicht schaden, ihn Schwarz auf Weiß zu sehen. Menschen und Tiere atmen. Sauerstoff wird aufgenommen und Kohlendioxid abgegeben. Gäbe es nur diesen Vorgang, würde irgendwann ein Mangel an Sauerstoff und ein Überschuß an Kohlendioxid herrschen. Aber zum Glück gibt es Pflanzen, wie Bäume und den Hanf, die genau umgekehrt agieren. Mit tatkräftiger Unterstützung von Sonnenlicht wird in der Photosynthese das Kohlendioxid in Sauerstoff umgewandelt. Es entsteht ein harmonischer Kreislauf.

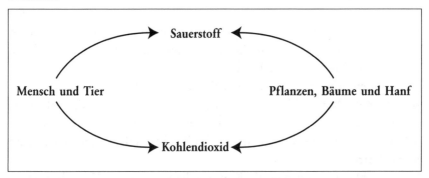

Dieser Kreislauf weist noch einige Querverbindungen und Nebeneffekte auf. So lassen sich die Nahrungskette und der Wasserhaushalt bequem einfügen. Menschen ernähren sich von Tieren und Pflanzen, Vegetarier nur von Pflanzen. Tiere fressen im Normalfall Pflanzen. Bäume speichern Wasser, die Wälder regulieren den Wasserhaushalt. Hanf benötigt kaum Wasser, sondern hauptsächlich Sonnenlicht. Damit wird die Funktion des Hanf zum Schutz der für uns lebenswichtigen Wälder erkennbar und es entsteht ein relativ ausgewogenes Gleichgewicht. Abgesehen davon dient Hanf u.a. als Nahrungsmittel und Medizin.

Jetzt sind Sauerstoff, Kohlendioxid, Wasser und Nahrung im harmonischen Gleichgewicht.

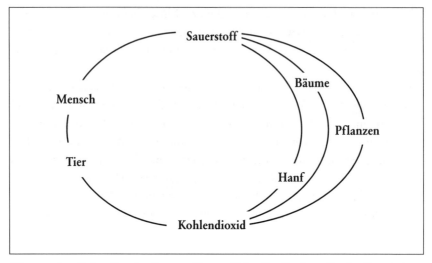

Eine ordentliche Beschreibung dieses Ablaufes finden Sie in fast jedem Kinderbuch gut erklärt. Die kleinen Menschenkinder kennen sich da bestens aus. Das erfüllt mit Freude.

Wenn unsere Kinder diese Zusammenhänge leicht und gut verstehen, wieso sind dann die Mitglieder des K 300 nicht fähig zu erkennen, daß **alle** unsere aktuellen Umweltprobleme exakt aus der von denen produzierten Störung des Gleichgewichts herrührt? **Vielleicht, weil die Gier nach Geld deren Hirn frißt?**

In Deutschland beherrschte ein Konzern die Szenerie, die IG Farben. Diese Firma bestand aus sechs Unternehmen, u.a. Bayer und BASF, und erwirkte 1929 das Verbot des Indischen Hanf. Bayer hatte schon um 1900 zwei Mittel auf den Markt gebracht, Aspirin und Heroin.[70] Jawohl, Sie lesen richtig. Erst als Hustenmittel vertrieben, bei den Angestellten getestet und später als »das Medikament des 20. Jh.« angepriesen.

So geschah in Amerika und Deutschland das Unfaßbare. Die Drogenbarone, Waffen- und Sklavenhändler des Komitee der 300, obendrein Kriegstreiber und Kriegsprofiteure, nahmen sich die Freiheit einfach ein Geschöpf zu verbieten, das ihnen im Wege stand. Und so etwas geht? Aber natürlich, Sie sehen ja selbst, man muß nur frech auftreten und knallhart die Lügen über die Medien unters Volk streuen. Die Menschen glauben doch eh alles, gleich was für ein Blödsinn denen vorgesetzt wird. Wenn dann noch eine Portion Obrigkeitsglaube hinzukommt, ist die Sache praktisch schon geritzt. Wer mißtraut denn schon den führenden Personen dieser Welt? Wenn so ein Präsident, Minister oder Baron daherkommt, blicken die Leute doch ganz andächtig drein. Titel machen Leute. Nur vergessen Sie eines nie, Anzug und Krawatte sind keine Indizien für einen anständigen Menschen und Adelstitel schon zweimal nicht. Einzig gute Taten, also das sichtbare Ergebnis, liefern den Beweis für Edelmut und Anstand.

Unzählige Tiere und Pflanzen bevölkern unsere Erde. Unter den Pflanzen finden wir Bäume, Sträucher und zahlreiche Andere. Da sind solche, die wir uns nutzbar gemacht haben, wie Tabak, Kaffee, Obstbäume, Koka und viele mehr. Ausgerechnet der Hanf wurde von den einzigen Profiteuren des Verbots ausgesperrt. »Hätten Anslinger, DuPont, Hearst und die von ihnen bestochenen Politiker ... den Hanf nicht verboten und das Wissen über ihn in unseren Schulen, unserer Forschung und unserer Wissenschaft nicht unterdrückt,... mit mehr Nutzen als irgend jemand damals vorhersehen konnte«.[71] Die plumpe und stupide Dreistigkeit dieses haarsträubenden Verbotes deutet sich an.

Und in Deutschland galt »**gleich nach der Machtübernahme, im Mai 1933, und noch einmal im Januar 1934, wurde das Opiumgesetz (aus dem Jahre 1929) überarbeitet und indischer Hanf ausdrücklich als verboten spezifiziert**«.[72] Auf wessen Betreiben erfolgte dieses »echt fürsorgliche« Verbot? Durch die IG Farben, »Finanzier der Nazis, Betreiber des KZ Auschwitz, Mithersteller des Giftgases Zyklon B für die Gaskammern der KZ«[73, 74] und mit den Firmen DuPont und Standard Oil in finanziellem und geschäftlichem Kontakt verbunden.

Wahre Menschenfreunde eben, die nur unser Bestes wollen, wie jedem gleich ins Auge springen dürfte. Wir reden hier über Hanf, auch bekannt als Cannabis, Marihuana und Hasch. Die beiden letzten Begriffe stehen symbolisch für die bewußte Irreführung über die Pflanze, die unsere Ökoprobleme in etwa fünf bis zehn Jahren lösen würde, vorsichtig geschätzt.

Im Hanfbuch des Jack Herer und Mathias Bröckers springen uns zwei Sätze geradezu an »**Hanf ist die profitabelste Nutzpflanze, die man sich nur wünschen kann**«.

»**Hanf ist der ertragreichste, am schnellsten nachwachsende Rohstoff der gemäßigten Klimazonen**«. Dem darf vorbehaltlos zugestimmt und applaudiert werden.
Laut WWF »könnte der CO_2-Ausstoß jährlich um eine Milliarde Tonnen gesenkt werden, wenn die wichtigsten Industrieländer 15% ihres Stroms aus nachwachsenden Rohstoffen erzeugten«[75] Das würde eine erhebliche Reduzierung der klimaschädlichen Treibhausgase bedeuten. Also warum wird diesbezüglich nichts unternommen? Der Hanf erfüllt genau diese Aufgabe mit Bravour und in noch höherem Maße. Ganz einfach, weil die Mitglieder des K 300 in einer Sackgasse stecken. Legalisieren sie den Hanf, dann winken satte Verluste. Bleibt das Verbot bestehen, werden die Wälder so lange abgeholzt bis wir wortwörtlich ersticken, weil wir Menschen dann nämlich nur noch Stickstoff atmen können. Trotzdem beharren sie auf der Verbannung von Cannabis. Leider ist bis heute kein Verfahren bekannt geworden, das eine Umstellung von Sauerstoff- auf Stickstoffatmung ermöglichen würde.
Der Hanf war als Kulturpflanze auf verschiedenen Kontinenten stets geschätzt und reichhaltig genutzt. So wurden in einer frühgermanischen Graburne aus dem 5. Jahrhundert vor Christus Hanfsamen als Grabbeigabe gefunden. **Papier wurde über zwei Jahrtausende lang aus Hanf hergestellt,** bis die industrielle Revolution dem ein Ende setzte und seither der Rohstoff Wald dafür herhalten muß. Das ist gleichbedeutend mit der rasenden Zerstörung von Regenwäldern, die inzwischen irrsinnigerweise für die Papierherstellung genutzt werden.
Die Länder mit Regenwäldern wie Brasilien, Indonesien oder Thailand, befinden sich oft am Tropf des IWF, der zu 51% im Besitz des amerikanischen Schatzamtes ist, wie die Weltbank auch. In diese Riege gehört ebenfalls die BIZ, Bank für Internationalen Zahlungsausgleich. Diese Gesellschaften legen den Entwicklungsländern Verpflichtungen auf, die eine gründliche Ausbeutung der Rohstoffe des Landes fördern. Abgesehen davon sind sie, BIZ und IWF, laut Dr. John Coleman »nichts weiter als kriminelle Verrechnungsbanken für den Drogenhandel«.[76] Zurück zum Vergleich von Holz und Hanf. Bei der Papierherstellung durch Holz gibt es Nachteile, die das Hanfverbot auch aus diesem Blickwinkel unverständ-

lich machen. Aber bitte, lesen Sie selbst die addierten Vorteile des Hanf gegenüber Holz zur Papiergewinnung.

1. **Hanf erwirtschaftet die fünffache Menge an Papier bei gleicher Anbaufläche.** Unschätzbar wertvolle Regenwälder werden zur Papiergewinnung herangezogen.

2. Bei Holz wird Chemie eingesetzt, die sogenannte Leimung, um Papier zu gewinnen. Das belastet die Umwelt durch Sulfit (Schwefel)und andere Stoffe. Zusätzlich steigt der Kohlendioxid-Gehalt in der Luft, eines unserer großen Umweltprobleme.

3. **Hanfpapier hat eine viel bessere Qualität als Papier aus Holz** und hält mehrere hundert Jahre, während sich Holzpapier recht schnell auflöst. Die Schriftrollen der Antike waren auf Hanf geschrieben. Die heutigen Bücher vergilben und werden frühzeitig zu Staub zerfallen.

4. **Hanfpapier ist pH-neutral, Holzpapier sauer.** Saurer Regen, saure Böden und übersäuerte Menschen. Erkennbare Parallelen zu unseren Umweltproblemen.

Die Unterbindung des Hanfanbaus bedingt die Rodung der Regenwälder dieser Welt. Aktuell mit einer Geschwindigkeit von über 23.000 Quadratkilometer pro Jahr im brasilianischen Regenwald. Die seither geflossenen Geldspenden waren noch nicht einmal eine Bremse beim Vernichten dieser Urwälder. Das hat einen ganz einfachen Grund. Genau dieses Geld ist verantwortlich für die Zerstörung der Regenwälder. Entweder regiert die Jagd nach läppischem Papiergeld oder der Erhalt von Natur. Mögen Sie und mit Ihnen die meisten Menschen Wälder? Ich tue es. Warum bleiben dann die Urwälder nicht erhalten?
Weil das Drängen des Komitee der 300 zum Ausbau des Vermögens schwerer wiegt. Und die Quittung für dieses kurzsichtige Verhalten ist schon parat, die Präsentation dürfte jedoch kaum für Erheiterung sorgen. Es sei denn, Sie besitzen eine Vorliebe für Wüsten, Unwetter und Hungersnöte.

Brasilien, das fünftgrößte Land dieser Erde, ist gleichzeitig das Wasserreichste. Eben weil der Wald das Wasser bindet und speichert. Der stetig steigende Wasseranteil in der Atmosphäre belegt dies eindrucksvoll. Das zieht sichtbare Folgen nach sich, wie Überschwemmungen, Stürme und andere Wetterkapriolen. Der wachsende CO_2-Gehalt in der Luft führt sich auf die Zerstörung der Regenwälder zurück, die den Kohlenstoff in Form von Holz binden und den Sauerstoff freisetzen. CO_2, das durch Verbrennung fossiler Brennstoffe und unsere ganze Lebensweise vermehrt zugeführt wird, kann nicht mehr in Form des Holzes verarbeitet werden und der Treibhauseffekt ist geboren. Nebenbei kommt es zu einer Übersäuerung der Böden, der Meere und der Luft, da CO_2 eine sauer reagierende Substanz ist. Die speziellen Vergiftungen aufgrund der chemischen Verfahren sollen nur pauschal angesprochen werden. Das alles können Sie dem anfangs erstellten Schaubild entnehmen und wahrscheinlich noch viel besser bei Ihren Kindern erfragen. Sie werden überrascht sein wie genau die Bescheid wissen. Im Erfassen sind die ganz groß und den meisten Erwachsenen um Längen voraus. Unsere Menschenkinder besitzen nämlich ein gesundes Gespür für natürliche Abläufe, das bei uns leider permanent mit den gehaltlosen Informationen der Medien zugeschüttet wird.

Sofern man die Listen der Produktgruppen betrachtet, die aus Hanf hergestellt werden können, läßt sich leicht erkennen, wer fast ausschließlich vom Aussperren des Hanf profitiert.

1. **Herstellung von Öl und Treibstoff.** Die größten Ölfirmen der Welt sind Exxon-Mobil, BP Amoco und Royal Dutch/Shell. Damit sind zwangsläufig zwei Namen verbunden, Rockefeller und Rothschild.

2. **Der Einsatz von Öl, verarbeitet von der Chemie, z.B. für die Autoindustrie.** Da sind zu nennen DuPont und die Nachfolger der IG Farben

3. **Grundstoff für Lacke und Farben.** Wieder fallen die Firmennamen BASF und DuPont.

4. **Medikamente und Heilmittel.** Das ist der Bereich der Pharmabranche mit Vertretern wie Bayer, Merck, Eli Lilly, Pfizer, Abbott Laboratories, Bristol Myers Squibb usw. In diesem Bereich fallen drei Namen auf, **Rothschild und Rockefeller** wie gehabt, und auch die **Familie Bush** erscheint als »Besitzer beachtlicher Anteile an Unternehmen wie Lilly, Abbott, Bristol und Pfizer«.[77] George Bush sen. war nach seiner aktiven CIA-Zeit Direktor von Eli Lilly und trat als vehementer Gegner von Cannabis auf. Er lieferte auch einen imposanten Nachweis für die typische Vorgehensweise des K 300. Da waren einerseits seine Bemühungen bei der »Gewährung besonderer Steuervergünstigungen für die Pharmakonzerne, indem er sich persönlich und ungesetzlicherweise« einsetzte, was 1982 die Aufforderung des Obersten Gerichtshofes zum Unterlassen dieser Einflußnahme auf die Steuerbehörde nach sich zog. Aber der dilettantische Versuch »die Beseitigung sämtlicher Materialien und Protokolle der Forschung aus den Jahren 1966 - 1976 in Universitäten und Bibliotheken«[78] zu erwirken, zeigt die wenig selektive Wahl an Mitteln, um offensichtliche und eigene Interessen zu fördern.

Es gibt noch einen großen Bereich in der Wirtschaft, der satte Gewinne verspricht. Die Rede ist von der Energieerzeugung. Kraftwerke, betrieben mit Kohle, Wasser oder auch Atom, sind ein ergiebiges Betätigungsfeld. Repräsentiert z.B. durch General Electric und Siemens. »General Electric war neben ITT aktiver finanzieller Unterstützer der SS«[79]. Die IG Farben war 1926 in den Genuß gekommen, ein Patent zu erhalten, das aus Kohle Benzin herstellen kann. Und bitte sagen Sie nicht das wäre ein kleindimensionaler Quatsch. Allein mit diesem Verfahren haben die Nazis sich treibstoffmäßig über Wasser gehalten, als die Ölzufuhren vom Ausland endlich gestoppt wurden. In dieser Zeit kam es auch zu einem kurzen Schwenk, als die Heeresleitung dem »Führer« die Dringlichkeit des Wiederanbaus von Hanf aufgezwungen hatte. Das bis dahin gelieferte Öl kam von niemand anderem als der Standard Oil des John Davison Rockefeller.
Haben Sie von diesem Verfahren, Benzin aus Kohle, seither jemals wieder etwas gehört? Oder erkennen Sie irgendwelche Bemühungen, die der Herstellung von »Benzin aus Sand«, wie es Peter Plichta entwickelt hat, fol-

Schreckgespenst der Dunkelmacht

gen? Beim besten Willen nicht. Da wundert es kaum, daß der Hanf ebenfalls nicht genutzt wird. Genausowenig wie das schon über zehn Jahre im Patent entwickelte Wasserstoffauto von BMW, das nicht auf den Markt kommt oder der Holzvergaser zum Betreiben von Autos der in Deutschland verboten ist.

Wir erkennen darin den Ausdruck der Macht der Lobby von Öl-, Chemie-, Pharma- und Energiebranche, die sich komplett in den Händen des K 300 wiederfinden. Jede Erfindung, die eine Umstellung von deren Produktionsanlagen nach sich ziehen oder sonstige Kosten mit sich bringen würde, wird geblockt, eingemottet oder verboten. Solange deren geldgierige Macht nicht durchbrochen wird, sind alternative Energien oder auch Heilmethoden nur ein unerfüllbarer Wunschtraum. Wie gesagt, die Akteure des K 300 marschieren unbeirrt in der Sackgasse Richtung Wand zu. Das englische Wort für Sackgasse liefert dabei einen ausgezeichneten Vorgeschmack auf das zu erwartende Ziel. »Dead end«, genau das blüht uns Menschen. Wenn denen das Zepter dieser Welt überlassen bleibt, folgt unweigerlich der Tod am Ende. Zumindest für den Fortbestand menschlichen Lebens kann dies vorhergesagt werden. Ameisen sind da etwas robuster, die sind noch da, wenn wir Menschen nur noch Geschichte sind. Sie können sehen, diese kranke Wirtschaftsphilosophie macht unseren

Schreckgespenst der Dunkelmacht

Lebensraum kaputt. Lassen wir das wirklich geschehen? Oder raffen wir uns auf, und packen alle gemeinsam das Ganze richtig an, damit unsere Kinder und die folgenden Generationen einen lebenswerten Aufenthaltsort vorfinden? Und nochmal, es sind diese Kinder, die genau wissen, welches die natürlichen Abläufe sind. Was können die dafür, daß wir Erwachsenen so bescheuert sind und uns die Lebensgrundlagen unterm Hintern und vor geöffneten Augen vernichten lassen?

Wir bräuchten kein einziges Kernkraftwerk, wenn der Hanf zur Energieerzeugung aus Biomasse herangezogen würde. Es läßt sich ganz gut ermessen, was ein legalisierter Hanf mit allen Nutzungsmöglichkeiten für diese Unternehmen bedeuten würde. Schlicht gesagt, keine Profite mehr auf Kosten von Mensch und Natur. Damit würde das K 300 endlich im Regen stehen und wäre gezwungen, die in den Abgrund führende Geschäftspolitik umzustellen. Mit den befreienden Folgen für alle Lebewesen.

Aus Hanf können Nahrungsmittel, Speiseöle, Treibstoff, Kunststoffe aller Art und Baustoffe hergestellt werden. Beim Rauchen von Hanfzigaretten wurde in langjährigen Untersuchungen nicht ein einziger Fall von Lungenkrebs festgestellt, da der Rauch **über sechzig therapeutische Wirkstoffe** enthält, **bei 400 bekannten und mehr als 1000 vermuteten Inhaltsstoffen.** Tabak enthält über 1000 giftige Substanzen, wobei viele Suchtstoffe hinzugegeben werden, um die Raucher ganz gezielt am Glimmstengel halten zu können. Wie Sie schon wissen. Tabak reagiert übrigens radioaktiv wie Öl auch. Beide Stoffe sind krebserregend. Hasch oder Marihuana laut sämtlicher Studien nicht. Hanf ist ein guter Dämmstoff, im Gegensatz zu Asbest. Die Asbestentsorgung des WTC hätte 40 Milliarden USD gekostet, das WTC wäre nicht gesprengt geworden, jedenfalls nicht aus diesem Grund.

In den 60er Jahren wurde Cannabis auch von der UNO geächtet. Das UNO-Hauptgebäude steht auf einem Grundstück, das der Familie Rockefeller gehörte. Das überrascht nicht, wenn man liest »daß die meisten Grundstücke in Manhattan Mitgliedern des Komitees der 300 gehören«.[80] Die Aktionen der UNO haben in jüngster Vergangenheit eindrucksvoll gezeigt, daß es sich hierbei um eine Gesellschaft handeln könnte, die, ebenso wie IWF und Weltbank, einer anderen Macht als dem Gemeinwohl, dem Frieden oder den einfachen Menschen dieser Welt dienen. So verfolgen

diese Institutionen Interessen, die keinerlei Verbindung zum Wohle der Völkergemeinschaft erkennen lassen. Der wie auch immer geartete Profit scheint stets im Vordergrund zu stehen.
Es folgt jetzt kurz die Chronologie des Cannabisverbotes in Deutschland. Die ersten Schritte erfolgten 1929 auf Geheiß der IG Farben, da wurde Cannabis indica verboten. Interessant ist hierbei die exakte zeitliche Übereinstimmung mit dem Kooperationsvertrag von IG Farben und der Standard Oil des John Davison Rockefeller. Damit konnte Standard Oil das nötige Öl nach Deutschland liefern und dieses brauchte nicht mehr aus Hanf hergestellt werden. 1933 und 1934 wurde dieses Verbot verfeinert und erhärtet. Von den Nazis, die hauptsächlich von der IG Farben finanziert wurden, und dem Obernazi Adolf Hitler persönlich.
Nach dem Zweiten Weltkrieg wurden dieselben Seilschaften sofort wieder aufgenommen. Die gleichen Akteure beherrschten wieder das Bühnenbild und 1971 wurde sogar der THC-armen Art Cannabis sativa mit Verfeinerung des Opiumgesetzes in Gestalt des Betäubungsmittelgesetzes der Garaus gemacht. Und 1981 wurden dann sämtliche Bestandteile von Hanf, auch die THC-freien, verboten. Wieder auf Initiative exakt derselben Firmen, die vor dem Krieg schon ihr Unwesen getrieben hatten.
Das Betäubungsmittelgesetz von 1971, in dem das erste Mal Heroin verboten wurde, greift auf das Opiumgesetz des III. Reiches zurück. Das späte Verbot von Heroin verwundert schon, vor allem in Anbetracht des sehr frühen Stopschildes für Cannabis. Jetzt könnten Sie natürlich einwerfen, unsere Gesetzesväter haben erst da über die schreckliche Wirkung von Heroin erfahren. Das ist aber leider so nicht haltbar, vielmehr bestand seit fast siebzig Jahren Gewißheit über die schreckliche Wirkung des Heroins. Da erscheint es viel wahrscheinlicher, daß die Gesetzgebung dem drängenden Wissen der Bevölkerung nachgab und die Häscher des K 300, wenigstens dem Gesetze nach, diesmal klein beigeben mußten. Doch keine Sorge, dieses Nachgeben erfolgte nur auf dem Papier, was an dem ständigen Wechsel in der Führung unter den favorisierten Drogen zwischen Kokain und Heroin, bzw. Opium, recht gut ermessen werden kann. Im Betäubungsmittelgesetz wird in drei Kategorien unterschieden.
»**Anlage I** umfaßt die nicht verkehrsfähigen Stoffe. Diese sind in der Bundesrepublik Deutschland allenfalls im illegalen Verkehr erhältlich. Sie

sind gesundheitsgefährdend oder werden nicht zu therapeutischen Zwecken benötigt«.

»**In Anlage II** sind die verkehrsfähigen Betäubungsmittel aufgeführt, die nur als Rohstoffe, Grundstoffe, Halbsynthetika und Zwischenprodukte verwendet werden, die jedoch in Zubereitungen nicht als Betäubungsmittel verschreibungsfähig sind«.

»**Anlage III** enthält die verkehrs- und verschreibungsfähigen Betäubungsmittel«.

Cannabis fällt in die Kategorie I. Kokain und Opium in die Kategorie III. Sehr verwunderlich. Wenn Sie dann noch die Wirkungsunterschiede zwischen Opium und Cannabis sehen, gehen Ihnen die Äuglein auf und Sie merken blitzartig, daß ausgerechnet die Herrschaften des K 300, mit dem Opium-Monopol in ihren Händen, durch unser Gesetzeswerk für die Erhaltung ihrer Pfründe Sorge getragen haben. Das von Bayer vor 1900 patentierte Heroin wurde wie gesagt erst 1971 verboten und bis dahin eifrig als Heilmittel und Medikament eingesetzt. Der bedeutend früher geblockte Hanf weist eine bemerkenswerte Liste an Krankheiten auf, bei denen er Linderung und zum Teil außerordentliche Heilungserfolge erzielt. Laut Jack Herers und Mathias Bröckers Hanfbuch wird ausgeführt, daß Cannabis bei folgenden Krankheiten hilft oder heilt: »**Appetitlosigkeit, Arthritis, Asthma, Epilepsie, Lungenemphysem, Migräne, Multiple Sklerose, Muskelentspannung, Neurodermitis, Parkinson, Schuppenflechte, Streß und Wundheilungsförderung. Außerdem dient es als Geburtshilfe, wirkt schleimlösend«** und Cannabis ist das beste Heilmittel bei **Augeninnen-Überdruck (Grüner Star)**, das steht sogar in den schulmedizinischen Lehrbüchern. Hierbei handelt es sich wirklich nur um einen unvollständigen Auszug der Wirkungsweisen.

Cannabis enthält Globuline, daraus bildet der Körper Immunglobuline, und das sind Antikörper. Hanf stärkt also die Immunabwehr. Im Hanf finden sich wertvolle Proteine wie z.B. Albumin, eines unserer Hauptproteine. Und essentielle Fettsäuren im Überfluß. Laut Jack Herer hat sich »Cannabis als Breitbandantibiotikum bewährt.« Bei Dr. med. Grinspoon steht zu lesen, daß »Cannabisextrakte beeindruckende antibakterielle Wirkung auf eine Anzahl von Mikroorganismen haben, darunter Stämme von Staphylokokkus, die gegen Penicillin und andere Antibiotika resistent sind«.[81] Erinnern Sie sich an die »fehlende therapeutische Wirkung und die Gesundheitsgefährdung«, die gemäß Betäubungsmittelgesetz für Cannabis gilt? Mein Gott, was für einen Unsinn dürfen uns diejenigen, die richtiggehende Beweise für den Nutzen des Hanf vernichtet haben und als Einzige ausschließlich Vorteile aus dem Verbot ziehen, noch erzählen? Wie lange können die ihre Märchen und Geschichten weiter auftischen? Währenddessen wickelt das K 300 in aller Seelenruhe seine sauberen Geschäfte mit Opium, Heroin und Waffen ab. Sehen Sie bitte ein, die werden nicht aufhören ihr Spielchen mit uns zu treiben, solange wir den anderslautenden Wunsch brachliegen lassen. Das heißt, ohne Zivilcourage im wahrsten Sinn des Wortes wird sich nichts an den herrschenden Zuständen ändern. Entweder wir machen mobil gegen diese Zustände oder wir halten wechselweise Wangen und Backen hin. Sie haben die Wahl.

Sogar die Forschung mit Cannabis im medizinischen Bereich wurde unter Strafe gestellt. Doch wohl nur, damit die wahren Eigenschaften und Vorzüge wissenschaftlich unentdeckt bleiben. Noch deutlicher geht es wirklich nicht.

Es dreht sich letztlich um Ihre Gesundheit und Ihre Lebensqualität. Ducken, Mäuschen spielen oder Klappe halten, werden bestimmt keine wirksamen Mittel sein, um das Menschen angeborene Recht auf Gesundheit durchzusetzen. Dieses Recht wird hier erkennbar mit Füßen getreten. Es handelt sich dabei um einen Anspruch, der älter ist als jede Verfassung oder irgendein von Menschenhand geschaffenes Gesetz. Dies ist ein Anrecht ganz besonderer Art. So alt wie das Leben an sich, **es ist das Recht auf Leben. Und zwar gilt das Recht für die Pflanze Hanf selbst, genauso wie die anderen Lebewesen**, die ein unabdingbares Anrecht auf die Vorzüge dieser Pflanze besitzen.

Der offen vorgetragene Versuch, ein Geschöpf auszurotten, scheint eigentlich nur der direkten Befehlsgewalt Gottes zu unterliegen. Und es darf bezweifelt werden, daß es sich bei der IG Farben inklusive ihren Nachfolgern, um eine Gott nahestehende Institution handelt.

Für die Einhaltung jedes natürlichen Rechtes gilt es persönlich einzustehen. Sofern Ihnen daran liegt, dieses Recht auf Ihr Leben angewandt zu sehen, dann fordern Sie es für sich ein. Ansonsten gilt wie so oft das Recht des Gewiefteren, wie in diesem Beispiel deutlich wird.

Noch drei markante Schlagzeilen im Zusammenhang mit Hanf.

1. Benjamin Franklin gründete eine der ersten Hanfpapierfabriken in den USA.

2. Die zerrütteten Nerven von Lincolns Gattin nach seiner Ermordung wurden mit Cannabis behandelt.

3. John F. Kennedy wollte in seiner zweiten Amtsperiode die Hanf-Legalisierung erwirken. Mit seinem Vorhaben, die FED kaltzustellen, war das einfach zuviel.

Das Verbot von Cannabis ist nach heutiger Rechtslage ein Verstoß gegen das Grundrecht auf Leben, Freiheit und Streben nach Glück in der amerikanischen Unabhängigkeitserklärung. Denn daraus wird die freie Wahl der Lebensführung abgeleitet. Diejenigen, die Eigentümer der FED sind, einer nicht dem Kongreß unterstehenden Zentralbank, was einen Verstoß gegen die Verfassung darstellt, bringen ein Gesetz ein, das wiederum der Verfassung widerspricht. Franklin, Lincoln und Kennedy waren alle drei für den legalisierten Hanf. Aufrechte Männer, könnte man meinen. Wie sieht es aus, möchten Sie sich erheben, um in die Fußstapfen großer Persönlichkeiten zu treten, oder wollen Sie weiter tatenlos zusehen, wie geltende Gesetze mißachtet und unrechtmäßige erlassen werden? Wieder stehen Sie vor der Entscheidung, die einzig Ihnen obliegt.

Dieses Buch sollte ursprünglich auf Hanfpapier geschrieben werden, so wie das Hanfbuch aus dem Verlag 2001 auch, damit Bäume und Wälder stehen bleiben. Das war die Absicht. Somit sollte ein Teil dazu beigetragen werden, daß der Anbau von Hanf legalisiert wird. Bedauerlicherweise ist der Bann gegen den Hanf, durchgesetzt von den genannten Firmen und Personen, unterstützt durch die Passivität der breiten Masse, enorm weit gediehen.

Das Hanfbuch von Jack Herer und Mathias Bröckers konnte hierbei nur kurz ein Aufflackern des untergegangenen Wissens bewirken. Inzwischen sind praktisch alle Firmen die Teile dieser Informierung und des positiven Wiedereingliederungsprozesses waren, komplett von der Bildfläche verschwunden. Es gibt in Europa kein erhältliches Hanfpapier. Das bleibt absolut unverständlich, da z.B. die anfangs skeptischen Drucker bei der Herstellung des Hanfbuches ihre Bedenken um die Qualität des Papiers und die technische Umsetzung schnell in unverhohlene Begeisterung umgemünzt haben. Eine Begeisterung, die Sie übrigens teilen können, wenn Sie das Hanfbuch in Händen halten und das Papier fühlen. Nur rauchen läßt es sich schlecht. Bedauerlicherweise werden so weiterhin unnötig Bäume gefällt und Böden bzw. Gewässer mit giftigen Chemikalien verpestet.

Betrachten wir auch noch das letzte Argument zur Ächtung von Cannabis. Die berauschende Wirkung von Marihuana beruht auf Tetrahydrocannabinol, kurz THC genannt.

Dem wurden unglaubliche, geradezu fantastische Horrorgeschichten angedichtet und damit eine enorme Verunsicherung bei der unwissenden Bevölkerung erzielt. Interessanterweise konnte THC als Wirkstoff erst 1964 nachgewiesen werden. Also 27 Jahre **nach** dem Verbot in Amerika und 35 Jahre nachdem Cannabis indica in Deutschland gebannt wurde, durch den Vorläufer des Betäubungsmittelgesetzes. Was aber noch viel besser ist, **wir Menschen sind im Besitz von körpereigenem THC.** Dieses starke Glückshormon wird vom Menschen in extremen Streßsituationen gebildet. Einer jungen Frau war bei einem schweren Autounfall ein Arm abgeschlagen worden. Doch sie sprach munter vor sich hin und die Umherstehenden beschäftigten die Frau, damit ihr der Verlust des Armes gar nicht bewußt wird. In solchen Fällen reichen Adrenalin und Endorphin nicht mehr aus. Da muß das stärkste Glückshormon her, das der Planet wahrscheinlich kennt. Das heißt ausgeschrieben **Tetrahydrocannabinol**. Analysieren wir dieses Wort einfach mal. Denn in der Oberflächlichkeit liegt die einzige Stärke der Lügner. Auch Pyramiden tauchen als Tetraeder auf und in denen sind Hinweise und Zeichnungen zur besonderen Rolle des Hanf. Tetraeder sind Garanten für eine außergewöhnliche, innewohnende Energie. Hydro heißt zu deutsch Wasser, und Cannabinol ist das spezielle Molekül des Hanf. Etwas anders aufgebaut als unseres. Wir halten fest, in einem Tetraeder sind vier Cannabinolmoleküle, unter Verwendung von Wasser angeordnet. Eine der schönsten Konstruktionen der Welt.

Schreckgespenst der Dunkelmacht

Womit die Frage nach der plausiblen juristischen Rechtfertigung eine rein Rhetorische wird. Fakt ist, THC macht die Menschen bei dosierter Anwendung gesünder, glücklich, heiter und ausgelassen. Kein Wunder, sorgt der Hanf doch dafür, daß die Wälder stehen bleiben und wir ausreichend Sauerstoff zu atmen bekommen.

THC wirkt exakt so wie die Endorphine in der Hypophyse, die auch Glückshormone genannt werden. Sämtliche Tests, von Wissenschaftlern oder auch der CIA, konnten die erschreckend »gefährliche Rauschwirkung« nicht bestätigen. Im Gegenteil, die CIA nahm Cannabis als »Wahrheitsdroge« aus dem Programm, weil die Testpersonen nämlich richtig locker drauf waren, gelacht haben und bei Drohungen sogar kugelnd auf dem Boden herumtollten. Dafür wurde dann »LSD auf der Suche nach der Wahrheitsdroge eingesetzt«[82] »nach der Entdeckung von synthetischem Ergotamin durch Albert Hoffmann erfolgte die Finanzierung des Projektes durch S.G. Warburg, K300«[83] Das wiederum beschwört nachweisbar schwere Halluzinationen und Wahnvorstellungen herauf. Selbst das von der Firma Bayer 1898 präsentierte und »neu entwickelte Medikament, Heroin, zehnmal wirksamer als Kodein und zehnmal weniger toxisch«, so erklärte der Chefpharmakologe von Bayer,[84] weist derart heftige Negativwirkungen auf, die bei Marihuana in der Form nicht vorliegen. Egal aus welchem Blickwinkel man rangeht, Sie konnten sehen, auch das vorgebrachte Argument der »schrecklichen Rauschwirkung« ist haltlos. Es zerfällt zu Schall und Rauch.

Die Allianz der Dunkelzeit wird den Hanf keinesfalls kampflos rausrücken. Hier ein paar mögliche Ansatzpunke, die für eine andere Perspektive des Problems sorgen können.

A. Das Verbot ist eine Lügenarie sondergleichen und juristisch gesehen eine Farce. Es verstößt gegen die amerikanische Verfassung und tritt die Menschenrechte mit Füßen. Wer sich das gefallen läßt, braucht sich nicht zu wundern.

B. Motiv ist die Geldgier, unser Schutz interessiert die Dunkelmacht einen Furz. Wer sich dennoch ohne Gegenwehr umbringen lassen will, hat natürlich das Recht dazu.

C. Das Betäubungsmittelgesetz in Deutschland beruft sich auf das Opiumgesetz aus dem Jahre 1929. Im Mai 1933 und Januar 1934 überarbeitet. Vom Obernazi Adolf Hitler, seines Zeichens Abkömmling der Rothschilds. **Gesetze von Adolf Hitler kann sich die Allianz der Dunkelheit an einen Ort derselben stecken.**

D. **Ohne Hanf sterben die Regenwälder,** danach kommen die Menschen an die Reihe. Darauf bin ich nicht erpicht, und Sie? Wollen wir uns von den überführten Obernazis wirklich den Garaus machen lassen?

Sehen Sie, unser Hanf hat zwar keine mächtige Lobby, aber dafür tolle Geschwister. Sein Bruder ist eine der Handvoll Pflanzen, die entgegen der Sonne wachsen, nicht mit ihr. Ein recht eigensinniger Bursche, wie sein Geschwister auch, und er ist hinlänglich bekannt unter dem Namen Hopfen. Wie würden Sie reagieren, wenn Hopfen verboten würde, weil der angeblich schädlich sein soll, in Wirklichkeit würde dessen Verbot jedoch nur forciert, damit irgendwelche Firmen ihre Kunstprodukte ins Bier mischen und so vertreiben könnten?

Da ist ein Silberstreif am Horizont. Für den Hanf und alle anderen Pflanzen. Anno 1989 wies eine Firma mittels eines elektromagnetischen Gleichfelds in einem Laborexperiment nach, wie die Genetik von Pflanzen und Tieren derart verändert werden kann, sodaß aus den Versuchen alte, bereits ausgestorbene Arten entstanden. Damit waren Rückzüchtungen ohne Genmanipulation möglich. Dazu bedient man sich eines Gleichfeldes von 1500 Volt, in dem kein Strom fließt. So entsprang aus Laich von Regenbogenforellen die Wildform einer Forelle.

Aus dem Wurmfarn mit 36 Chromosomen wurde Hirschzungenfarn mit 41 Chromosomen und, als Bonbon zum Schluß, aus herkömmlichem Weizen, nur leicht angefeuchtet, entstand eine Form von Weizen, die bedeutend schneller reift (in sagenhaften vier bis acht Wochen anstatt sieben Monaten), nahrhafter ist und praktisch keinerlei Chemikalien benötigt, weil sie so robust und widerstandsfähig ist.

Wenn sich die Realität so präsentieren würde, wie die Theorie in Aussicht stellt, dann müßte weltweit niemand Hungers sterben und der Gesundheit der Menschen wäre ebenfalls gedient. Bei Krebs und anderen menschlichen

Erkrankungen könnte eventuell unterstützend geholfen werden. Dieses Verfahren könnte ein Segen für die Menschheit sein. Darum ist die genaue Beschreibung des Gleichspannungsfeldes im Kapitel XXII. dargelegt.

In Sachen Hanf wird die Verdammung und Verunglimpfung dieser wichtigen Pflanze ohne Rücksicht auf deren Gezeter beiseite geschoben. So wie ein Vorhang, der verhindert, daß das Licht hereinscheint. Wirken wir alle aktiv auf den zügigen Anbau des Hanf hin, und sorgen so für die dringend benötigte Entlastung der Natur. Umgehend.

Die allgemeinen Vorteile des Hanf mit seinen unzähligen Einsatzmöglichkeiten, machen diese Pflanze unverzichtbar für ein qualitativ hochwertiges Überleben.

Hanf kann zur Herstellung von über 50.000 Einzelprodukten verwendet werden.

Bitte lassen Sie sich das auf der Zunge zergehen. So ein Geschöpf zu verbieten, da kann man sich nur an den Kopf fassen. Überlegen Sie gleich mal wie viele Arbeitsplätze durch solch eine Fülle an möglichen Verwendungen geschaffen werden, unvorstellbar. Ein solches Wesen bedeutet einen einmaligen Segen für den ganzen Planeten. Stellen Sie sich vor, wie überall saubere Energie im Übermaß angeboten wird. Die Erde ergrünt, die Wüsten blühen in endlosen Wiesen auf und unsere Luft wird erfrischend von den Lungen aufgesaugt. Mit einer Pflanze, die nur wenig Wasserbedarf hat, dafür aber umso mehr Sonne. Das wird ein Selbstläufer, fast wie ein Perpetuum mobile.

In einer Welt **ohne** Staatsschulden und **mit** Hanf floriert die Wirtschaft und es herrscht praktisch Vollbeschäftigung. Darin tollen Kinder, Erwachsene und auch alte Menschen herum. Sie sind gesund, glücklich und fristen friedlich ihr Dasein.

Helfen Sie mit, um diese traumhafte Vision Wirklichkeit werden zu lassen. Tragen Sie den Ihnen möglichen Anteil bei und präsentieren Sie diese Leistung mit breiter Brust. Denn solche Verdienste berechtigen wahrlich zu Stolz. So retten Sie nämlich Leben. Genaugenommen das von Menschen, Tieren und Pflanzen.

Auf unseren Gehirnzellen existiert ein ganz spezieller Rezeptor, der ausschließlich für Hanf konzipiert ist. Danach wird vermutet, Cannabis sei ein

Schreckgespenst der Dunkelmacht

ständiger und treuer Begleiter des Menschen durch die Evolution und mit unserem Leben auf diesem Planeten eng verknüpft. Es wäre vielleicht an der Zeit, einen Rezeptor für die Allianz der Dunkelzeit zu entwickeln. So uns deren Vorgehensweise und Motivation endlich bewußt würde.
So könnten wir die Rechte auf Gesundheit, Glück und Ausgelassenheit wiedererlangen.

Mit dem Hanf holen wir jedenfalls unsere Menschenrechte zurück.
Diese Pflanze wächst von null, dem Samen, auf 300 bis 600 cm beim ausgereiften Erwachsenen in sagenhaften vier bis sechs Monaten. Diese reine, unverfälschte Freude am Leben ist weltweit unübertroffen. Hier sehen Sie den Gutewicht und die Fünfsternepflanze, die uns den endgültigen Übergang zum Wassermannzeitalter perfekt herleitet. Wie Sie noch erfahren werden. Die bösartigen Gerüchte und dummen Lügen über den Hanf kommen ausgerechnet von denen, die unzähliger Verbrechen überführt wurden. Deren Aussagen haben mit der Wahrheit herzlich wenig zu tun und spielen in unserer Zeit keine Rolle mehr.

Politiker bei Licht betrachtet

Im Rampenlicht der Welt stehen die Figuren der Geschichte, die vermeintlich Führenden. Im Hintergrund regiert die Allianz der Dunkelzeit. Im Wesentlichen lassen sich vier Kategorien von Personal auf der Bühne unterscheiden.

1. Die Dazugehörenden
Hierzu zählen die Mitglieder der Familien, die den Ton angeben. Familie Bush ist verwandt mit den Windsors und die sind familiär verbunden mit dem dänischen, dem holländischen, dem griechischen, dem schwedischen, dem norwegischen und dem belgischen Königshaus. Familie Bush ist mit den Kohns verbunden, Helmut Kohl ist ein Kohn und dürfte mit Rothschild verwandt sein. Eigentlich ist es eine einzige Sippe, von der gesprochen wird. Leute aus diesen Kadern gehören voll dazu.

2. Die Mitläufer
Darunter finden sich die willigen und nützlichen Zuarbeiter, die zufrieden mit den Krümeln vom Tisch der Großen sind. Und sich auf der sicheren Seite wähnen. Was sich in Bälde als gewaltiger Irrtum herausstellt.

3. Die Beeinflußbaren
Manche waren anfangs vielleicht widerspenstig oder anderer Ansicht, doch deren Bedenken konnten zerstreut werden. Mit Geld, Druck, Erpressung oder Ähnlichem.

4. Die Unbeugsamen
Tja, leider ist es in der Dunkelzeit so, wer unbeugsam ist, wird gebrochen. Hierunter finden sich die Mutigen, die Unentwegten, die Freiheitskämpfer und Aufrechten, die aufgrund der Persönlichkeit mit der dunklen Allianz nicht kompatibel sind. Und sich in der Ver-

gangenheit nicht bekehren ließen. Die Friedhöfe sind teilweise Herberge und letzte Zuflucht dieser Menschen geworden.

Wozu die Personen, die etwas beleuchtet werden, letztlich gehören ist zweitrangig. Zuerst gilt es auf die eigenen Füße zu schauen. Gleich worum es geht, seien Sie immer **für** eine Sache. Denn so ist sichergestellt, daß Sie Erfolg haben werden. Fangen wir einfach mit den kleineren Figuren auf dem Schachbrett der Geschichte an.

Colin Powell, einer der schlechten Lügner, die bei den UNO-Vollversammlungen doch allen Ernstes die Rechtmäßigkeit des Irakkrieges darzulegen versuchten. Dabei verwendete er über zehn Jahre alte Studien, die auch noch aus einer englischen Studentenarbeit stammten. Das ist nur noch peinlich. Stümperhafter Dilettantismus.
Colin Powell ist ein enger Freund von Sir Evelyn und Lynn Forrester de Rothschild. Steht so im Artikel der Welt am Sonntag vom 11.01.2004 und entspricht etwa einer Selbstdarstellung. Welt-Springer-Deutsche Bank-Roth\schild, Sie wissen Bescheid. Colin Powell ist Mitglied im Council on Foreign Relations, CFR, und bei Carlyle Group als Berater angestellt. Wie George Bush senior auch.
Im September 2005 unternahm dieser Herr Powell den Versuch die Schuld auf die falschen Daten der CIA zu schieben, lächerlich. Der saubere Lügner hat wohl geglaubt wir hätten ihn beim Ansehen nicht entlarvt. Außerdem hat er seinen freundschaftlichen Kontakt zu den Rothschilds verschwiegen. Zu dumm auch, netter Versuch.

William Jefferson Clinton ist laut David Icke ein Abkömmling der Rockefellers und stammt aus **Little Rock**. Dort kamen die Templer hin. Deren letzter Großmeister hieß **Jacques de Molay** und wurde 1314 auf dem Scheiterhaufen verbrannt. Nach ihm wurde der DeMolay-Orden benannt, in dem Bill Clinton Mitglied ist. Nach dem Erlangen der 1. Präsidentschaft reiste Bill Clinton flugs nach Paris, auf das Landgut der Familie Rothschild. Man ist versucht zu sagen der Hund rennt zum Herrchen.

Der staatliche Gerichtsmediziner Dr. Fahmy Malak genoß den Schutz von Bill Clinton gegen heftige Kritik an seinen Diagnosen. In der Umgebung von Little Rock, Arkansas, stellte dieser Dr. Malak bei angeblichen Zeugen der CIA-Drogenoperationen, Selbstmorde fest. So nahm sich 1985 ein gewisser Raymond P. Allbright das Leben. Er hatte Drogen vom Himmel fallen sehen und das war zuviel für sein Herz. Er schoß sich nämlich mit einem 45-er Colt direkt ins Herz. Und zwar **fünf Mal**. Der erstaunlichste Zeigefinger der Welt. Nach dem Tod noch immer ein Krampf im Finger. Irre, ist der zufällig auch arabischer Flugschüler gewesen?
Wieder ein Zeuge von Drogenoperationen. Er heißt James Milam und stirbt laut Dr. Malak eines natürlichen Todes. Aha. Der Mann wird enthauptet aufgefunden. Das ist natürlich ein natürlicher Tod. Nur dummerweise ist der Kopf nicht auffindbar. Erklärung des patenten Pathologen: der kleine Schoßhund von James Milam hat den Kopf mitsamt Haaren und allen Knochen komplett aufgefressen. Beide Geschichten können ausführlich nachgelesen werden bei **Andreas v. Rétyi »Die unsichtbare Macht«** *ISBN 3-930219-45-X S.120ff.*
Wir können gottlob froh sein, daß Bill Clinton und sein Dr. Malak bei der Ermordung von John F. Kennedy, die im folgenden Kapitel übrigens haargenau dargelegt wird, nicht in einer Schlüsselposition saßen. Die Diagnose hätte trotz dreier Schüsse in Hals, Nacken und Kopf, auf Selbstmord gelautet und jeder der es gewagt hätte von Mord zu sprechen, wäre ein labernder Verschwörungstheoretiker gewesen.
In den letzten Jahrzehnten sind insgesamt zwölf Leibwächter des Herrn Clinton eines frühzeitigen Todes gestorben. Alles junge Männer, die weit vor ihrer Zeit ins Gras gebissen haben und damit jede Statistik auf den Kopf stellen. Bill Clinton zieht eine Blutspur durch sein Leben und steht in bestem Kontakt zur Familie Bush. Wie sich im Jahre 2005 deutlich gezeigt hat.
Exakt dieser Bill Clinton ist eng befreundet mit Sir Evelyn und Lynn Forrester de Rothschild. Die beiden Rothschilds waren auch schon im Weißen Haus zu Gast und schliefen im Zimmer des Abraham Lincoln. Der wurde von John Wilkes Booth erschossen, welcher später von den »Rittern des Goldenen Kreises« aus dem Gefängnis befreit wurde. Die waren von George Bickley gegründet worden. Der wiederum ging im Bankhaus

Rothschild zu London ein und aus. Abraham Lincoln hatte gegen die amerikanische Zentralbank, Vorläufer der FED, massiv gewettert. Damals in Besitz von JP Morgan, August Belmont Bank und Bankhaus Rothschild. Die FED gehört zu 53% Rothschilds. Dieser Lincoln hatte eine eigene Währung rausgegeben, die Greenbacks, was der Zentralbank kaum geschmeckt haben dürfte. Sie kaufte die Scheine nach der Ermordung Lincolns zu einem Spottpreis auf. Herr Rothschild sollte vielleicht einfach mal die Familienbibel aufschlagen, damit solche dummen Sachen vermieden werden können.

Gerhard Schröder, seines Zeichen deutscher Politiker, nimmt an Treffen der Bilderberger teil. Da sitzt er dann und hält ein Schwätzchen mit Lynn Forrester und Sir Evelyn de Rothschild. Wer bitte hockt an den selben Tisch mit Hitlers Verwandten, die Pate für praktisch alle großen Kriege stehen? Auf welche Weise wurde Herr Schröder gefügig gemacht?

Angela Merkel reiste sofort nach dem 11. Sept. 2001 zu George Bush, Edmund Stoiber nach Israel. Angela Merkel war 2003 zu Gast in Amerika und saß neben Alan Greenspan in der Fed. Ein Wunder, daß das Blut, welches mit dem Geld der amerikanischen Zentralbank vergossen wurde, nicht von den Wänden floß. Sie ist das politische Ziehkind von Helmut Kohl, hält beste Kontakte zu Henry Kissinger, Paul Wolfowitz und Richard Perle. Sie ist die treue und folgsame Marionette der Rothschilds und dürfte bei genügend Spielraum durch das passive Volk für heftige Überraschungen sorgen. **Ihre Ernennung zur Bundeskanzlerin fand am 22.November des Jahres 2005 statt, immerhin der Todestag von John F. Kennedy.** Die damit zur Schau gestellte Botschaft erkennen Sie im nächsten Kapitel.

Helmut Kohl alias Henoch Kohn, kurze Wiederholung. Kohl ist regelmäßiger Teilnehmer an Familienfesten der Rothschilds in London und Paris. George W. Bush ist entfernt verwandt mit John F. Kerry. Dessen Großvater war Fritz Kohn. Wenn dieser nun mit Helmut Kohn den gleichen Stamm besitzt, welcher vielleicht auch noch mit Rothschild verwandt ist, wegen der jährlichen Teilnahmen an Familienfesten vermutet, dann sind Bush und Rothschild auch irgendwie verbunden. Bliebe noch die eine Frage. Ist Helmut Kohl ein Rothschild, und wenn, kommt er aus der gleichen Linie wie Adolf Hitler?

Joschka Fischer hatten Sie schon etwas genauer kennengelernt.

Dr. Richard von Weizsäcker war im ausgehenden II. Weltkrieg Wehrmachtoffizier. Sein Vater Ernst von Weizsäcker war Brigadeführer bei der schwarzen SS und verdingte sich bei Hitler als stellvertretender Reichsaußenminister. Sämtliche beruflichen Stationen, u.a. mit lukrativen Aufsichtsratsposten, kennen immer wieder den gleichen Namen des Firmenchefs. Fängt übrigens mit R an, was kaum zu überraschen vermag. Dieser Herr von Weizsäcker ist obendrein bei Gary Allen als DGAP-Mitglied (Deutsche Gesellschaft für angewandte Politik) ausgewiesen. Als Bundespräsident erwirkte er bei seinem Kreml-Besuch im Juli 1987 bei Gorbatchov eine Fristverlängerung zur Freilassung des **völkerrechtswidrig** eingesperrten **Rudolf Heß**. Der Mann war am 10. Mai 1941 nachts über England mit dem Fallschirm abgesprungen, um für Deutschland einen Friedensvertrag auszuhandeln. Mit seiner Freilassung wäre Heß das Staatsoberhaupt Deutschlands gewesen und hätte den legitimen Führungsanspruch besessen.

Wenn das ein Witz wäre, warum wurde dann alles Erdenkliche unternommen, um den Zustand zu verhindern, wie Sie gleich lesen werden?

Rudolf Heß wurde kurz vor seiner Freilassung von zwei SIS- Agenten erdrosselt. Naja, es sei denn natürlich Sie möchten der offiziellen Version mit dem üblichen Selbstmord Glauben schenken. Danach hätte sich der alte Mann, von einem Lungendurchschuß aus dem I. Weltkrieg und einem schweren Schlaganfall mit 84 Jahren so geschwächt, daß seine Arme vollständig kraftlos waren, eigenhändig selbst erdrosselt. Dabei wird u.a. die starke Beule am Hinterkopf einfach außer Acht gelassen. Wir halten fest, keine Begnadigung, im Gegenteil, Haftverlängerung beantragt durch Herrn von Weizsäcker, was das Ableben des Rudolf Heß nach sich zog.

Die RAF-Terroristin Angelika Speidel wurde wegen Mitgliedschaft in einer terroristischen Vereinigung verurteilt. Diese Frau war einen Tag nach dem Auffinden der Leiche von Hanns Martin Schleier, der von der RAF entführt worden war, in Wollbach-Egerten, einem kleinen Ort unweit der Fundstelle der Leiche, gesehen worden. Ein Zeuge gab dies der Polizei sofort zu Protokoll und die reichte es weiter an das BKA, das eine erweiterte Aussage einholte. Die einfachen Beamten waren ehrlich bemüht, der Vorfall verschwand spurlos in den oberen Etagen. Herr Dr. Richard von Weizsäcker nahm sich die Zeit, diese Angelika Speidel im Gefängnis zu

Stammheim zu besuchen. **Sie wurde auf seine Initiative hin wegen guter Führung vorzeitig entlassen.** Ohne Kommentar.
Sowas wird in der BRD später Bundespräsident.

Präsident **George W. Bush**. Er hat als Berater Karl Rove, und der ist ein enger Freund von Sir Evelyn und Lynn Forrester de Rothschild. Es wird ersichtlich, wer der Marionettenspieler im Hintergrund sein könnte. Sobald die Rede von G. Bush ist, kommt zwangsläufig der Blick zu seinem Vater. Den genauer zu betrachten, lohnt sich wirklich. Addiert aus den Daten von Michael Hesemann »Geheimakte John F. Kennedy« und Viktor Farkas »Vertuscht«, wird ein aufschlußreiches Profil gezeichnet. Wie so oft, wurden nur die Fakten anders angeordnet.
Die Adresse von George C. Bush befand sich im Telefonbuch des zur Kontrolle von Ex-CIA-Mann Lee H. Oswald eingesetzten Agenten.
Dieser hieß **Baron George de Mohrenschild.** Nomen est omen. Beide Präsidenten Bush bekämpften mit allen Mitteln den »Freedom of Information Act«, u. a. damit die Kennedy-Akte nicht geöffnet wird.
Wie schon gesagt ist er Mitglied im K 300 und im Skull and Bones. Seine Aufnahme erfolgte in einem etwas sonderbaren Ritual. Nackt in einem Sarg liegend, wegen der Reinkarnation wie bei den altägyptischen Pharaos, wurden ihm die Hoden fest zusammengebunden, um das Wurzelchakra außen vor zu lassen, mußte er die bis dato erlebten Sexerfahrungen rausbrüllen. Eine etwas skurrile Geschichte, die Milton W. Cooper zum Besten gibt. Naja. Der Mann ist später CIA-Chef und US-Präsident geworden. Aber das eigentlich Interessante ist die Tatsache, daß »Bonesmen«, wie die Mitglieder des Skull and Bones genannt werden, einen Schwur leisten. Dieser Eid verpflichtete George Bush einzig dem Orden und machte alle anschließenden Schwüre nichtig, auch den Präsidenteneid. Denn er hat sich laut Milton Cooper »bereit erklärt die Neue Weltordnung unter Führung seiner Loge herbeizuführen«. Das wirft ein seltsames Licht auf George Bush sen. und seine geheimen Bestrebungen.
Der Watergate-Einbruch wurde von einem langjährigen Geschäftsfreund des George Bush sen. finanziert, wie wir bei Michael Hesemann lesen können. **Felix Rodriguez, der Mörder des Che Guevara, telefonierte ständig mit Bush senior.** Und war später am Watergate-Einbruch

beteiligt. Ein guter Freund des Sohnes Jeb Bush und ebenfalls Mitglied des Skull & Bones war der Attentäter des Ronald Reagan. Kommen wir nun zu den speziellen Äußerungen des George Bush senior. George Bush hat stets abgestritten vor 1967 bei der CIA gewesen zu sein. Doch anhand von einwandfreien Unterlagen konnte er als Undercoveragent der CIA für das Jahr 1961 datiert werden. **Lüge Nr. 1.**
Am Tag der Kennedy-Ermordung rief besagter George Bush fünfundsiebzig Minuten nach der Ermordung beim FBI an. Er gab später zu Protokoll zur Tatzeit nicht in Dallas gewesen zu sein. Doch genau sein geführtes Telefongespräch gibt das Gegenteil preis. **Lüge Nr. 2.**
Sein berühmtestes Zitat während seiner Präsidentschaft lautete wohl »Read my lips, no tax acceleration«. Lesen sie meine Lippen, keine Steuererhöhung. Ein paar Monate später wurden die Steuern erhöht. **Lüge Nr. 3.**

Hier handelt es sich um ein Paradeexemplar der Gattung Politiker. Ein überführter, weil schlechter Lügner. Trotz der Lügen des G. Bush senior wohnt jedem Menschen das tiefe Bedürfnis inne die Wahrheit zu sagen, sie rutscht einfach irgendwann raus. Das geschah etwas später.
»Wenn die Leute jemals herausfinden würden, was wir getan haben, dann würden wir die Straßen hinuntergejagt und gelyncht werden«.
Geäußert gegenüber Sarah McClendon, Reporterin des Weißen Hauses. Das ist der Schlüsselsatz. Die Taten wurden entdeckt, Herr George Herbert Walker Bush. Bei den Schlüssen, die aufgrund der vorliegenden Daten gezogen werden, kann ihm beigepflichtet werden. Vor allem, wenn Sie das nächste Kapitel gelesen haben.

Schwenken wir nun zu etwas helleren Persönlichkeiten der Geschichte. **Friedrich Schiller** war ein Poet und ein noch größerer Idealist. Am 9. Mai 2005 jährt sich sein Todestag zum 200. Mal. Er wurde in einem Ritualmord der Freimaurer hingerichtet. Der Beleg kommt. Wie versprochen.
Freiherr **Johann Wolfgang von Goethe** wußte haargenau um das Schicksal des Freundes. Er war sogar darin tragisch verstrickt und unternahm den Versuch die Wahrheit kundzutun. Im Jahre 1806, nur ein Jahr nach Schillers Ermordung, vollendete er seinen Faust und gab den Hinweis wer

in seinen Augen der Teufel ist. Die Geschichte dieser echt schillernden Männer erfahren Sie gleich. Sehr lohnenswert, möchte ich anmerken.

Wolfgang Amadeus Mozart war ein Genie und die Zauberflöte sein letztes Werk. Weil er darin über die Freimaurer geflötet hatte.

Abraham Lincoln war und ist angesehen als eine integre Persönlichkeit. Seine Ermordung geht auf ein ziemlich volles Konto einer bestimmten Dynastie, wie ausführlich dargelegt wurde durch Jan van Helsing.

Preußens Könige besaßen einen Edelmut, wie er den germanischen Edelingen ziemen würde.

Bertold Brecht und sein spitzes Mundwerk brachten erheiternde Momente in der Ohnmacht gegen die Allianz der Dunkelzeit. Zum Glück liegt das machtvolle Wissen um die Wahrheit jetzt in Ihren Händen.

A. Schweitzer, der Arzt und Philosoph, war über allem Mensch. Sein kraftvoller Satz wird der letzte Mosaikstein für die Zeit des Aufbruches, die unweigerlich begonnen hat.

Die Führenden, die uns als Persönlichkeiten verkauft werden, sind keine solchen. Aus einer ganzen Reihe wahrer Persönlichkeiten wurden zwei ausgewählt. Mögen die subjektive Wahl und die dazugehörenden Hintergrundgeschichten Ihr geschätztes Einverständnis und auch Ihr Interesse nach sich ziehen. Lassen wir uns überraschen.

Edelmänner

Zwei Männer der Geschichte möchte ich beispielhaft herausheben. Beide boten dem bösen Treiben die Stirn, auf jeweils unterschiedliche Art, alle zwei zogen den Kürzeren und fielen der herrschenden Macht zum Opfer.
Johann Christoph Friedrich Schiller, geb. am 10.11.1759, war einer der großen klassischen Dichter Deutschlands. Auch als Philosoph und

Edelmänner

Geschichtenschreiber hervorragend. Mehr als seinem Freund Goethe, wohnte Schiller ein Freiheitskämpfer und ein Rebell inne.
Seine offene Kritik, unverhohlen und mit witziger Schärfe, erregte den Unwillen der von ihm Gescholtenen. Ob der Ring des Polykrates, Die Kraniche des Ibykus oder Der Kampf mit dem Drachen, langsam steigerte Schiller seine Werke, bis die Vorstöße sehr konkret wurden. Mit der »Kassandra«, »Wilhelm Tell« und dem »Graf von Habsburg« war das Maß voll. Friedrich Schiller wurde in einem Ritual der Freimaurer getötet.
»Kann ja jeder behaupten« oder auch »Papier ist geduldig«, könnte die Reaktion eines Lesers lauten. Dem wäre so, jedoch nur, wenn die gleich folgenden Indizien und Belege nicht wären. Wie meist geliefert durch den Großen Brockhaus. Damit die Kritik prompt verstummt.
Interessanterweise hungern die meisten Menschen nach Beweisen und Belegen für jedwede Präsentation der Wahrheit. Das Annehmen der dümmsten Lügen für bare Münze und ohne viel Aufhebens, gehört allerdings zum guten Ton. Eigentlich unverständlich. Darum wird die Aussage von der rituellen Ermordung Schillers nach Freimaurermanier natürlich belegt, um dem Wahrheitshunger Genüge zu tun.
Freimaurer verwenden Symbole oder bestimmte Handzeichen für einige Handlungen. Eines davon ist z.B. ein Dolch im Auge, womit in den Kreisen der Logenbrüder ein Ritualmord angezeigt wird. Sehen wir dazu auf der nächsten Seite das Foto einer Gedenktafel in Leipzig aus dem Jahre 1962 an.
Von diesem Friedrich Schiller stammte die Hymne »An die Freude«. Seinem freiheitlichen Denken und Schreiben wurde also von Freimaurern ein jähes Ende gesetzt. Seit jenem 16. Juli 1782 sind die Freimaurer und Logen durchsetzt mit den bayerischen Illuminaten, welche hier als Rothschild-Illuminaten betitelt werden, weil deren Entstehung auf ausdrückliches Geheiß des M.A. Rothschild geschah.
Am 9. Mai 1805 wurde Friedrich Schiller Opfer der Freimaurer. Er selbst war den Ideen der Freimaurer abgeneigt und zeitlebens kein Logenbruder. Goethe dagegen war empfänglicher. Er fand am 11. März 1783 Eingang in »Minervas Tempel«, eine Loge der R- Illuminaten, was anhand eines Dokumentes ausgewiesen ist. Dort stieg er bis zum Censor auf und hatte

Edelmänner

über sich nur noch den Generalissimo der Illuminaten, welcher in Gotha saß und Professor Adam Weishaupt hieß.

Am 28. April 1805, elf Tage vor seinem Tode, erfreute sich Schiller bester Gesundheit. Das offizielle Gefasel von der schweren Krankheit, TBC und allerlei anderes, entbehrt wirklich jeder überprüfbaren Grundlage. Der frische Eindruck Schillers bei dem Gesellschaftsbesuch ist dagegen eindeutig festgehalten. Ab diesem Abend ging es jedoch steil bergab und anhand der Symptome wird eine Vergiftung mit Aconitum vermutet. Die Quelle dieser Ausführungen gibt es gleich.

Vom sterbenden Schiller soll ein Bild gemalt worden sein. Nach Eintritt des Todes wurden ihm jedenfalls **»sieben Zähne ausgeschlagen, der Atlaswirbel und fünf Rippen entfernt, mit einem sechspfündigen Hammer ein Nackenschaden zugefügt, der Atlasbogen eingebrochen und das Herz zerstückelt.«** Weitere Details können Sie gerne nachlesen in dem mutigen und exzellent recherchierten Buch von **Henning Fikentscher »Zur Ermordung Schillers«**. Dieses kann über den Sandalphon Verlag bezogen werden, solange der Vorrat reicht.

Im Jahre 1806 verfaßte Goethe den zweiten Teil des Faust. Und hat er darin etwas über die Ermordung Schillers verarbeitet? Er hat.

Die Kernbotschaft der Geschichte lautet, **Faust verkauft seine Seele an den Mephisto**. Das klingt sehr abstrakt, dabei war die Aussage viel konkreter als die Meisten wissen. Goethe gab dem Faust Charaktereigenschaften einer ganz bestimmten Person, nämlich die von einem anderen Freund. Von Johann Heinrich Merck, der im Jahre 1791 Selbstmord begangen hatte. Dazu wurde er aus »ehelichem und geschäftlichem Unglück« getrieben«. Dieser Johann Merck hatte den jungen Goethe unterstützt und dessen »Götz« auf eigene Kosten drucken lassen. Worin bestand nun das geschäftliche Unglück? Johann Merck hatte die seit 1668 im Besitz der Familie befindliche Engelapotheke in Darmstadt verkauft. Daraus entstand die 1827 gegründete Chemische Fabrik Merck, deren Produktionsgebiet Drogen, Arzneimittel und Schädlingsbekämpfungsmittel umfaßte. Und an wen hatte dieser Johann Heinrich Merck seine Firma verkauft? An keinen Geringeren als **Mayer Amschel Rothschild**.

Also hat Goethe folgende Botschaft eingebaut. Faust verkauft seine Seele an den Teufel. Der Faust entspricht Johann Merck, welcher wiederum seine Engelapotheke an M.A. Rothschild verkauft. So hat Goethe Rothschild und den Teufel gleichgesetzt. Belege? Kommen, Geduld.

Die Firma Merck produzierte anno 1862 Kokain und ist bis zum heutigen Tage in Besitz von Familie Rothschild. Erinnert sei nochmals beispielhaft an die »Vigandoletten« aus dem Hause Merck, die bei Säuglingen eine vorzeitige Verknöcherung der Stirnfontanelle bewirken. Und so die Funktionsweise der Zirbeldrüse beeinträchtigen. Was bei einem historischen Drogen- und Schädlingsbekämpfungsmittelhersteller nicht besonders überraschen sollte.

Sieht die Firma Merck & Co. Kleinkinder als Schädlinge an, die bekämpft werden müssen?

Wie reagieren Rothschilds auf Vorstöße im Stile des Freiherrn Johann Wolfgang v. Goethe? Lesen wir hierzu die Zeilen beim Institut für Stadtgeschichte. »Der Pölzig-Bau wurde in den Jahren 1928 – 1931 für die Hauptverwaltung der IG Farbenindustrie AG errichtet. Von 1942 bis 1945 unterhielten die IG Farben zusammen mit der SS das KZ Buna-Monowitz neben den Werken in Auschwitz. Ab 1945 war das Gebäude Sitz der amerikanischen Militärregierung und des Hohen Kommissars für Deutschland.« Sonderbar. »Am 19. September 1945 wurde hier die Gründung des Landes Groß-Hessen proklamiert«.

Im Bewußtsein der Geschichte des Hauses hat es das Land Hessen 1996 für die Johann Wolfgang Goethe-Universität erworben. Was ist denn das für ein Bewußtsein, wenn die alte Verwaltungszentrale der IG Farben, die dem KZ Auschwitz vorstand, als neue Heimat für die Wolfgang Goethe-Universität zur Verfügung gestellt wird?

Es gibt Steine, die ein größeres Fingerspitzengefühl aufweisen. Ein Symbol des Naziterrors und des Holocaust wird Herberge unter dem Namen Goethe. Zufall? Na ja, wer's glaubt wird selig und stirbt dabei. Dazu paßt nahtlos ein Bild auf einer Internet-Seite über die Frankfurter Stadtgeschichte (http://www.stadtgeschichte-ffm.de/service/gedenktafeln/igfarben.htm).

Auf dem sind der Pölzig-Bau und die nun darin befindliche Johann Wolfgang v. Goethe Universität zu sehen. Die beiden Fotos sollen von

Wolfgang Faust geschossen worden sein? Hier hat wohl eher jemand, nach fast zweihundert Jahren, Goethes Seele an den Teufel verkauft wissen wollen. Wer das wohl war, liebe Leser? Wetten werden aufgrund der zahlreichen Hinweise nicht angenommen.

Das Umgehen mit ermordeten Widersachern wie Schiller zeigt recht deutlich von welcher Sorte Leuten hier gesprochen wird. Abgesehen von der Schilderung des sterbenskranken Schiller in den Massenmedien des Imperiums wird ein weiterer Aspekt breitgetreten. In einem Spiegel- Hörbuch wird der Dichter als Frauenverachter und Schürzenjäger beschrieben. Es wird langweilig. Spiegel- Bertelsmann- Rothschild. In dem Hörbuch hätte besser die Wahrheit über Salomon Mayer Rothschild gestanden, der alles gepackt hat, was nicht bei drei auf dem Baum war. So wurde erneut eine Möglichkeit zur Reue ausgelassen. Zum x-ten Male.

Der Todestag Friedrich Schillers jährte sich anno 2005 zum 200. Mal. Zudem wäre an besagtem 09. Mai für Deutschland Interessantes bestimmt gewesen. An jenem Tag lief die sechzig Jahre gültige »Waffenstillstandsvereinbarung« aus. Gemäß Völkerrecht hätte zu diesem Datum entweder ein Friedensvertrag abgeschlossen oder unser Land besetzt werden müssen. Allein die Wahl der beiden Möglichkeiten wird im Völkerrecht offen gelassen. Was ist stattdessen geschehen? Richtig, nichts. Wieso? Nun, es könnte sein, daß die Herrschaften im Hintergrund bloß keinen Wind machen wollten, um womöglich noch schlafende Hunde zu wecken. Wir werden es in naher Zukunft sehen.

Kommen wir nun zu einem zweiten Edelmann. Immerhin 158 Jahre nach der Ermordung von Schiller, auf einem anderen Kontinent, wird auch er Opfer seiner edlen Bestrebungen, für die Menschen Gutes zu erwirken. Was der Dunkelmacht keineswegs gefällt.

John F. Kennedy war ein Hoffnungsträger seiner Generation. Er war eine Lichtgestalt gegen Ende der lange währenden, dunklen Zeit. Seine Visionen und Vorhaben verdienen mehr als den herkömmlichen Respekt. Mit seiner Ermordung starb die Hoffnung vieler Menschen, die auf Ihn und seine Tatkraft gesetzt hatten.

Dieser Mord bedeutete eine schlimme Enttäuschung für die Sehnsucht der Menschen nach Frieden und echter Freiheit. Sein Tod war gleichbedeutend

Edelmänner

mit dem Ende einer Täuschung. Diese bestand darin, zu glauben, ein Mann allein könne die, in vielen Jahrhunderten aus den Familien des Schwarzen Adels und der Dynastie der Rothschilds gewachsene Macht in die Schranken der Menschlichkeit verweisen. Ein fataler Irrtum.
Manche Gewohnheiten bringen echten Gewinn. Das gezielte Lesen in verschiedenen Büchern führt zu einer ergänzenden Aufaddierung von Fakten. So wurden auch bei John F. Kennedy die Mosaikteile zusammengefügt. Wie gehabt.
Die Familie Kennedy gehört zum Kreis der Führenden hinzu. Auch sie hat sich des Systems der Inzucht bedient, um die Machtfülle im Verborgenen zu halten. Denn wie Rothschild, Bush oder Rockefeller, gehören die Kennedys der gleichen Blutlinie an. Sie heirateten in Familien wie Collins, Fitzpatrick, Freeman, Reagan, Russell, Smith und Rockefeller ein.
Der erstgeborene Kennedysohn war im II. Weltkrieg als Pilot tödlich verunglückt. Ihm war die Einweihung der R-Illuminaten zuteil geworden. Diese ging den Brüdern John und Robert ab. Ein ebenfalls entscheidender Nachteil im heraufbeschworenen Konflikt.

John Fitzgerald Kennedy war ein aufrechter Mann, mit hohen Idealen. Und er hatte erkannt, woran die amerikanische Nation krankte. Das wollte er abstellen. Mit seinem gleichgesinnten Bruder Robert wurde ein günstiger Moment abgewartet. Als der übermächtige Vater Joe Kennedy im Jahre 1961 einen Herzinfarkt erlitt, schlugen die Brüder Kennedy zu. Zuerst sollte der Ölindustrie die staatliche Subventionierung gestrichen werden. Das mutet wie ein brauchbares Motiv an. Getroffen hätte es die Ölkonzerne. Die gehören mehrheitlich den Rothschilds und Rockefellers. Doch drei Attacken liefern die gewichtigsten Gründe zur Hinrichtung des JFK.

1. Eine neue Währung herausgeben, damit wäre die FED faktisch entmachtet worden. Die Rückzahlung der Staatsschulden hätte das ganze System »Zins und Steuern« über den Haufen geworfen und das Ende der Kontrolle über das Geld bedeutet. Betroffener war die FED und die Banken. Die FED-Inhaber heißen zu 53% Rothschild und wem die Banken gehören wissen Sie auch.

2. Hanflegalisierung. In seiner zweiten Amtsperiode wollte er den Hanf legalisieren. Die Branchen Chemie, Öl und Pharma hätten den Laden zusperren können. Mehrheitliche Besitzer dieser Bereiche sind namentlich Rothschild und Rockefeller. Die Familie Bush auch ein wenig.

3. CIA-Umstrukturierung. Als ob die beiden ersten Vorhaben noch nicht für ein hundertfaches Todesurteil ausreichen würden, hatte Kennedy sich die gravierende Umstrukturierung der CIA, die mit dem Rauswurf von Allan Walsh Dulles schon eingeläutet worden war, zur Aufgabe gestellt. Ebenfalls in seiner zweiten Amtsperiode. Die CIA mit ihrer Schlüsselrolle im weltweiten Drogenhandel und unter Kontrolle der Familien Rockefeller und Rothschild, mußte zur Machterhaltung geschützt werden.

Am 22.11.1963 wurde John F. Kennedy auf der Dealey Plaza erschossen, von drei Schützen getötet. Eine Kugel in den Hals, eine in den Nacken und eine in den Kopf. Ebenso wie in der Mythologie der Freimaurer Hiram von Tyrus von drei unwürdigen Handwerkern erschlagen wurde. **Die drei**

Namen der Schützen sind Howard Hunt, Frank Sturgis und Gerry Patrick Hemming.
John F. Kennedy wurde in einem perfekten Freimaurerritual hingerichtet, das ist einwandfrei nachzulesen bei Michael Hesemann, S. 199 - 202. Er wurde am 33. Breitengrad erschossen, Die Dealey Plaza ist ein Freilufttempel der Freimaurer. Hier wird eine Pyramide dargestellt und John F. Kennedy war auf der Straße, die zum allsehenden Auge der Illuminaten führt, dem Auge des Horus. Dort, wo in der Pyramide der Macht der Name Rothschild angesiedelt ist.
Die drei Todesschützen wurden als »Landstreicher« aufgegriffen und natürlich von der CIA wieder freigelassen. Die beiden Ersten waren später zusammen beim Watergate-Einbruch beteiligt. **Der Watergate-Einbruch wiederum war von Bill Liedtke finanziert worden, einem langjährigen Geschäftsfreund von George Bush sen.,** und dessen Vater Prescott Bush war ein guter alter Freund von Allan Dulles, der von Kennedy geschaßt worden war. Die Kanzlei von Dulles hatte die IG Farben in den Nachkriegsprozessen vertreten. Der Rockefeller-Verwandte Dulles hatte Prescott Bush als Rechtsanwalt bei der Geschichte mit der Nazifinanzierung durch die Unions Bank und Brown Bros. Harriman Bank verteidigt, die von W.A. Harriman geleitet und von Rothschildgeldern aus der Taufe gehoben worden war.
Aber es kommt noch viel dicker, geben Sie mir noch ein paar Sätze, dann bringen wir den Kern zum Schmelzen. G. Bush sen. war 75 Minuten nach der Ermordung Kennedys exakt 75 Minuten von der Dealey Plaza entfernt. Das weiß man aus einem Anruf des G. Bush, der seiner Alibiverschaffung dienen sollte, bei der ihm jedoch ein Fehler unterlief. Er gab indirekt zum Besten, daß er vorher in Dallas war. Was hatte er dort zu suchen?
G. Bush steht in direkter Verbindung zu Rothschilds und Rockefellers. Ob CIA, Logen oder Geschäfte, diese Personen kreuzen ihre Wege andauernd. Und sind auch verwandtschaftlich verbunden.
Merkwürdigerweise befanden sich wenige Jahre nach dem Mord an Kennedy Pharmaaktien der Firmen Abbott Laboratories, Eli Lilly und Pfizer im Besitz von George Bush senior. Die stammen aus dem Schatzkästchen der Familie Rothschild. Wieder gibt es mindestens drei Erklärungen hierfür:

1. George Bush hat die Aktien gestohlen, ohne daß Rothschilds dies bemerkten.

2. Für gemeinsame Geschäfte in Sachen Öl o.ä. wurde George Bush ein Entgelt gegeben.

3. George Herbert Walker Bush, mit Fritz Kohn entfernt verwandt, während Henoch Kohn mit Rothschilds verbunden ist, hat für die ausgezeichnete Koordination der Ermordung von John F. Kennedy einen dementsprechenden Lohn von Rothschilds erhalten.

Wenn Sie es genau wissen wollen, fragen Sie doch einfach Bush senior wofür er die Aktien erhielt. Bei der zweiten Präsidentschaftswahl von George W. Bush hieß sein »Gegner« John F. Kerry. Schon wieder G.W.B. gegen J.F.K., und erneut gewinnt ein George Bush. Unter eindeutiger Zuhilfenahme allerlei Tricks. Bitte bewerten Sie das selbst.
Maria Shriver, die Ehefrau von Arnold Schwarzenegger, ist eine Dame aus dem Kennedy-Clan. Sie soll laut Medienberichten ihrem Arnold, nachdem dieser George W. Bush besonders herzlich die Hand geschüttelt hat, für drei Wochen den Beischlaf verweigert haben. Suchen Sie sich aus warum.

1. Bush ist ein Republikaner und Kennedys sind Demokraten.

2. George W. Bush hatte sich die Hände nicht gewaschen.

3. An den Händen der Familie Bush klebt das Blut des John F. Kennedy.

Ich darf Ihnen nicht sagen, welche Version ich bevorzugen würde. Sie müssen entscheiden.
John F. Kennedy lernte 1953 auf einer Cocktail-Party seine Jacqueline kennen. Es war Liebe auf den ersten Blick. John verliebte sich in die junge Frau, die seinem Werben nachgab und eine bestehende Verlobung löste. Kennedy war ein vielbeschäftigter Mann und später ein voll geforderter Präsident. Wenn er nur einen Bruchteil der Affären gehabt hätte, die ihm die Medien der Rothschilds und Rockefellers angedichtet haben, dann

hätte er mindestens zwei Doppelgänger gebraucht. Man sollte nur schauen, von wem die Meldung kommt, dann wird die Lüge schon erkennbar.
Marilyn Monroe soll Affären mit John und Robert gehabt haben. Unverständlicherweise hat sie bei ihrem »Selbstmord« Tabletten genommen, und zwar eine mehrfache tödliche Dosis. Nur geht das gar nicht. Mehr als tödliche Dosis gibt es nicht. Es sei denn fünf Schüsse im Herzen sind ebenfalls ein plausibler Selbstmord. Dann ist das natürlich was anderes.
John F. Kennedy ging dem Imperium der Familie Rothschild direkt an die Hauptschlagadern. Er hätte die ganze schöne Konstruktion zum Einsturz gebracht. Keine Steuergelder mehr mit einer unabhängigen Währung und der Kollaps des Unternehmensreiches mit einem befreiten Hanfanbau. Beides wäre gleichbedeutend gewesen mit dem Todesstoß für die Rothschilds und das Schwarze Imperium der Dunkelzeit.
Einzig diese Vorhaben des John F. Kennedy, und die so heraufbeschworene, ernste Gefahr, scheinen als Motiv für die nun folgenden menschlichen Tragödien plausibel.
Es gab einen Mann, den John F. Kennedy abgrundtief verachtete. Dieser war zuerst mit Tabak vermögend geworden. Laut Großem Brockhaus sind Rothschilds Mitte des 19. Jahrhunderts in andere Geschäftsbereiche vorgedrungen, u.a. mit dem Ankauf von Tabakernten. Eben jener Mann verschiffte später Öl und gelangte während des II. Weltkrieges unbehelligt durch die amerikanischen wie auch die deutschen Linien. Eine derartige Situation gab es zuletzt wohl bei der Kontinentalsperre im engl.-frz. Krieg, als die Rothschildbrüder ebenfalls beide Seiten versorgten. Öl ist eine der Domänen von Rothschilds und Rockefellers.
Der von Kennedy Verachtete hieß Aristoteles Onassis. Der griechische Tankerkönig Onassis war liiert mit der berühmten Opernsängerin Maria Callas. Diese Verbindung wurde auch als »die Liebe der beiden größten lebenden Griechen bezeichnet«.
Fünf Jahre nach Kennedys Tod, verließ Jacqueline Bouvier Kennedy Ihr geliebtes New York und heiratete diesen Aristoteles Onassis. Nach der Heirat sahen sich die Callas und Onassis weiterhin. »Als Aristoteles Onassis im Februar 1975 in Athen ein Flugzeug nach Paris besteigt in dem sicheren Gefühl, daß er dort sterben wird, begleiten ihn zwei Frauen: seine

Tochter Christina, die sich verzweifelt um ihn sorgt, und seine Ehefrau Jacqueline Kennedy Onassis., die er »e Hira« nennt, die Witwe. Er weiß, daß sie so bald wie möglich wieder in New York sein will, und er ist froh darüber.« Gut nachzulesen bei Nicholas Cage.
Der Kosename von Onassis für Jacqueline Kennedy, die Witwe, zeigt recht deutlich für wen das Herz von Jacqueline noch lange nach dem Tode schlug.
»Nur einen einzigen persönlichen Gegenstand nimmt er mit auf seine letzte Reise – eine kleine rote Kaschmirdecke, die er drei Wochen zuvor zu seinem 71. Geburtstag geschenkt bekam, von Maria Callas, der großen Liebe seines Lebens«.

Hier die gezogenen Schlüsse:
Die Liebe von Jacqueline Bouvier Kennedy zu Ihrem John war unermeßlich groß. Diejenige von Callas und Onassis nicht viel kleiner. Das Lebensglück dreier Menschen wurde zerstört, um die rachelüsternen Bedürfnisse der von John F. Kennedy Bedrängten zu befriedigen. Das paßt ganz gut zu diesem Mosaikstein:
Nach dem Tod von Onassis kehrte Jacqueline in Ihr geliebtes New York zurück. Dort wurde sie für einen Verlag tätig. Und schrieb auch ein paar Bücher. Frage: Die Ehefrau des äußerst beliebten Hoffnungsträgers John F. Kennedy schreibt ein Buch. Sie sind der Verleger. Welche Erstauflage fassen Sie ins Auge? Hunderttausend, fünfhunderttausend oder über eine Million?
Bei Hillary Clinton sind in den ersten Wochen Millionen weggegangen, und deren Ehemann wurde nicht umgebracht. Also treffen Sie eine kaufmännisch vernünftige Entscheidung. Sind Sie soweit? Der Verleger hat nur limitierte Auflagen herausgebracht. **Wollen Sie meine erste Reaktion hören? Sie lautete nochmals, bitte verzeihen Sie, Häääh?!**

Und wie immer bei schwer verständlichen Dingen folgten Nachforschungen. Jacqueline Kennedy war beim Verlag Doubleday angestellt. Der wiederum gehört zu Bantam Doubleday Dell Publishing Group, und die sind Teil von Bertelsmann. Das ist Rothschild, hinter der dritten Zwiebelschicht im Kern.

Edelmänner

Jacqueline hielt andauernd Wache am Leichnam ihres Ehemannes. Das soll eine betrogene Ehefrau sein? Schwachsinn. Jacqueline Bouvier Kennedy ordnete die Feierlichkeiten zur Beerdigung Ihres Mannes. Sie stand an seinem Grab als er abgesenkt wurde. Handelt so eine Frau, die permanent betrogen wurde? Unmittelbar danach stürzt Sie sich in die Unterstützung Ihres Schwagers Robert bei dessen Präsidentschaftsbemühungen. Der die gleichen Ziele verfolgt wie sein Bruder. Also bitte, das reicht.
Unter Präsident Bush wurden Menschen aufgrund geringerer Indizien und Verknüpfungen hingerichtet. Hier wurde noch nicht einmal untersucht. Geschweige denn Befragungen der Herren Bush, Rothschild und Rockefeller.
Die nachträglichen Verunglimpfungen von John F. Kennedy durch die Medien des Imperiumsuntermalen die schäbige Haltung der wahren Urheber. Von Einsicht oder aufkommendem Bedauern keine Spur. Ganz im Gegenteil.
Es wird wahrscheinlich nie wieder einen Mann wie John F. Kennedy geben, zumindest für die Leute die Ihn kannten. Aber an seiner Statt werden Tausende ähnlich Gearteter nachfolgen. Sie stehen bereit und harren des Startschusses, um loszulegen. Möge das den Hinterbliebenen ein Trost für den Verlust sein, den unsere Welt mit seinem gewaltsamen Tod erfuhr.

Überblick

Angefangen hat alles mit dem Alter der Pyramiden von Gizeh und der Sphinx. Unvorstellbare 75.000 Jahre stehen diese kolossalen Bauwerke auf Erden. Unter Betrachtung des technischen und astronomischen Wissens, das diesen Bauwerken zugrunde lag, kommt ein Mensch, der in seinem Leben dazulernen möchte, nicht mehr aus dem Staunen raus. Was mich zu der meines Erachtens alles entscheidenden Frage nach dem Zweck dieser Bauten brachte. Nachdem die Pyramiden Informationen über den Erdumfang, die Zeit eines Sonnenumlaufes und diverse Sternenbilder beinhalten, lag der Schluß nahe, es könne sich um Bibliotheken des Wissens unserer Vorfahren handeln.
Dabei fiel auf, unser ganzer Planet ist voll besetzt mit Pyramiden. Die große Sammlung in Ägypten, Bauten in der Türkei, China, Kambodscha. Im Reich der Mayas und Inkas. Überall sind Monumente, deren Entstehung sonderbarerweise unergründet bleibt. Hier schlummern unbegreifliche Geheimnisse. Ist nun die gewaltige Cheops die größte Pyramide? Nein, ist sie nicht. Im brasilianischen Urwald gibt es eine größere. Handelt es sich bei der um die Nr. 1? Ebenfalls nicht. Am Rande des mystischen Bermuda – Dreiecks steht unter Wasser eine noch viel größere Pyramide.
Wir sind umgeben von den Botschaften unserer Urahnen. Hier, auf unserer Erde, spielt sich etwas Unglaubliches ab. Und das geht weit über das normal begreifliche Maß hinaus. Darum galt es systematisch zu hinterfragen und verschiedene Mosaikteile neu zu ordnen. Im Grunde Ihres Herzens waren Ihnen die gezogenen Schlußfolgerungen wahrscheinlich vertraut. Denn unser Unterbewußtsein weiß das alles.
Zuerst kamen die großen Pyramiden, die Giganten unserer Urahnen. Mit unvorstellbaren Leistungen bautechnischer Art. Dann kam die große Sintflut 10.500 v. Chr. und alles änderte sich. Denn die erhöhte Rotationsgeschwindigkeit sorgte für eine noch niedrigere Schwingung als im dunklen Zeitalter sowieso angesagt war. Die Vorfahren erkannten, hier muß dringend nachgebessert werden, damit ahnungslose Gestalten wie wir die

Überblick

Zugänge zum sagenhaften Wissen des damals lebenden Menschengeschlechtes finden können.

So entstanden die Tontafeln der Sumerer um 4.000 v.Chr., auf denen alles festgehalten wurde, was zukünftig geschieht. Diese Tontafeln werden unter Verschluß gehalten. Wer imstande ist 65.000 Jahre vorauszuschauen, der dürfte das geahnt haben. Also wurden die Papyrusrollen der Ägypter in Auftrag gegeben. Auch sie gelangten nicht in unsere Hände.
Darum wurde die Bundeslade, gleichbedeutend mit dem Heiligen Gral, den zehn Tafeln des Moses, dem Buch mit den Sieben Siegeln und der Büchse der Pandora, erschaffen. Dieser Hort des Wissensschatzes wanderte über die Erde, nunmehr etwa sechstausend Jahre. Er ist an seinem Bestimmungsort angekommen. Sie werden es in Kürze merken.
Neben dieser Schatztruhe folgten weitere Pyramiden und Steinsetzungen, mit denen über die ganze Erde verteilt, ein gewaltiges Energienetz aufgebaut wurde. Damit die Übertragung der enormen Lichtkraft des Wassermannzeitalters reibungslos läuft.
Eine kleine Kostprobe hierzu. Neben der Cheopspyramide befindet sich eine Stelle, die wie ein Loch wirkt. Dort erleben Menschen Unglaubliches. Die Beschreibungen künden von einem totalen Leerfegen des Geistes, als ob man von allen unsauberen Gedanken befreit würde. Das führte zu der Vermutung, hier liegt ein Punkt, über den die kosmische Energie auf die Erde gelangt. Von der Cheops überträgt sich diese eingespeiste Energie auf einen Leiter, der in einer spiralförmigen Welle über den Planeten rollt. Dieser Leiter besteht aus Kupfer. Die geologischen Vorkommen dieses Metalls erstrecken sich von der Sinai über Israel bis nach Zypern. Diese Insel hieß im griechischen Kypros, was Kupfer bedeutet. Die erste Besiedlung fand in der Kupferbronzezeit statt.
Diese unterirdischen Kupfervorkommen funktionieren wie eine Antenne, über die kosmische Botschaften gesendet werden. Dies bleibt beileibe nicht die einzige Kuriosität. In Australien kennen wir den Ayers Rock. Auch er spielt beim Energienetz der Erde eine wichtige Rolle.
Doch all diese Errungenschaften erschienen unseren Vorfahren noch nicht ausreichend. Sie gaben den Leviten die sumerischen Tontafeln, in hebräisch

geschrieben, aus denen diese einen Entwurf für ein Buch schaffen konnten. Das Alte Testament.

Jetzt mußte das Feld dem dunklen Zeitalter überlassen werden. Einzig in den Zirkeln der auserkorenen Freimaurer kursierte das unermeßliche Wissen um die Zugänge zu einzelnen Stücken des Schatzes. Sie waren der schmale Grat, der seidene Faden, über den der Weg vom Wissen der Pyramidenbauer zum Bewußtsein unseres Menschengeschlechtes überliefert werden konnte. Eine heikle und sehr gefährliche Mission.

Mit dem Erreichen des Fischezeitalters wuchs die dunkle Macht an. Auf der Erde regierte von nun an das Streben nach Macht und Geld. Die Materie herrschte über den Geist, der Mammon über das Gefühl. Im Laufe der Jahrhunderte formierte und fand sich eine parasitäre Allianz. Diese machte sich die geophysikalische Situation zunutze, um ein scheinbar ewiges Leben in Saus und Braus abfeiern zu können. Auf Kosten der anderen Lebewesen.

Angefangen bei den Templern, die dekadent wurden, dem großen Bündnis der Freimaurer, der Britischen Ostindienkompanie und dem Komitee der 300, über Opium- und Waffenhandel zu den Zentralbanken, den Wirtschaftsbereichen Chemie, Öl, Pharma und Finanzen, wurde alles verbunden. Die Medien, mit ihren Berichten über die Adelshäuser und garniert mit den verharmlosenden Geschichtchen über Halbwahres, dienen nur einem Zweck. Die Menschen von der Wahrheit fernzuhalten.

Die sichtbaren Ergebnisse des versuchsweise im Verborgenen gehaltenen Handelns zeugen von der Realität, die auf unserem Planeten herrschte.

1. Unsägliche Kriege, die nur Leid und Schmerz bringen.
2. Anhaltende, ungebremste Umweltzerstörung.
3. Raffiniert ausgeklügelte Bezüge von Steuern.
4. Beseitigung von aufrechten Menschen.
5. Gezielte Verbreitung und Nutzung der Krankheiten.

Die Macht der Allianz der Dunkelzeit zog oder zwang die Führenden der Gesellschaft in ihren Bann. Politiker, Journalisten, Anwälte und Ärzte, viele wurden zu den Werkzeugen dieses tückischen Spiels. Wissentlich oder unwissentlich. Somit konnten die Rädelsführer relativ unerkannt im

Hintergrund bleiben. Und wenn einmal ein Unentwegter der Wahrheit nahe kam, wurde er lächerlich oder sonstwie unschädlich gemacht. Die Herde der Ahnungslosen konnte so weiterhin gemolken werden.
Dieser gewaltige Schwindel ist aufgeflogen. Dabei kam allerlei bisher Ungeklärtes zum Vorschein. Der Ritualmord an Friedrich Schiller, die Ermordung John F. Kennedys, die Sprengung des World Trade Centers, der globale Völkermord hinter den Kulissen und manches mehr wurden aufbereitet dargelegt.
Zahlreiche Politiker und viele andere Führenden, die Namen der Puppen wechseln, der Name des Puppenspielers bleibt der Gleiche. Es ist der Name des dunklen Führers, von Sauron oder Graf Dracula selbst, er heißt Rothschild.
In manchen Kreisen wird der Zaddik als oberster Führer der dunklen Macht genannt. Dazu gibt es dann so ein bärtiges Männchen, das als oberste Macht tituliert wird. Ein lächerlicher Witz. Raffinierter ist der Trick mit Luzifer als dem höchsten Bösewicht. Einige Menschen beten dann darum, daß Luzifer verliert. Wörtlich übersetzt heißt das Lichtträger. In unseren Nervenbahnen sind Biophotonen, sprich Lichtmoleküle, die Informationsüberträger. Unsere Zellen ernähren sich von Lichtnahrung, denn nur darum geht es. Damit das klar wird, wir sind Luzifer. Also beten wir doch lieber für uns. Anstatt uns selber eine an die Birne zu hauen. Damit es ein für allemal klar ausgesprochen ist,

Rothschild ist die Nummer Eins der Dunklen Allianz.
Rockefeller ist die Nummer Zwei und dann kommen Bush und Windsor, gefolgt von den Familien des Schwarzen Adels, wie Habsburg, Savoyen, Hohenzollern und einige mehr. Unsere vermeintlich führenden Köpfe sind nur Schergen der Obernazis. Die Politiker und Führenden des Landes haben sich verkauft, zu welchem Preis oder aus welchem Grund auch immer. Die wichtige Frage lautet, wie das offensichtlich fehlgeleitete Führungspersonal von der Macht vertrieben wird. Ganz einfach. Wählen wir sie ab. Holen wir uns Bürgerparteien mit Leuten aus unserer Mitte. Dann endet das teuflische Spiel.
Die gewählten Volksvertreter haben sich von der Allianz der Dunkelzeit korrumpieren lassen. Führungspersonal, das die Anforderungen nicht

erfüllt, wissentlich und wiederholt, wird in der Regel entlassen. Genau so geschieht es. Bürgerparteien mit vertrauten Menschen aus den eigenen Reihen übernehmen die anstehenden Aufgaben. Die Berufspolitiker werden durch einen neuen Typus ersetzt, der den Gesetzen der Menschlichkeit und Gerechtigkeit zuarbeitet.
»Gott schläft im Stein, träumt in der Pflanze, erwacht im Tier und handelt im Menschen.«
So sagt ein indianisches Sprichwort. Die Phase des Handelns hat begonnen. Hier und heute. Bitte vergessen Sie niemals, da wo Ihr Wissen anfängt, endet die Herrschaft der Allianz der Dunkelzeit. Diese Hürde ist zu hoch für ein versuchtes, böses Treiben. Die Wende ist da. Der Gedanke, an die Verwandten Adolf Hitlers, die Obernazis in Form der Finanziers, die Kriegstreiber Nr. 1 in dieser Welt und die gezielten Krankheitsverbreiter, Steuern zu zahlen, ist wenig erbaulich. Ausgerechnet die Deutschen sollen jene Brut finanzieren, deren Untaten unserem Lande einen solch schweren Makel verpaßt haben? Das scheint auf den ersten Blick ungeheuerlich. Deutsche dürfen keine Nazis unterstützen, das sollte an sich jedem klar sein. Weder aktiv noch passiv. Das ist der Eid, der von Geburt an mitschwingt.
Wenn es inzwischen als **normal** angesehen wird, daß die deutschen Bürger an die Finanziers der Nazis, die ertappten Kriegstreiber, die Verwandten des Adolf Hitler und die KZ- Betreiber Steuern zahlen, dann lege ich Wert darauf, ein Verrückter oder ein Spinner zu sein.
Es liegt an uns. Die Allianz der Dunkelzeit, wird kaum freiwillig die ganzen Pfründe abgeben. Hier wirkt auch das Gewohnheitsrecht. Sonst hätten die sich schließlich schon lange für die begangenen Verbrechen entschuldigt. Mit gesundem Menschenverstand verschwindet die lähmende Angst. An deren Stelle tritt eine unbeugsame und kraftvolle Zuversicht. Die Verbreitung der Wahrheit ist übrigens ein uns ureigenes, unumstößliches Grundrecht. Die Wahrheit ist immer erlaubt. Wir haben das nur vergessen. Die Verbreitung von Lügen gehört dagegen verboten. Und zwar sofort.
Alles kommt irgendwann ans Licht. Dies war der Moment der Wahrheit. Die heute zur Schau gestellte Unmenschlichkeit und Grausamkeit spottet jedem gesprochenen Wort von »Kampf gegen den Terror« und »Sieg über die Achse des Bösen«. Abgeworfene Splitterbomben über irakischen

Wohngebieten und Folterungen bei Gefangenen belegen die Charakterlosigkeit und freche Bösartigkeit der herrschenden Macht.
Krieg ist ein Verbrechen. Nichts anderes. Wer den Krieg jedoch duldet, unterstützt ihn. Und braucht sich nicht wundern, wenn der Krieg bald vor seiner Haustür stattfindet. Das Ende der Vertuschung und die Unterdrückung des Wissens werden ab sofort mit einer Leichtigkeit abgeschmettert.

1. Einigkeit, Recht und Freiheit sind des Glückes Unterpfand. Zusammenhalt in der Familie und Solidarität im kleinen Kreis sind die Gebote der Stunde. Wenn es im Kleinen stimmt, haut es auch im Großen hin. Analogiegesetz. Sofern Familien zusammenstehen wird es auch immer ein funktionierendes Gemeinwesen geben.

2. Gesundheit ist das kostbare Geschenk, das es zu erhalten gilt. Die Natur ist unser Spiegel, dementsprechend wollen wir handeln. Meere, Wälder und Böden so behandeln, daß wir alle davon profitieren. Der Mensch ist untrennbar mit der Natur verbunden. Man ist, was man ißt. Natur und Mensch wollen erhalten werden.

3. Aktivität ist angesagt. Voller Einsatz für die Grundgesetze und elementaren Grundsätze jeder menschlichen Gesellschaft. Jeder steht im Rahmen seiner Möglichkeiten für die gute Sache ein. Das nennt man wahre Demokratie.

4. Streit wird in Ruhe beigelegt. Krieg wird überflüssig. Staatskredite sind unnötig und gefährlich wegen der Nebenwirkungen. Folglich werden Staatsschulden per Gesetz verboten. Die Arbeitslosigkeit reduziert sich damit auf ein unvermeidbares Maß an wirklich Arbeitsunfähigen. Die werden durch ein echtes Sozialnetz aufgefangen.

5. Steuern zahlen wir gerne, für Krankenhäuser, Kindergärten und einen schlanken Staatsapparat. Wir sind jedoch kein Unterstützungsfonds für geldgierige und bösartige Parasiten. Die Zentralbanken unterstehen in Zukunft dem Volke und befinden sich in Volksbesitz. Papiergeld wird

mit Gold und Silber unterlegt, damit dem Geld echte Werte entgegenstehen und keine Luft in Dosen.

6. Die Wunderpflanze Hanf wird umgehend zum Wohle aller legalisiert, komplett und korrekt analysiert und dann angepflanzt. Hanf wird erlaubt, Tabak, Kaffee und Mohn natürlich nicht im Gegenzug verboten. Denn jedes Geschöpf hat seinen Platz auf dieser Welt.

7. Die Geheimdienste werden abgeschafft. In einer Welt, die von dem Bestreben des Guten beherrscht wird und der echten Demokratie unterworfen ist, bespitzelt man sich nicht gegenseitig, sondern klärt die Probleme im offenen Gespräch. Schluß mit der Heimlichtuerei, den Morden und dem Rauschgiftimperium. Die Geheimdienste verstoßen gegen geltende Gesetze. Weg mit ihnen.

Viele relevante Botschaften, die uns den Weg weisen sollen, finden wir in den Geschichten wie »Herr der Ringe«. Die Querverbindungen sind für die Eingeweihten und Wissenden offensichtlich. John Ronald Reuel Tolkien war mit diesem Wissen gefüttert worden. Wir sollten diese Botschaften beherzigen. Die Geister der Menschen, die am Ende ihren Eid erfüllen und endlich zur Ruhe kommen, indem sie Aragorn zum Sieg verhelfen, diese Geister sind die Boten des Lichtes, die Freimaurer. All die Legenden und mystischen Geschichten, hier wird klar, welchen Bezug sie hatten. Ihre Botschaften sind jetzt deutlich erkennbar. Sie alle hatten das gleiche Ziel, unser Bewußtsein zu wecken.

Goethe, der Freimaurer, und sein »Faust«. Tolkien und sein »Herr der Ringe«. Bram Stoker vom Hermetischen Orden der Goldenen Dämmerung und sein »Dracula«. George Orwell, Ex-R-Illuminat, »Animal Farm« und »1984«. Umberto Eco, der Kirchen- Kritiker, und »Der Name der Rose«.

Die Parallelen springen uns geradezu ins Gesicht. Immer wieder versuchten die Schreiber von Geschichten, die ungute Realität in ihren Werken zum Ausdruck zu bringen. Dummerweise wurden sie selten richtig verstanden, weil der moderne Mensch fast keine Zeit mehr zum Überlegen oder Verinnerlichen hat. Wir sollten bedenken, es sind nur einige Familien, die, verwandt oder verschwägert miteinander, geschickt und raffiniert agierend ihr teuflisches Spiel aufgezogen haben.

Es sind die oberen Zehntausend, die fast der gesamten Menschheit ihr tyrannisches Diktat aufzwingen. Das gelingt nur, weil wir normalen Menschen verängstigt und eingeschüchtert sind. Dabei halten wir uns selbst meist für unbedeutend und zu klein, um etwas zu bewirken. Das ist ein kolossaler Irrtum. Es sind Hobbits, die den dunklen Herrscher an den Hängen des Schicksalsberges besiegen. **Und sind wir nicht alle tief in unserem Herzen Hobbits?**

Mein ausdrücklicher Dank gilt allen Autoren, deren wertvolle Ausarbeitungen dieses Buch und die daraus resultierenden Schlußfolgerungen ermöglicht haben. Es handelt sich zumeist um engagierte und unermüdliche Forscher, die der Wahrheit auf der Spur sind und hoffentlich bleiben. Denn es gibt noch so Vieles zu erfahren. Ich möchte hiermit namentlich erwähnen: Gary Allen, William Bramley, Mathias Bröckers, Andreas von Bülow, Dr. John Coleman, Milton W. Cooper, Des Griffin, Jan van Helsing, Jack Herer, Michael Hesemann, David Icke, Rüdiger Liedtke, Paul C. Martin, Ernst Muldashev, Peter Plichta, Andreas von Réthyi, Gerhoch Reisegger, Armin Risi, Thomas Ritter, Robin de Ruiter, Bryan Sikes, Bernd Wagner.

Über zwei Jahrzehnte wurde gelesen, gesammelt, gegrübelt und hinterfragt. Diese Autoren und noch einige mehr, wie Sie im Quellenverzeichnis nachvollziehen können, ergeben addiert die ganze, unglaubliche Wahrheit. So lautet meine Einschätzung. Diese Autoren, mutige Menschen, die trotz teilweise deftiger Attacken, der Linie engagierter Literaten treu blieben, dienten mir stets als leuchtendes Vorbild und Grundlage der eigenen Überlegungen. Nur so konnten die Mosaikstücke, die sich nahtlos verbinden ließen, zu einem so schlüssigen Gesamtbild verarbeitet werden. Abgerundet mit dem Brockhaus Konversationslexikon und dem Großen Brockhaus, blieb kein Platz mehr für die Reste des eingestürzten Lügenturms.

Offen für alle angebotenen Wissensbrocken, konnte ein positiver Ausblick ausgemacht und in Aussicht gestellt werden. Hier kommt in den beiden anschließenden Kapiteln noch ein wenig mehr. Im Sinne der schönen Tage, die direkt vor uns liegen.

Überblick

Die Menschen auf diesem Planeten haben sich selbst die größte Ehre erwiesen. Sie beginnen im Stile von Edelingen, Solidarität und Einigkeit anzuwenden. Wir halten Frieden, und daran haben sich alle zu orientieren.
Weder Bush, noch Windsor oder Rockefeller, noch Rothschild kommt an uns vorbei. Wir, die Menschen aus Mittelerde, sind die Weltmacht. Denn wir bringen die neue Welt zum Blühen. Weil wir der Liebe fähig sind und dies auch leben. Alle Völker werden sich uns anschließen.
Denn die Bestandteile dieser Gemeinschaften sind einfache Menschen, bei denen das Herz am linken Fleck ist. Was die Demonstrationen für den Frieden untermalt haben. Demonstrieren heißt wörtlich übersetzt zeigen. Womit die Menschen bewiesen haben, daß der Wunsch nach Frieden in ihrer Brust innewohnt.
Die Prophezeiung der Sumerer vom Reich des Lichtes, getragen vom Impuls aus dem Land der Mitternacht, wird wahr. Jetzt. Die Feuer der Lebensgeister sind entzündet. Die Intensität des Lichtes verkündet die guten Zeiten. Augen auf und hinein ins Bad der Helligkeit.
Wie bei Bryan Sikes einwandfrei beschrieben wird, sind die Menschen des indogermanischen Raumes, bis auf die Basken, Besitzer identischer Gene und stammen von sieben Müttern ab. Die Basken weisen demgegenüber leichte Abweichungen auf. Dennoch, oder gerade deshalb, sind auch sie Verbundene. Mit einem für uns beeindruckenden Verlangen nach Freiheit und Eigenständigkeit. Eine Scheibe hiervon könnte uns anderen durchaus gut tun. Von Skandinavien, Vorderasien, Indien, dem Nahen Osten, über Nordafrika, bis Island sind wir alle eine große Familie. Juden und Deutsche sind Mischvölker, wie die anderen auch. Das Denken in Rassen ist der Humbug aus der Zeit der Neandertaler. Wir sind vom selben Stamm. Und das ist schön so.
Hier folgt eine der Kernbotschaften aus dem Herrn der Ringe. Sie ist rein und anständig, ohne Hintergedanken. Sie lautet:
»Laßt uns zusammen diese Welt wieder aufbauen, damit wir sie uns teilen können in Zeiten des Friedens«. *(Herr der Ringe)*
Es steht geschrieben. In den Versen der Bibel, den Centurien des Nostradamus, den Tontafeln der Sumerer, anderen Schriften oder in den Elektronen der Materie, jetzt, beim Übergang vom Fischezeitalter in das Wassermannzeitalter, wird das Reich des Lichtes entstehen. Symbol des Wasser-

mannes ist der Vogelflug. Das heißt volle Freiheit für die nächsten 2160 Jahre. Das sind wahrlich paradiesische Aussichten. Uns ist es vorbehalten den Grundstock zu legen für eine lange Epoche des Lichtes, in der unsere Kinder aufwachsen werden.

»**Es kommt das Vierte Reich**«. *(Herr der Ringe)*

Das dritte Reich nahmen die Nazis für sich in Anspruch, und die waren von vorn bis hinten von Familie Rothschild finanziert. Die Ablösung ist schon unterwegs,
»**Unter der Herrschaft der Menschen**« *(Herr der Ringe)* entsteht das Reich des Lichtes. Um diese positive Wende herbeizuführen bedarf es nur einer Kleinigkeit, die uns allen leicht fallen sollte. Bringen wir die Wahrheit ans Licht. Das nun angebrachte Denken, Fühlen und Tun könnte, wie von Laotse beschrieben, so aussehen:

Es gibt nur eine Großmacht auf Erden, das ist
Die Liebe

Pflicht	ohne Liebe macht verdrießlich.
Wahrheit	ohne Liebe macht kritiksüchtig.
Erziehung	ohne Liebe macht widerspruchsvoll.
Klugheit	ohne Liebe macht gerissen.
Verantwortung	ohne Liebe macht rücksichtslos.
Gerechtigkeit	ohne Liebe macht hart.
Freundlichkeit	ohne Liebe macht heuchlerisch.
Ordnung	ohne Liebe macht kleinlich.
Sachkenntnis	ohne Liebe macht rechthaberisch.
Macht	ohne Liebe macht gewalttätig.
Ehre	ohne Liebe macht hochmütig.
Besitz	ohne Liebe macht geizig.
Glaube	ohne Liebe macht fanatisch.

Wehe denen die in der Liebe geizen.
Sie tragen Schuld daran, wenn schließlich die Welt an Selbstvergiftung zugrunde geht.

Überblick

Wozu lebst Du, wenn Du nicht lieben kannst?
Laßt uns die Erde durch Liebe erlösen.

Das biblische Sprichwort »Wer Wind sät, wird Sturm ernten« drängt sich hier auf. Es ist der Sturm der Entrüstung, von Getäuschten, Betrogenen, Geschundenen, Gemordeten, der hiermit gemeint ist. Zu Anfang des Buches war die Rede von einer emotionalen und keiner sachlichen Abhandlung. Wem bei soviel Unrecht keine Emotionen kommen, der fühlt nicht, er denkt. Die Gefühle zeichnen uns als Menschen aus, nicht der Verstand.
Nur der Schmerz über die unzähligen Verluste und Schäden an Leib und Leben, bringt das Blut der Menschen so in Wallung, daß jeder nach seiner Art aktiv wird. Genau das braucht unsere Welt, und zwar dringend. Menschen, die dem Unrecht die Stirn bieten, und aufstehen.
Wenn das Hunderttausende machen, wird ein Tosen über den Erdball jagen und die Menschheit, das jetzt lebende Geschlecht, wirft die Fesseln der Unfreiheit ab. Dann gehen die Lichter richtig an und auf Erden halten zwei Dinge mehr als alles andere Einzug:

Frieden und Gerechtigkeit.
Und danach dürstet und hungert unsere Welt seit über zweitausendfünfhundert Jahren. Eine verdammt lange Wartezeit. Setzen wir uns also ein, für die Liebe, das Licht und das Leben.
Mit der Wahrheit, Warmherzigkeit und dem Wort. Sie allein haben die Wahl auf welcher Seite Sie stehen wollen. Entweder bei Bush, Rockefeller, Rothschild und Hitler. Oder doch lieber Seite an Seite mit den Poeten und Helden. Deren Namen stehen für die Größe, welche wir beweisen werden. Schiller, Lincoln, Kennedy und Albert Schweitzer. Der Mann, der in Afrika Krankenhäuser betrieb, liefert meinen Schlußsatz. Zeitlebens hielt er sich aus der Politik raus. Ich traue mich ehrlich gesagt nicht, direkt nach diesem Zitat etwas anzumerken. Zu gewaltig sind die Wortes des A. Schweitzer und die Größe und Menschlichkeit, die darin zum Ausdruck kommen. Nur einmal, soweit mir bekannt ist, redete diese integre Persönlichkeit Tacheles. Und wie er das tat.

»In einer Zeit, wo Gewalttätigkeit in Lüge gekleidet,
so mächtig wie noch nie auf dem Throne
der Welt sitzt, bleibe ich dennoch überzeugt,
daß Wahrheit, Liebe und Sanftmut, die Gewalt sind, welche über
aller Gewalt ist.«

Lichtgestalten und Legenden

Was weit in der Vergangenheit zurückliegt, wird meist in Legenden erzählt. Oft genug halten wir dies für Märchen, und vergessen dabei, daß jeder Geschichte ein wahrer Kern innewohnt.
Im Laufe der Zeit ist die tatsächliche Begebenheit nur immer stärker in den Hintergrund getreten. Dann werden die Geschichten zum Mythos. Legenden und Sagen, so bezeichnen wir die Erzählungen, die im Nebel der Zeit verschwimmen.
Ich will Ihnen nun einen solchen Mythos präsentieren, und gleichzeitig wird ein realer Bezug zu einem Geschehnis der Neuzeit hergestellt. Wie Sie das einordnen oder handhaben, bleibt erneut Ihnen überlassen. Die folgenden, mythologischen Ausführungen sind aus dem gerne verwendeten Brockhaus Konversationslexikon von 1903 entnommen.
Die Kelten, Germanen und Wikinger, besaßen einen sehnlichen Wunsch. Sie wollten mit dem Schwert in der Hand sterben, um nach Walhalla, den Aufenthaltsort der in den Schlachten ehrenvoll Gefallenen, zu gelangen. Diese glänzende Halle der Toten stand dem Mythos nach in Gladsheim, auch Freudenheim genannt. Vor ihr befand sich der Hain Glasir, dessen Bäume goldene Blätter trugen. Über der westlichen Hauptür des Saales, der so hoch war, daß man kaum seinen Giebel sehen konnte, hing als Symbol des Krieges ein Wolf, darüber ein Adler. Der Saal selbst, mit Schilden über Speerschäften gedeckt, hatte 540 Thüren, durch deren jede 800 Einherjer, »vortreffliche Kämpfer«, schreiten, wenn es dann zum großen Kampfe mit dem Fenriswolf geht. Für diese Tapferen, die nach dem Tode auf der Walstatt zu Odin kamen, war der Saal bestimmt. Berühmten Fürsten zu Ehren wurde die Halle geschmückt; alle Helden standen auf zu ihrem Empfange. Die Könige kamen alle nach Walhalla, selbst wenn sie nicht den Schlachtentod gestorben waren. Abends sammelten sich die Einherjer zum Mahle an Odins Tafel. Odin selbst genoß nur Wein, die Speisen gab er den neben ihm sitzenden Wölfen Geri und Freki. Soweit die Legende, der Mythos.

Lichgestalten und Legenden

Als dauerndes Denkmal deutschen Ruhms und deutscher Größe, wurde in Donaustauf von König Ludwig I. von Bayern, ein Bauwerk errichtet, das ebenfalls den Namen Walhalla trägt.
1816 erhielt Leo von Klenze den Auftrag, Entwürfe anzufertigen. Am 18. Okt. 1830 erfolgte die Grundsteinlegung, 18. Okt. 1842 fand die Einweihung statt. Exakt zwölf Jahre währte der Bau.
Die Walhalla erhebt sich 98m über der Donau, auf einem mächtigen Unterbau als ein dorischer, dem Parthenon zu Athen nachgebildeter Marmortempel. Das Innere des Gebäudes, ein Saal ionischen Stils, ist in drei Abteilungen gesondert, von denen die Mittlere zwei sitzende und die beiden anderen je zwei stehende Siegesgöttinnen enthalten. An der Wand finden sich marmorne Reliefdarstellungen aus dem Leben der alten Deutschen. Sowie die Büsten, 102 an der Zahl, oder, wenn beglaubigte Portraits fehlen, die in Goldschrift auf 64 Marmortafeln ausgeführten Namen der Walhallagenossen.
Ein paar Auffälligkeiten möchte ich kurz ansprechen. Es sind dies Gedankenstücke, die der schreibenden Zunft, also meinen verdienten und bemühten Kollegen, vielleicht wertvolle Hinweise geben. Wer weiß, da könnte jemandem eine Erkenntnis reifen, die mir in meiner Beschränktheit nur schwer möglich scheint.
Die Rede ist von 540 Thüren à 800 Kämpfern, macht 432.000 Einherjer. In der Bibel ist von 144.000 Lämmern die Rede, welche dem Tier den Garaus machen. Exakt die dreifache Zahl. 144 ist das Quadrat von Zwölf, und das ist die Zahl eines großen Zyklus.
Die Rede ist von 64 Marmortafeln, darunter einige Könige. Das Spiel der Könige heißt Schach und es hat 64 Felder. Wenn diese mit positiven Figuren besetzt sind, bleibt kein Platz für dunkle Gestalten. Das war es schon für die findigen Geister. Jetzt kommt der Bezug zur Neuzeit.
Gehen wir gleich zur Sache. Der Sohn des bayerischen Königs, der die Walhalla errichten ließ, war König Ludwig II., genannt der Märchenkönig, wegen der Schlösser, die er gebaut hat. Dazu gehören Linderhof, Neuschwanstein und Herrenchiemsee.
Schlösser sind Steinsetzungen, und die können in richtiger Anordnung ein Kraftfeld erzeugen.

Lichgestalten und Legenden

War König Ludwig II. nur ein Träumer, dessen verschwenderischer Idealismus die Kasse des Staates leerte? War sein dubioser Tod im Starnberger See ein Selbstmord? Wir werden sehen.
Beim Blick auf die Landkarte kann man Überraschendes feststellen. Rom, erbaut von den Brüdern Romulus und Remus, die von der Wölfin gesäugt wurden, ist zum Einen natürlich Sitz des Vatikan, andererseits steht es für das geistige Zentrum der Templer. Dieses Rom befindet sich auf einer Linie mit Venedig, dem Ursprungsort des Schwarzen Adels, und der Stadt Kopenhagen, in der eine Familie des Schwarzen Adels noch heute den Ton angibt. Die mit den Windsors verwandt ist.
Von Rom über Venedig nach Kopenhagen sollte laut der mir erzählten Geschichte eine Kommunikationslinie aufgebaut werden. Um nebenbei einen mystischen, symbolischen Ort zu entweihen. Die Rede ist von der Walhalla in Donaustauf.
Was hat nun König Ludwig II, der Märchenkönig, romantisch und weltfremd wie er meist beschrieben wird, genau getan? In Österreich liegt die Stadt Brauneck fast auf dieser Linie des gleichen Längengrades. Sie steht auf einem massiven Fels. Die Schlösser Neuschwanstein und Herrenchiemsee sind Steinsetzungen, welche zusammen mit Brauneck ein gleichschenkliges Dreieck aus massivem Gestein bilden. Ein Bollwerk gegen jeden energetischen Angriff von außen. Damit war die Walhalla geschützt, und die Ruhmeshalle der Toten, deren Seelen zum großen Kampf gegen den Fenriswolf antreten, blieb erhalten.
Nach dem II. Weltkrieg bedrängten die amerikanischen Politiker die bayerische Regierung über zehn Jahre, mit dem Versuch Neuschwanstein hier abzubauen und in Amerika wieder aufzubauen. Die Insel Herrenchiemsee wird seit Kriegsende in Händen der CIA gehalten und nicht rausgerückt. Zwei indizienhafte Auffälligkeiten würde ich sagen.
Halten Sie bitte davon, was Sie wollen. Es ist Ihrem Gutdünken überlassen. König Ludwig II. von Bayern hatte seine bayerischen Truppen im Blitzkrieg gegen Frankreich zur Verfügung gestellt, und wenn er so wie geschildert die Walhalla beschützte, sofern es diese außerhalb des Mythos wirklich gibt, dann war er kein Träumer, sondern ein Patriot. Ein König, der für seine Überzeugung und sein Land zum Märtyrer wurde. Demnach war er ein Held.

Und unsere Welt ist arm geworden an echten Helden. An Menschen, die ihrer Bestimmung folgen, gleich wohin der Weg führt. Edelmut ist eine seltene Tugend in der lange währenden Zeit der Dunkelheit. Ein Glück ist die jetzt vorbei. Ja, Sie haben richtig gelesen. Die Zeit des Lichtes ist unweigerlich angebrochen. Woher ich glaube das zu wissen? Ganz einfach, ich kann es fühlen.

Nun, als ich am 06.03.2005 gen Zürich reiste, war ich auf der Suche nach zwei verbliebenen Mosaiksteinen. Und während der Autofahrt dachte ich bei mir, jetzt müßte ein Bote kommen, und mir die fehlenden Teile überbringen. Da stehe ich also auf dieser Messe in Zürich, eine Traube interessierter Zuhörer um mich herum. Es entsteht eine Lücke zu meiner Rechten und ein unscheinbarer Mensch tritt an meine Seite und fragt mich, ob er sich setzen dürfe. Ich nicke ihm zu, er nimmt Platz und beginnt zu erzählen. Ohne ein fragendes Wort oder einen Hinweis von mir, legt er los. Er bringt mir die beiden vermißten Mosaikteile.

Da ich ein freundlicher Mensch bin, werden Sie sofort mitbeliefert. Denn es gibt doch kaum etwas Schöneres, als positive Dinge zu teilen. Gleich ob Botschaften, Wissen oder Gefühle.

Und wieder gilt, prüfen Sie einfach, was Sie damit anfangen können. Aber ehrlich gesagt und logisch gedacht, wer hier noch am Lesen ist, der dürfte offen sein für alles, was ihm bestimmt ist. Also zögern wir nicht, auf den Tisch mit den abenteuerlichen Neuigkeiten.

Zuerst kommt er auf das Buch mit den sieben Siegeln zu sprechen, welches direkt verbunden ist mit dem Heiligen Gral und der Bundeslade. Welche allesamt nur vom Lamm, der Lampe, dem Licht aktiviert werden können. Dieses Buch ist in die richtigen Hände gelangt und es wurde bereits geöffnet. Nun ergießt sich die Weisheit unserer Urahnen, der unglaublichen Erbauer der Pyramiden, über unseren Planeten und erfüllt uns mit dem Wissen um das große Geheimnis der Schöpfung im allgemeinen und des menschlichen Daseins im besonderen.

Als zweites Bonbon erzählt er von den sieben Geistern am Throne Gottes, die den Menschen das Licht bringen. Hier frage ich erstmals nach, ob es sich dabei um die Sieben Fürsten des Lichtes handelt, von denen ich schon gehört hatte. Er sagt ja.

Diese Lichtbringer, Heerführer der guten Scharen, weilen schon unter uns. Zusammen mit dem großen Vater führen sie die guten Streiter in die Schlacht. Dieser Kampf ist der Vater aller Schlachten, in der das dunkle Zeitalter aus der Sonnenlaufbahn gekehrt wird. Für endlose 25.776 Jahre. Wir können aufatmen, der Sieg der Menschlichkeit steht direkt vor der Tür. Ich bin versucht wie im Karneval zu fragen, Wolle man nei lasse? Ei sischer. Oder bayrisch, »Kimm nei, Du Hund, Du Pfundiger. Mir derwarten di schon vui z'lang.«
Auf Deutsch würde dies in etwa heißen: Möchten wir ihn hereinbitten? Natürlich. Komm herein, Du edler Gast, wir haben Dich schon sehnsüchtig erwartet. Gleich welche Version Sie bevorzugen, die Einkehr von Frieden und Gerechtigkeit auf Erden darf begrüßt werden. Es gibt bald Grund zu feiern.
Wenn Sie die Wahrheit wirklich wissen wollen und immer wieder von Zweifeln heimgesucht werden wem Sie nun vertrauen können, dann gibt es ein Patentrezept. Grundsätzlich sollten Sie natürlich Ihrem Gefühl nachgehen. Sofern das jedoch blockiert ist, gibt es einen anderen Weg. Sehen Sie einfach in die Gesichter der Menschen, die den Opfern der dunklen Zeit nahe standen. **Die Tränen der unzähligen, gebrochenen Herzen erzählen uns die Wahrheit.** Deren Verlustschmerz in den Augen sagt die reine Wahrheit. Denn Tränen lügen nicht.
Dem Schmerz der Hinterbliebenen gebührt die rasche Beendigung des unsäglichen Treibens. Das Beten und Gedenken erweist den Opfern die letzte Ehre. Den Unholden nehmen wir ohne weiteres Federlesen das Zepter der Macht aus der Hand. Als Ersatz reichen wir eine Rassel, damit die was zum Spielen haben. Dann streichen wir sie aus unserer Erinnerung. So werden diejenigen Vergangenheit, welche das Leben auf der Erde in der dunkelsten Zeit unselig beeinträchtigt haben.
Die Kelten, Germanen und Wikinger, die nach Walhalla kamen, taten dies mit dem Schwert in der Hand. In den Evangelien teilt Jesus Christus Überraschendes mit:
»**Ich bin in die Welt gekommen, nicht um den Frieden zu bringen, sondern das Schwert.**«
Es ist das Schwert Gottes, geschmiedet aus dem Blut der Opfer und gehärtet mit den Tränen der Hinterbliebenen. Dieses Schwert hat eine

Klinge aus zwei Schneiden, die eine ist die Wahrheit. Rein und klar, befreit sie vom Schmutz der Lügen. Die zweite Schneide ist die Liebe. Liebe Deinen Nächsten wie Dich selbst. Dieser Nächste ist Bruder oder Schwester, Freund oder Nachbar. Er steht uns nahe und verdient unsere Liebe. **Das Schwert aus der Wahrheit und der Liebe ist die schärfste Waffe, die je auf Erden wandeln wird.**

Im indogermanischen Kernland, dem was Tolkien als Mittelerde bezeichnet, sind zwei Länder dazu berufen, den Anstoß, den Impuls zu geben. Es sind dies die Schweiz und Deutschland.

Nachdem die Schweizer Deutschland eh als ihren großen Kanton bezeichnen, und so zum Ausdruck bringen, daß wir Bestandteil Ihres Reiches sind, möchten wir einen Blick in die Geschichte eben dieser Schweiz werfen. Und die geschätzten Schweizer mögen sich besinnen auf die Entstehung ihres Landes.

Die Schweiz war in der frühesten geschichtlichen Zeit von Rätern und Kelten (Helvetier, Lepontier u.a.) bewohnt. 58 v. Chr. hatten die Römer in Gestalt von Cäsar die Helvetier bei Bibracte besiegt und unterworfen. Desgleichen geschah 15 v. Chr. mit den Rätern und alpinen Kelten. Nach dem Zerfall des römischen Reiches wanderten im Südwesten die Burgunder 445 n. Chr. ein und unterwarfen das Wallis und das Gebiet bis zur Aare. Im 5. Jh. n. Chr. wurde die Schweiz von Alemannen besiedelt.

In den Jahren 496 - 536 wurden die Alemannen, Burgunder und Räter von den merowingischen Königen unterworfen und dem Fränkischen Reich einverleibt. Nach Karl dem Großen ging die Einheit des schweizerischen Gebietes verloren und konnte erst 1033/34 wieder hergestellt werden, als das in der Westschweiz gegründete hochburgundische Reich an das Deutsche Reich kam. Die Verwaltung wurde durch Reichsvögte geführt. In der 2. Hälfte des 13. Jh. erlangten im Südwesten die Grafen von Savoyen die Vorherrschaft, im Norden und Osten die Grafen von Habsburg. Beides Mitglieder des Schwarzen Adels. Das Wappen Österreichs, das ursprünglich Kerngebiet der Habsburger Monarchie war, besteht aus einem Schwarzen Adler, rot gezungt und golden bewehrt.

Doch der habsburgische Besitz bildete kein geschlossenes Gebiet, in der Mitte fehlte das wegen des Gotthardpasses wichtige Uri, ferner Schwyz und ein Teil Unterwaldens.

Lichgestalten und Legenden

In den ersten Augusttagen des Jahres 1291 schlossen die drei Urkantone Uri, Schwyz und Midwalden einen »**Ewigen Bund**« **zur Behauptung ihrer Rechtsstellung und zur Wahrung des Landfriedens.**

Die Erzählungen von den Vögten Geßler und Landenberg, der Rütlischwur und Wilhelm Tell sollen eine Sage sein. Wie dem auch sei, in der Schlacht am Morgarten am 15. Nov. 1315 errangen die Eidgenossen den großen Sieg über das Ritterheer des Herzog Leopold von Österreich. Am 9. Dez. 1315 wurde der Ewige Bund erneuert, an dem nun auch andere, von **den Habsburgern bedrohte oder abhängige Länder und Städte der Schweiz einen Rückhalt fanden.** Sie lasen soeben einen Live-Mitschnitt aus dem Großen Brockhaus von 1934, Band 17, Seite 157/8.

Ihr lieben Eidgenossen, wir sind vom gleichen Stamm. Wir sind Brüder und Schwestern. Laßt uns auch so auftreten. Friedrich Schiller, der Poet und Rebell, hat uns durch seine Werke für immer zusammengeschweißt. Denn nur gemeinsam sind wir stark und der geschichtlichen Aufgabe, die uns ehrenhalber zuteil wurde, gewachsen.
Erinnern wir uns an den Ausgangspunkt, das Schwert Gottes. Dies ist auch das Schwert aus dem Munde des Reiters, der in der Offenbarung des Johannes dem Tier den Garaus macht. Mit diesem Schwert wird unsere Welt befreit.
Und jetzt heben wir dieses Schwert in die Höhe, es ist das Schwert des Königs. Dem haben sich die Freimaurer verschworen, auf diese beiden Klingen leisten sie noch heute ihren Eid.
Wir fordern ihn ein, den Schwur. »**Ihr Freimaurer, Ihr Boten des Lichtes, diesem Schwert schuldet Ihr Gehorsam. Löst ihn ein, den Schwur, der Euch als Einziger von der Schuld befreien kann, die Eure Logenbrüder über Euch gebracht haben.**«

Dieses Schwert aus Wahrheit und Liebe erzeugt das Licht, mit dem die Dunkelheit besiegt wird. Im Herrn der Ringe spricht Aragorn, »Heute ist ein guter Tag, um Orks zu jagen«. Befreien wir uns von den Maden, die dem falschen Gott gehorchen. Überlassen wir sie dem Schicksal, das, den

unguten Taten angemessen, durchaus wie in der Bibel geschrieben aussehen könnte:
»So jemand das Tier anbetet und sein Bild, der wird gequälet werden, mit Feuer und mit Schwefel, vor den heiligen Engeln. Und der Rauch ihrer Qualen wird aufsteigen von Ewigkeit zu Ewigkeit.«

Nach den inzwischen vorliegenden Erkenntnissen, könnte klar sein, wie das mit Feuer und Schwefel gemeint ist.

Wer der Wahrheit die Tür verwehrt, der lädt die Lüge in sein Haus.

Wer Gut nicht mehr von Böse unterscheiden kann, dessen Urteilsvermögen ist erloschen.

Jeder Unhold aber, der Gewalt den Vorzug vor der Liebe und Güte schenkte, dessen Seele wird geläutert werden. Im großen Präzessionszyklus von insgesamt 25.776 Jahren, einmal um die Zentralsonne und zurück, wird seine Seele gereinigt von dem Schmutz und dem Blut, mit dem er sich befleckt hat.
So steht es geschrieben in der Offenbarung des Johannes, auf den Papyrusrollen der Ägypter, den Tontafeln der Sumerer und in den Pyramiden unserer Urahnen.

Entweder in Liebe leuchten oder im Feuer brennen.

Das ist die Wahl vor der wir Menschen stehen. Bitte entscheiden Sie klug und weise. Ungeachtet dessen, ob Sie derart mystischen Ausführungen Glauben schenken. Pathos bedeutet Leidenschaft. Davon kann man auch mal eine größere Portion abbekommen.
Für die Unsterblichkeit der Liebe, mit dem Schwert der Wahrheit, dem Worte. Nutzen wir die eine Waffe, die uns gegeben wurde, um den Sieg herbeizuführen. Damit dem Spuk ein Ende gemacht wird. Und so könnte vielleicht unser Schlachtruf der Neuzeit lauten:

Für den Frieden und die Freiheit. Mit ganzem Herzen.

Aufstieg zum Licht und Vision der Zukunft

Der Aufstieg zum Licht stellt die einzige Möglichkeit dar, um die kommenden Änderungen zu überstehen. Diese werden jetzt genannt. Es sind sehr heftige Geschichten, die in der nahen Zukunft ablaufen.
Die Kernbotschaft lautet, »die Erde wird sich drehen«. Hier folgen die gezogenen Schlüsse, wie sie mir verständlich erscheinen.
Die Erde besitzt ein Magnetfeld, das von der Geschwindigkeit ihrer Rotation abhängt. Diese Geschwindigkeit nimmt ab, seit etwa 2000 Jahren. Somit reduziert sich die Höhe dieses Magnetfeldes kontinuierlich, es wird schwächer. Gleichzeitig erhöht sich die Frequenz oder Grundschwingung der Erde, kontinuierlich. Gemäß Gregg Braden, wird sich diese Resonanzschwingung bis zu ihrem Maximum aufbauen, welches im Jahre 2012 liegt. Diese wissenschaftliche Basisfrequenz, Schumann-Frequenz benannt, blieb bis Mitte der achtziger Jahre konstant bei 7,8 Hertz, Schwingungen pro Sekunde. Inzwischen erreicht sie einen Wert über 10 und befindet sich nach Braden auf dem Weg zu 13 Hertz.
Ein Mensch unterliegt dem universalen Gesetz der Resonanz, d.h. wir bekommen diese erhöhte Schwingung direkt auf den Leib geschneidert. Ob wir wollen oder nicht.
Niedere Schwingungen wie Gewalt, Brutalität, Haß, Gier, Neid oder Angst, ziehen eine wahre Tortur für den Träger dieser Frequenzen nach sich. Ich möchte hier von unvorstellbarer Qual sprechen, welcher ein derart handelndes und denkendes Individuum unterworfen wird.
Bis zum großen Tag wird die Erdrotation ganz zum Stillstand gekommen sein. Und dann geschieht das Unglaubliche, nach drei Tagen Finsternis oder Tag, je nachdem wo man sich auf der Erde befindet, wird die Erde in die andere Richtung rotieren. Nämlich links herum.
Dieser außergewöhnliche Tag liegt im Dezember 2012. Wer sagt das? Nun, es sind die Mayas mit ihrem Kalender. Wir erinnern uns, die Mayas hatten um 1000 v. Chr. Pyramiden gebaut, von denen ebenfalls keiner zu erklären vermag, wie dies bewerkstelligt wurde.

Also den Dezember 2012 möglichst fett im Kalender anstreichen. Als genaues Datum werden zwei Tage genannt. Zum einen der 12.12.2012. Das Bemerkenswerte an diesem Datum liegt in der Pentalogie verborgen. Die zwölf ist die Zahl eines großen Zyklus, und zieht man die noch unbekannte Wissenschaft zu Rate, dann wird einiges klar. An jenem sagenhaften Tag sind auf einen Schlag drei Zyklen abgeschlossen. Denn sowohl im Geistigen, als auch im Seelischen und im Körperlichen erreicht die Mutter Erde einen Nullpunkt. Das Jahr Null der neuen Zeitrechnung läge exakt an jenem Tag.

Das andere, nicht minder schlüssige Datum ist der 21.12.2012. Gleichbedeutend mit der im Winter ablaufenden Sonnenwende. Suchen Sie sich also entweder Ihren Favoriten aus, oder besser, machen Sie gleich zwei Wochen Urlaub. Für diesen spannenden Ausblick wurden einmalige, dokumentierte Hinweise hinterlassen. Weit vorausschauend wie eh und je.

Wie bei David Icke im Teil II S. 295f sehr gut beschrieben, »**kommt aus dem Zentrum der Milchstraße unserer Sonne ein elektrisches Signal, ein Impuls.**« Dabei handelt es sich um einen übermittelten Taktgeber von der Urzentralsonne direkt. Via Herzchakra gelangt er in den gesamten Körper und auch in unser Gehirn. »**Dann befindet sich der Mensch im Einklang mit dem Kosmos,**« es entsteht ein Schaltkreis.

Die dunklen Gegenspieler der überfälligen Machtergreifung unternehmen nun alles, und das schon lange, um diesen Schaltkreis zu behindern. Unser Biorhythmus weist vierundzwanzig Stunden und fünfzig Minuten als natürlich aus.

Dies entspricht dem Mondzyklus, was logisch scheint. Der Mond ist der Herr der Gezeiten, er bewegt das Wasser über den Planeten. Ein Mensch besteht zu zwei Dritteln aus Wasser. Die Unsäglichen haben einen anderen Kalender eingeführt, den Gregorianischen als »Ersatz« für den Julianischen Kalender. Einführung war im Okt. 1582 und er wurde Stück für Stück allen Ländern aufgezwungen. Jetzt regiert ein Sonnenzyklus, der aber nur zu knapp einem Drittel bestimmend für unseren Biorhythmus ist. Im Zuge dieser Umstellung wurden immer wieder Tage ausgelassen. Um von wohlwollenden Vertretern wieder korrigiert zu werden. Dieses irdische Gezerre mutet lächerlich an.

Jedenfalls versuchen diejenigen, die scheinbar zu faul sind die Geheimnisse der Pyramiden zu ergründen, unserem Organismus mit andauernden Zeitumstellungen im Frühjahr und Herbst verwirrende Signale zu geben. Auch die Sprache ist eine Schwingung. Änderungen dieser Frequenzen durch eingeführte Rechtschreibreformen, zeigen wieder den dümmlichen Versuch, uns abzuschneiden vom nahenden Bewußtsein.

Die Flutwelle in Asien könnte in diesem Zusammenhang durchaus als aktive Tat entlarvt werden, über eine künstliche Sintflut die Rotationsgeschwindigkeit der Erde zu erhöhen und gleichzeitig die Frequenz zu senken. Das scheint möglich, da diese Leute wirklich nichts unversucht lassen. Außerdem war Helmut Kohl, der vermeintliche Rothschild, in Sri Lanka vor Ort. Böse Zungen behaupten, er habe mit einem Sprung aus zehn Metern Höhe aus dem Hubschrauber und direkt in den Indischen Ozean die Flutwelle persönlich ausgelöst. Unter Einsatz seines ganzen Körpergewichtes. Das muß aus logischen Aspekten heraus bezweifelt werden.

Wir halten fest, anstatt endlich das eigene Verhalten auf den Prüfstand zu stellen und eine Abkehr von der verfehlten Haltung zu starten, wird an dem alten Gebaren festgehalten.

Doch was die Allianz der Dunkelzeit auch versucht, es ist jetzt Schluß mit dem Mist. Da ein Verhalten, wie es die aktuell irdisch Mächtigen an den Tag legen, mit den erhöhten Dosen an Schwingungen nicht vereinbar ist, wird klar, was den Rothschilds und Konsorten blüht. Der Abgesang der lange währenden Gewaltorgie. Wie störrische, kleine Kinder halten die an der Macht fest. Scheinbar unfähig und nicht Willens, den Weg des Lichtes anzunehmen.

Alles im Leben ist Schwingung oder Rhythmus. Farben, Töne, Zahlen, Licht oder Sprache, es macht keinen Unterschied. Überall in unserem Leben regieren die einzelnen Frequenzen.

Ein linksdrehender Körper in unserem Universum erreicht eine viel höhere Frequenz als ein Rechtsdrehender. Fragen Sie mich nicht, warum es so ist, ich weiß es noch nicht. Aber viel wichtiger scheint die Frage, welche Möglichkeiten wir haben, unsere Energiewellen Stück für Stück zu erhöhen, um die dann herrschende Intensität spielend leicht hinzunehmen. Aufgrund dieser physikalischen Besonderheit der höherschwingenden Linksdreher, ist das linksgeflügelte Hakenkreuz auch das Zeichen des

Glückes und der Auferstehung. Deswegen mußte das Zeichen verschwinden. Weil Dinge, die man dauernd vor der Nase hat, hinterfragt man irgendwann. Spätestens wenn einem die eigenen Kinder mit Sätzen in den Ohren liegen, wie »Papi, was bedeutet das Hakenkreuz eigentlich? Von wem kommt das? Wofür steht das?«
Einmal in der Sackgasse unbeantworteter Kinderfragen angekommen, wenn ohne Unterlaß weiter gebohrt und geforscht wird, und man schließlich nicht mehr weiter weiß, kommt einem dieses Mißgeschick nie wieder unter. Die linksdrehende Sache, ein so simples Konstrukt möchte man meinen, zieht derart weite Kreise. Jedenfalls kann nur bestehen, wer sich in dieser hohen Schwingung befindet.
Genau das ist auch der Grund, warum die Herrschaften der auslaufenden Regentschaft so sauer und brutal reagieren. Auch sie haben die Wahl, entweder anständige Menschen werden oder untergehen. Aber es gibt kein Entrinnen.
Ebenso wie im Epizentrum der Dunkelzeit keine Möglichkeit gegeben war, dem Guten zum Sieg zu verhelfen, läßt sich das böse Treiben im heranfliegenden Wassermannzeitalter nicht mehr fortführen. Und da sich diese Leute so an das Abkassieren von Steuern, ihr parasitäres Leben auf Kosten der Gemeinschaft und die ganzen, sonstigen Annehmlichkeiten gewöhnt haben, fällt das Ablassen von Jahrhunderte langen Errungenschaften natürlich schwer. Dennoch heißt die einzige Wahl, die bleibt, Flossen zurückziehen oder Hand ab.
So ist das Leben, Herrschaften. Und das Leben ist nun mal kein Wunschkonzert. Selbst für die scheinbar Mächtigen und Superreichen gibt es kein Zurück. Die uralte Rechnung geht jetzt nicht mehr auf. Der Schuldenberg des dunklen Zeitalters muß beglichen werden.
Die Erfahrung lehrt, daß die Wahrheit eine Waffe ohne gleichwertigen Gegner ist. Tausende Lügen zerbersten zu Asche und Staub, wenn die Wahrheit anrollt. Weder Personen oder gar deren Institutionen und Gebilde können dieser Macht standhalten. Da die Lügengebäude der herrschenden Familien auf wahren Bruchstücken aufbauten, stets die Wahrheit als Fassade nutzend, bedurfte es nur eines kleinen Kniffes, um diese Bauten zusammenstürzen zu lassen.

Aufstieg zum Licht...

Man nehme diese Bruchstücke auf, lege sie auf den Berg der Lügen und der wird unter dieser untragbaren Last zusammenbrechen. Ein einfaches und sehr wirkungsvolles Rezept. Naja, das ist jetzt schon fast Vergangenheit.

Befassen wir uns lieber mit den Vorbereitungen, die wir zu treffen haben. Schauen wir auf uns selbst. Also, eine hohe Schwingung muß her. Woher nehmen und nicht stehlen? Ganz einfach. Augen auf, wir beobachten die anderen Lebewesen und schon liegt die Lösung vor uns. Das Reich der Pflanzen und Mineralien hilft uns dabei. Und der Tiere selbstverständlich. Aktuell hat ein gesunder Mensch eine Schwingung von etwa 7.500 Bovismetern. Vor 15 Jahren lagen wir bei etwa 6.000 Grundeinheiten. Sie können erahnen, wohin die Reise geht.

Schauen wir uns nun beispielhaft an, welche Schwingungen die Pflanzen und Mineralien im Einzelnen zu bieten haben:

Hopfen	8.000
Germanium	18.000
Beinwell (deutsch)	bis 23.000
Ringelblume	27.000
Beinwell (russisch)	55.000
Hanf	bis 63.000

Wir erkennen Verblüffendes. Der uns vorenthaltene Hanf bietet neben seiner sehr hohen, eigenen Schwingung noch zwei weitere Vorteile. Der uns eigene Rezeptor, der auf allen unseren Nervenzellen sehnsüchtig auf exogenes THC wartet, nämlich das vom Hanf, wird die Schwingung der Cannabispflanze direkt in unser Gehirn einspeisen. Zweitens wirkt das THC des Hanf bewußtseinserweiternd, was dringend benötigt ist. Denn in gut siebeneinhalb Jahren müssen wir fit sein, Jungs und Mädels. Dann heißt es anschnallen auf der linksgekrümmten Tour durchs All.

Unübertroffener Spitzenreiter in Sachen Schwingung bleibt das einzige Perpetuum mobile, das die Welt jemals besaß, unsere unersetzliche Liebe. Ein Säugling stirbt ohne Liebe. Ein Erwachsener lebt ohne Liebe nicht wirklich. Bei David Icke, Band II, S. 286, ist diesbezüglich Erhellendes zu lesen:

»Furcht ist eine lange und langsame Wellenlänge und aktiviert nur sehr wenige unserer DNS-Antennen. Liebe ist eine kurze, schnelle Wellenlänge, die viele Antennen aktiviert und uns mit allem, was existiert, in Verbindung bringt.«

Bei empfundener und gedachter Liebe werden Schwingungen über 200.000 Bovismetern gemessen. Das bleibt unerreicht. Machen Sie sich ruhig mit einem Motto vertraut, das Ihr Leben in den nächsten Jahren stetig stärker bestimmen wird:

Lieben was das Zeug hält

Sie können schimpfen und maulen, was Sie wollen, es bleibt dabei. Nur wer liebt, lebt. Wirklich schön wäre, wenn Sie alle dabei sind. Eine wunderbare Zeit liegt dann vor uns.
Dann steigt die größte Fete aller Zeiten. Ausgelassene, gesunde Menschen, friedlich vereint. Alte, junge, hübsche, und weniger hübsche wie ich, nette und vielleicht auch Morgenmuffel, es sind alle dabei. Sie haben unterschiedliche Hautfarben, verschiedene Ansichten und sind Individuen mit unterschiedlichem Geschmack. Wie schön und bunt wird unsere Welt. Gehen wir es an. Wir besitzen den Mut und die Kraft das Richtige zu tun. Wieder wird das Gefühl uns den Weg weisen.
Wissen Sie eigentlich, worin der grundlegende Unterschied zwischen Männern und Frauen besteht, ich meine den physikalischen? Die kleinen Feinheiten des Lebens sind manchmal viel spannender als die vermeintlich Wichtigen.
Frauen haben laut Newton zehn Prozent mehr Wasser im Blut als Männer. Damit besitzen die Damen einen anderen Stoffwechsel und einen von den Männern abweichenden Biorhythmus. Abends haben Frauen eher kalte Hände und Füße, morgens glühen sie dafür vor sich hin. Bei Männern ist das umgekehrt. Deswegen haben manche Männer abends das Gefühl, sie werden nur als Wärmflasche mit Ohren verwendet.
Zurück zur Frage. Frauen weisen also zehn Prozent mehr Wasser im Blut auf. In einem netten Film ging es um die Mißverständnisse zwischen Frauen und Männern. Und von dem Jungen kam der Vorschlag, die Frauen

sollten entwässert werden. Worauf sein Lehrer, dargestellt von Mel Gibson, lachend meinte, die Frauen wünschen eher wir Männer sollten mehr trinken. Wie so oft liegt die Wahrheit in der Mitte. Wenn Frauen öfter in die Sauna gehen und ihre Männer mehr trinken, Wasser natürlich, dann sind wir einander schon viel näher. Und haben uns wieder lieb.
Um es auf einen Nenner zu bringen. Durch das begonnene Wassermannzeitalter hat sich die Energie aus dem Sternzeichen verfünffacht. Von 15 Trillionen Schwingungen pro Sekunde aus dem Fische-Sternzeichen, gleichbedeutend mit der Farbe infrarot, auf enorme 75 Trill. Schwingungen pro Sekunde im Wassermann, dem Farbton ultraviolett. Nachzulesen bei Dr. F. W. Summer in »Das kommende goldene Zeitalter« aus dem Ventla Verlag. Der Versuch »echt Besorgter« um unser Heil gipfelt darin, uns vor der UV-Strahlung schützen zu wollen. Nett, oder?
Zusätzlich sind wir ein Stück näher an die Urzentralsonne gelangt. Noch mehr Licht, Energie. Und als ob das noch nicht genug wäre, ist die Mutter Erde in den Photonengürtel des Sirius eingetaucht. Eine volle Ladung Licht.
Wer hier noch seine dunklen Spielchen unternimmt kann getrost als Don Quichote bezeichnet werden. In einem bedeutend stärkeren Kräftekontrast. Ein paar Wurzelnasen, zweifelsohne mit technischen Möglichkeiten ausgestattet, treten gegen die Kräfte des Universums an. Es darf viel Spaß gewünscht werden. Den Klügeren ist dieser Satz gewidmet.
Solange das Universum besteht werden Leben und Licht immer siegen. Gleichgültig wie lange die Dunkelheit besteht, sie ist nur der Abwesenheit an Licht zu verdanken. Das dürfte jedem Normaldenkenden einleuchten.
Zum Abschluß dieses hellen Kapitels, möchte ich etwas zum Besten geben. Bitte seien Sie so lieb, und hören Sie sich noch meinen kleinen Reim an. Ich finde ihn jedenfalls sehr nett.

Auf der Straße durch die Zeit,
reiste einst ein kleiner Wicht,
er strahlte hell vor Heiterkeit,
kein Wunder, denn er trägt das Licht.

Und dieser kleine Wicht steckt in jedem von uns. Schön, gell?

Quellen

1. Vorwort

2. Die Anfänge

3. Kapitel		Ausgangslage
S. 27	1)	Robin de Ruiter »Die 13 satanischen Blutlinien« S. 82/3
S. 32	2)	Michael Hesemann »Geheimakte John F. Kennedy« S. 86

4. Kapitel		Die Rolle der Templer
S. 35	3)	Peter Moosleitners Magazin »P.M.« Ausgabe März 2005
	4)	Der Große Brockhaus, Bd. 18 von 1934, 15. Aufl. S. 542/3
S. 36	5)	dto.
	6)	Der Große Brockhaus, Bd. 18 von 1934, 15. Aufl. S. 542/3
	7)	T. Ritter »Abbé Sauniere und der Schatz der Templer« S. 193
S. 36	8)	dto. S. 202
	9)	Der Große Brockhaus, Bd. 9 von 1931, 15. Aufl. S. 445

5. Kapitel		Allianz der Dunkelmächte
S. 39	10)	Dr. John Coleman »Black Nobility«
	11)	Der Große Brockhaus, Bd. 1 von 1928, 15. Aufl. S. 100-103
S. 40	12)	Der Große Brockhaus, Bd. 8 von 1931, 15. Aufl. S. 125
	13)	Dr. John Coleman »Das Komitee der 300« S. 122
S. 42	14)	Dr. John Coleman »Das Komitee der 300« S.122
	15)	dto. S. 226
S. 44	16)	Des Griffin »Wer regiert die Welt« S. 73
	17)	P.M. Magazin, Ausgabe März 2005
S. 45	18)	Der Große Brockhaus, Bd. 16 von 1933, 15. Aufl. S. 135/6
	19)	Des Griffin »Wer regiert die Welt« S. 81

Quellen

6. Kapitel		**Freimaurer- Geschichte und Aufgabe**
S. 55	20)	Der Große Brockhaus, Bd. 9 von 1931, 15. Aufl. S. 445
	21)	Andreas von Rétyi »Skull & Bones« S. 38
S. 56	22)	Andreas von Rétyi »Skull & Bones« S. 39
	23)	Des Griffin »Wer regiert die Welt« S. 32
S. 57	24)	Dr. John Coleman »Das Komitee der 300« S. 231
S. 59	25)	Milton W. Cooper »Die apokalyptischen Reiter« S. 109/110
S. 63	26)	Der Große Brockhaus, Bd. 18 von 1934, 15. Aufl. S. 108
7. Kapitel		**Die Schlüssel zur Macht**
S. 68	27)	Des Griffin »Wer regiert die Welt« S. 77/78
S. 71	28)	Unabhängige Nachrichten, Ausgabe 12/2003
S. 72	29)	www.save-a-patriot.org./files/view/whofed.html S. 1 ff.
	30)	Des Griffin »Wer regiert die Welt« S. 62
8. Kapitel		**Im Morast: Kriege und Nazis**
S. 78	31)	Internet »The Empire of IG Farben« S. 1
	32)	David Icke »Das größte Geheimnis« Bd. II S. 338/9
S. 80	33)	Dr. John Coleman »Das Komitee der 300« S. 233
	34)	Rüdiger Liedtke »Wem gehört die Republik?« S. 149
	35)	www.bornpower.de
S. 81	36)	Rüdiger Liedtke »Wem gehört die Republik?« S. 149
S. 82	37)	Internet »The Empire of IG Farben« S. 1ff
S. 83	38)	Bernd Wagner »IG Auschwitz« S. 102
S. 85	39)	Brockhaus Konversationslexikon, Bd. 2 von 1901, S. 394/3953
S. 88	40)	Rüdiger Liedtke »Wem gehört die Republik?« S. 149
S. 89	41)	Bernd Wagner »IG Auschwitz« S. 305
	42)	Bernd Wagner »IG Auschwitz« S. 305

Quellen

9. Kapitel		**Religion und Drogen**
S. 97	43)	Milton W. Cooper »Die Apokalyptischen Reiter« S. 109/ 110
	44)	Johannes Rothkranz »Die vereinten Religionen der Welt im antichristlichen Weltstaat« S. 231
S. 100	45)	Jack Herer/Mathias Bröckers »Hanf« W. Heyne S. 86
S. 101	46)	Andreas von Rétyi »Skull & Bones« S. 35- 41
	47)	Andreas von Rétyi »Skull & Bones« S. 39 S. 96/97
	48)	Andreas von Rétyi »Die unsichtbare Macht« S. 125
S. 102	49)	Jack Herer/Mathias Bröckers »Hanf« 2001 S. 277
	50)	Dr. John Coleman »Das Komitee der 300« S. 229
10. Kapitel		**Der 11. September 2001**
S. 106	51)	Gerhoch Reisegger »Wir werden schamlos irregeführt« S. 388
	52)	Andreas von Bülow »Die CIA und der 11. September« S. 159
S. 107	53)	Gerhoch Reisegger »Wir werden schamlos irregeführt« S. 379
S. 109	54)	Gerhoch Reisegger »Die Bildbeweise« S. 40ff
	55)	Internet »Wer besitzt die Fernsehsender«
	56)	Dr. John Coleman »Das Komitee der 300« S. 234
S. 110	57)	Gerhoch Reisegger »Wir werden schamlos irregeführt« S. 435
S. 111	58)	Gerhoch Reisegger »Wir werden schamlos irregeführt« S. 448
S. 112	59)	Andreas von Bülow »Die CIA und der 11. September« S. 213
S. 113	60)	Gerhoch Reisegger »Wir werden schamlos irregeführt« S. 448
	61)	Gerhoch Reisegger »Wir werden schamlos irregeführt« S. 427

Quellen

11. Kapitel		Katalog der Grausamkeiten
S. 122	62)	K.Werner/ H.Weiss »Schwarzbuch Markenfirmen«S. 83
S. 127	63)	Video Dr. Beck »Der verschwiegene Durchbruch in der Medizin«
S. 128	64)	Milton W. Cooper »Die apokalyptischen Reiter« S. 110
	65)	dto. S. 444
	66)	K. Werner/ H. Weiss »Schwarzbuch Markenfirmen« S. 226/7
12. Kapitel		Schreckgespenst der Dunkelmacht
S. 144	67)	Dr. John Coleman »Das Komitee der 300« S. 231
S. 144	68)	Dr. John Coleman »Das Komitee der 300« S. 228
S. 145	69)	Jack Herer/ Mathias Bröckers »Hanf« 2001 S. 58
S. 146	70)	Jack Herer/ Mathias Bröckers »Hanf« 2001 S. 277
S. 147	71)	Jack Herer/ Mathias Bröckers »Hanf« 2001 S. 47
	72)	Jack Herer/ Mathias Bröckers »Hanf« 2001 S. 230
	73)	Internet »The Empire of IG Farben«
	74)	Rüdiger Liedtke »Wem gehört die Republik?« S. 40
S. 148	75)	ARD Videotext v. 30.05.2004 S. 550
	76)	Dr. John Coleman »Das Komitee der 300« S. 128
S. 151	77)	Jack Herer/ Mathias Bröckers »Hanf« 2001 S. 73
	78)	Jack Herer/ Mathias Bröckers »Hanf« 2001 S. 83
	79)	William Bramley »Die Götter von Eden« S. 416
S. 153	80)	Dr. John Coleman »Das Komitee der 300« S. 141
S. 156	81)	Dr. med. Lester Grinspoon/James B. Bakalar »Marihuana-Die verbotene Medizin« S. 154
S. 159	82)	Jack Herer/Mathias Bröckers »Hanf« W. Heyne S. 75
	83)	Dr. John Coleman »Das Komitee der 300« S. 104
	84)	Jack Herer/ Mathias Bröckers »Hanf« 2001 S. 277
13. Kapitel		Politiker im Licht
14. Kapitel		Edelmänner
15. Kapitel		Überblick

Quellen

16. Kapitel   Lichtgestalten und Legenden

17. Kapitel   Aufstieg zum Licht und Vision der Zukunft

Auszug Brockhaus Konversationslexikon
Bild 1 und 2

Einzig das eingehende Studium der Bücher brachte die notwendigen Erkenntnisse. Über Jahre reifte hier der Überblick, um hinter die Kulissen sehend, die Abläufe in unserer Welt richtig einschätzen zu können. Nebenbei ist Lesen fantasiebildend und fesselnd. Auf ruhige und wohltuende Weise. Es fördert den Zugang zum Unterbewußtsein.

Lesen macht schlau, Fernsehen dagegen dumm. Außerdem bereitet es Spaß, dem Partner von interessanten Passagen zu berichten. Was ebenfalls verbindet.

Das Studium dreier Quellen steckte den Rahmen der Menschheitsgeschichte ab. Addiert lieferten sie das schlüssige Bild, das sich mir eröffnete. Aus diesem Grunde möchte ich diese drei Bücher zuerst nennen.

Ernst Muldashev »Das dritte Auge«
Wissenschaftliche Arbeit. Unsere Vorfahren aus der Sicht eines Augenarztes. Interessant.

David Icke »Das größte Geheimnis«
Leidenschaftlich und wissenschaftlich gemischt. Eine Kämpfernatur.

Bergmann/ Rothe »Der Pyramiden-Code«
Hochwissenschaftlich, trotzdem verständlich geschrieben.

Hier kommen einige Bücher, die äußerst hilfreich als Lieferanten von Informationen waren. Es sind dies die weiteren Stützen des Buches, in willkürlicher Reihenfolge.

Thomas Ritter »Abbé Sauniere und der Schatz der Templer«
Tolle und wertvolle Mosaiksteine und eine spannende Geschichte.

Peter Moosleitners Magazin »P.M.«
Nicht nur aufgrund des hervorragenden Artikels über die Templer ein Genuß.

Zeitenschrift
Ein engagiertes Team, das fundiert wichtige Themen präsentiert. Dieses Magazin bringt die heißen Themen auf den Tisch. Für Kranke ist hier stets Wertvolles parat.

Dr. John Coleman »Das Komitee der 300«
Ein Klassiker und eminent wichtiger Baustein detailliert dargelegt.

G. Reisegger »Wir werden schamlos irregeführt«
Einwandfrei und unwiderlegbar. Seine Rehabilitation in der Öffentlichkeit wird mit dem Fest zur Herrschaft der Menschen einhergehen. Tolles Buch.

Andreas von Bülow »Die CIA und der 11. September«
Ein anderer Blickwinkel, der sich wunderbar zu G. Reisegger ergänzt.

Jan van Helsing
Der Pionier schlichtweg. Er hat den Stein ins Rollen gebracht, der vor der Tür zum neuen Zeitalter lag. Sein Auftreten brachte den ersten Impuls. Der Meister der Aufklärung.

Robin de Ruiter »Die 13 satanischen Blutlinien«
Geballte Informationen zu den Familien. Die perfekte Ergänzung zu David Icke.

Quellen

Michael Hesemann »Geheimakte John F. Kennedy«
Sie wollen alle Fakten zu John F. Kennedy? Hier sind sie. Haarklein wird hier der Ritualmord im Freimaurerstil dargelegt. Flüssig und leicht lesbar, mitsamt der qualitativen Information.

Brockhaus Konversationslexikon von 1901 und Der Große Brockhaus 1928
Zwei Schätze, die als Schutzengel der Wahrheit agieren. Prädikat: besonders wertvoll.

Des Griffin »Wer regiert die Welt«
Der Altmeister an sich. Immer wieder findet sich Neues. Wertvoller Vorläufer.

William Bramley »Die Götter von Eden«
Werthaltige Fakten in eine gute Geschichte eingebaut. Ein Klassiker.

Andreas von Rétyi »Skull & Bones« und »Die unsichtbare Macht«
Informativ und lesenswert. Viele gute Bausteine.

Rüdiger Liedtke »Wem gehört die Republik?«
Nüchterne Statistiken können so erhellend sein. Für die akribischen Nachforschungen meine Bewunderung. In diesen Besitzanteilen liegt die heutige Lage vor Augen. Ganz wichtig.

Milton W. Cooper »Die apokalyptischen Reiter«
Mutiger Dauerrenner, mit Informationen nicht geizend. Vortrefflich seine klaren Aussagen.

Bernd Wagner »IG Auschwitz«
Alle Achtung. In Deutschland ein solch heißes Eisen anfassen. Elegant und kompetent gelöst. Hut ab vor diesem Mut. Und meinen ausdrücklichen Dank für die aufbereiteten Daten.

Jack Herer/ Mathias Bröckers »Hanf«
Im Wilhelm Heyne Verlag zum Verrotten verurteilt, wird dieses Wissen immer wieder Blüten treiben. Die beiden Vorreiter mögen irgendwann nachlegen. Bei der Suche nach einem Verlag können gute Tips gegeben werden.

Die Autoren **Armin Risi, Peter Plichta, Paul C. Martin** und **Viktor Farkas** möchte ich noch lobend erwähnen. Auch Sie waren wichtige Stützen. Die Wahrheit brauchte noch viele Freunde mehr, in der jetzt ausgelaufenen Dunkelzeit. Sie sind in meinem Herzen und meinem Geist, selbst wenn ich sie hier unerwähnt gelassen habe. Dafür danke ich allen Autoren, die stets bemüht sind, der Wahrheit behilflich zu sein.

Sprüche und Zitate

»Willst Du die Wahrheit erzählen, mußt Du sie in ein Märchen kleiden.« *Karl May*

»Wer die Wahrheit nicht kennt ist ein Dummkopf. Aber wer sie kennt und eine Lüge nennt, ist ein Verbrecher.« *Bertold Brecht*

»Du solltest Dich nicht fragen, was Dein Land für Dich tun kann, sondern was Du für Dein Land tun kannst«. *John F. Kennedy*

»Es gibt keinen heimtückischeren und sichereren Weg, das Fundament der Gesellschaft zu zerstören, als ihre Währung zu entwerten. Dieser Vorgang stellt alle verborgenen Kräfte der wirtschaftlichen Gesetze in den Dienst der Zerstörung, und dies in einer Weise, die nicht einer unter einer Million erkennen kann«.
John Maynard Keynes, Volkswissenschaftler

»Wir stehen am Rande einer weltweiten Umbildung. Alles was wir brauchen ist die richtige, allumfassende Krise, und die Nationen werden in die Neue Weltordnung einwilligen«.
David Rockefeller, Gründer Trilaterale Kommission,
Aufsichtsrat JP Morgan Chase

»Wir werden zu einer Weltregierung kommen, ob sie dies wollen oder nicht. Mit ihrer Zustimmung oder nicht. Die Frage ist nur, ob diese Regierungsform freiwillig oder durch Gewalt erreicht werden muß«.
James Warburg, Senatssausschuss für Auswärtige Angelegenheiten
(CFR), 17.2.1950

»Alles was das Böse braucht, um zu triumphieren, ist, daß die guten Menschen nichts tun«.
Edmund Burke, amerikanischer Philosoph, 1729 – 1797

Sprüche und Zitate

»Das war die Generalprobe vor Ort«
George Bush senior, amerikanischer Präsident
und CIA-Chef, nach dem ersten Golfkrieg

[Auf diese Aussage hin schickte Yitzhak Rabin, damals israelischer Ministerpräsident, ein offizielles Schreiben an die US-Regierung mit der Bitte um Aufklärung, was das zu bedeuten habe, und wie denn bitte schön die Premiere aussehen solle. Die Antwort ist die amerikanische Regierung bis heute schuldig geblieben. Böse Zungen behaupten, Rabin hätte die Antwort in Form seiner Ermordung Jahre später erhalten.]

»Wenn die Leute jemals herausfinden würden, was wir getan haben, dann würden wir die Straßen hinuntergejagt und gelyncht werden.«
George C. Bush gegenüber Sarah McClendon,
Reporterin des White House

»Wenn wir eine Diktatur hätten, wäre alles weiß Gott viel einfacher, solange ich der Diktator bin«.
George W. Bush, 18. Dezember 2000,
vor der endgültigen Wahlentscheidung

»Es gibt ein Komitee von 300 Leuten, die unsere Welt regieren und deren Identität nur ihresgleichen bekannt ist«.
Walter Rathenau, offenbarte das Komitee der 300
und wurde am 24. Juni 1922 ermordet

Wer die Freiheit aufgibt, um Sicherheit zu gewinnen, wird am Ende beides verlieren«.
Benjamin Franklin, USA-Mitgründer,
Gegner einer privaten Zentralbank

Sprüche und Zitate

»Ich bin entschlossen, die internationalen Bankiers, dieses Natterngezücht, aus dem amerikanischen Lebensgefüge auszurotten. Wenn das amerikanische Volk verstehen würde, wie diese Vipern agieren, würde noch vor Anbruch des Morgens eine Revolution ausbrechen«.
Präsident Andrew Jackson, vorher General der US-Armee, Gegner der amerikanischen Zentralbank in Händen der Rothschilds. Sieg über die englische Armee 1814, verweigerte der Zentralbank 1836 die Konzession und baute die Staatsverschuldung komplett ab

»Als der Federal Reserve Act ratifiziert wurde, nahmen die Bürger der Vereinigten Staaten nicht wahr, dass hier ein Weltbanksystem zu entstehen im Begriff war. Ein Superstaat, kontrolliert von internationalen Bankern und Industriellen, die miteinander agierten, um die Welt zu ihrem persönlichen Vergnügen zu versklaven. Die FED unternahm jede Anstrengung ihre Macht zu verbergen, doch die Wahrheit ist – sie usurpierte die Regierung«
und
»Die internationalen Bankiers sind eine dunkle Mannschaft von Finanzpiraten, die einem Mann die Kehle durchschneiden würden, nur um einen Dollar aus seiner Tasche zu kriegen. Sie rauben das Volk dieser Vereinigten Staaten aus«.
Louis T. McFadden, Kongressabgeordneter, langjähriger Vorsitzender des Banken- und Währungsausschusses

»Im Zweifel belüge ich sogar den Kongress!«
Allen W. Dulles, CIA-Gründer, CFR, Rockefeller-Verwandter

»Die Freimaurerei ist eine jüdische Einrichtung, deren Geschichte, Grade, Pflichten, Passwörter und Erklärungen jüdisch von Anbeginn bis zum Ende sind, und zwar mit einer einzigen Ausnahme eines Nebengrades und einiger weniger Worte in der Verpflichtung«.
Stephen Wise, Begründer Union of American Hebrew Congregation, 03.08.1855

Sprüche und Zitate

»Machen sie keine unnützen Bekanntschaften« *Baron von Rothschild*

»Willst Du den Charakter eines Menschen kennen, gib ihm Macht«
und
»Ich sehe in naher Zukunft eine Krise heraufziehen. In Friedenszeiten schlägt die Geldmacht Beute aus der Nation und in Zeiten der Feindseligkeiten konspiriert sie gegen sie. Sie ist despotischer als eine Monarchie, unverschämter als eine Autokratie, selbstsüchtiger als eine Bürokratie. Sie verleumdet all jene als Volksfeinde, die ihre Methode in Frage stellen und Licht auf ihre Verbrechen werfen... Eine Zeit der Korruption an höchsten Stellen wird folgen, und die Geldmacht des Landes wird danach streben, ihre Herrschaft zu verlängern, bis der Reichtum in den Händen von wenigen angehäuft und die Republik vernichtet ist«.
A. Lincoln, 21.11.1864, amerikanischer Präsident und integrer Demokrat, ein halbes Jahr vor seiner Ermordung durch J.W. Booth, Rothschildagent

»Ich werde Deutschland zermalmen«
Roosevelt, US-Präsident, Freimaurer und Rothschild-Zögling, 1932

»Sie müssen sich darüber im Klaren sein, daß dieser Krieg nicht gegen Hitler oder den Nationalsozialismus geht, sondern gegen die Kraft des deutschen Volkes, die man für immer zerschlagen will, gleichgültig, ob sie in den Händen Adolf Hitlers oder eines Jesuitenpaters liegt«.
Mitteilung an einen Beauftragten des deutschen Widerstandes, in Emrys Hughes, »Winston Churchill – His career in war and peace«

»Wer lenkt die Parlament' und die Despoten? Wer hält des Erdballs Waage? Wer armiert Das Volk Madrids, hemdlose Patrioten, Das Alt-Europa krächzt und lamentiert? Wer schickt von Pol zu Pol der Herrschaft Noten? Vielleicht der Schatten Napoleonschen Mutes? Jud' Rothschild und sein Mitchrist Baring tut es!«
Byron, britischer Dichter, 1823 in »Don Juan«. Bankhaus Barings wurde später von Rothschild übernommen

»Ein Lächeln ist die eleganteste Art, dem Gegner die Zähne zu zeigen«.

»Eine freie Presse gibt es nicht. Sie, liebe Freunde wissen das, und ich weiß es gleichfalls. Nicht ein einziger unter ihnen würde es wagen, seine Meinung ehrlich und offen zu sagen. Das Gewerbe eines Publizisten ist es vielmehr, die Wahrheit zu zerstören, geradezu zu lügen, zu verdrehen, zu verleumden, zu Füßen des Mammon zu kuschen und sich selbst und sein Land und seine Rasse... wieder und wieder zu verkaufen. Wir sind Werkzeuge und Hörige der Finanzgewaltigen hinter den Kulissen. Wir sind die Marionetten, die hüpfen und tanzen, wenn sie am Draht ziehen. Unser Können, unsere Fähigkeiten und selbst unser Leben gehören diesen Männern. Wir sind nichts als intellektuelle Prostituierte.«

John Swainton, Herausgeber der New York Times

»Die Stunde hat geschlagen für die Hochfinanz, öffentlich ihre Gesetze für die Welt zu diktieren, wie sie es bisher im Verborgenen getan hat. Die Hochfinanz ist berufen, die Nachfolge der Kaiserreiche und Königtümer anzutreten, mit einer Autorität, die sich nicht nur über ein Land, sondern über den ganzen Erdball erstreckt«.

Erklärung zur Gründung der Internationalen Bankenallianz, Paris, 1913

»Unser Ziel ist die Vernichtung von so viel wie möglich Deutschen. Ich erwarte die Vernichtung jedes Deutschen westlich des Rheines und innerhalb des Gebietes, das wir angreifen«.

General Dwight D. Eisenhower, mit der Blitzkarriere vom Oberst zum amerikanischen Präsidenten, mit tatkräftiger Unterstützung des CFR und Bernhard Baruch

»Wo die Gefahr wächst, wächst das Rettende auch«.

Hölderlin, Dichter

»Beleidigungen sind die Argumente jener, die über keine Argumente verfügen«.
und
»Das Geld, das man besitzt, ist das Instrument der Freiheit, das Geld, dem man nachjagt, ist das Geld der Knechtschaft«.
Jean-Jacques Rousseau, französischer Philosoph und Staatsmann

»Unsere jüdische Interessen erfordern die endgültige Vernichtung Deutschlands«.
W. Jabotinski, Gründer von »Irgun Zwai Leumi«, Januar 1934

»Jetzt haben wir Hitler zum Krieg gezwungen, sodaß er nicht mehr auf friedlichem Wege ein Stück des Versailler Vertrages nach dem anderen aufheben kann«.
Lord Halifax, englischer Botschafter in Washington, Komitee der 300 -Mitglied, 1939

»Als das Jahr 1910 sich dem Ende neigte, gab es ein Vorkommnis, bei dem ich so verschwiegen – in der Tat so verstohlen – wie jeder Verschwörer war. Ich glaube nicht zu übertreiben, wenn ich von unserer geheimen Expedition nach Jekyll Island als dem eigentlichen Beginn dessen spreche, was schließlich das Federal-Reserve-System wurde. Wir wußten, daß wir (bei diesem geheimen Treffen) nicht entdeckt werden durften, andernfalls wären all unsere Zeit und Anstrengungen verschwendet gewesen«.
Frank Vanderlip, Chef von Rockefellers National City Bank, 1935

»Das Ziel der einflußreichen Mehrheit der Mitglieder des CFR hat sich seit der Gründung 1922 nicht geändert. Unser nationales Ziel sollte sein, unsere Nationalität abzuschaffen..... diese Lust an der Aufgabe der Souveränität und Unabhängigkeit der Vereinigten Staaten durchsetzt den größten Teil der Mitgliedschaft und besonders die Führerschaft der diversen Cliquen«.
Chester Ward, Admiral a.D., 1972

»Wettbewerb ist eine Sünde«.
>   *John D. Rockefeller, Monopolist und Gegner des freien Unternehmertums*
[Und ich dachte immer, Konkurrenz belebt das Geschäft...]

»Ein Mann, der von Freunden und Feinden umgeben ist, wird in seinen Aktionen geschwächt. Derjenige, der mit dem Rücken zur Wand steht, besitzt nur einen Ausweg und sieht dem Feind direkt ins Gesicht, und genau das macht ihn so gefährlich und versetzt ihn in die Lage, auch einen deutlich mächtigeren Gegner zu besiegen«.

»Der Fisch stinkt vom Kopf her«.

»Wer nicht mehr versucht, besser zu werden, hat aufgehört gut zu sein«.

»Kritiker sind Eunuchen, sie wissen wie man's macht, können es aber nicht«.
[Selber machen ist die Kunst.]

»Was ist schon ein Bankraub im Verhältnis zum Besitz einer Bank«.
>   *Bertold Brecht*

»Du kannst nicht Gott dienen und dem Mammon« *Abraham Lincoln*

»Es gibt etwas hinter dem Thron, das mächtiger ist, als der König selbst«.   *Sir William Pitt, britischer Staatsmann 1770*

»Die Welt wird von ganz anderen Personen regiert, als diejenigen es sich vorstellen, die nicht hinter den Kulissen stehen«.
>   *Benjamin Disraeli, englischer Politiker 1844*

»Ein Pessimist ist der einzige Mist auf dem nichts wächst«.

Sprüche und Zitate

»Die Herrscher der USA sind die kombinierten Kapitalisten und Fabrikanten der USA. Die Regierung der USA ist gegenwärtig Pflegekind von Sonderinteressen«.
Damaliger Präsidentschaftskandidat Woodrow Wilson, 1912

»Die wirkliche Bedrohung unserer Republik ist die unsichtbare Regierung, die wie ein riesiger Oktopus ihre schleimige Spur über unsere Stadt verbreitet, über unseren Staat und unsere Nation. Sein Kopf wird von einer kleinen Gruppe von Bankhäusern gebildet. Dieser kleine Zirkel mächtiger Bankleute lenkt unsere Regierung offenbar zu ihrem eigenen Selbstzweck«.
New Yorks Bürgermeister John F. Hylan, 1922

»Wahrheit ist ein Fels in der Brandung und ein Fels muß sich nicht fortpflanzen. Er entsteht, bleibt, vergeht und entsteht wieder. Er lebt im Kreislauf der Unendlichkeit«.

»Wer nicht über den Tellerrand hinausschaut, wird in der Suppe ersaufen, die er nicht auslöffeln möchte«.

»Skrupellose Machtgier führt in die Selbstzerstörung«. *Shakespeare*

»Streit schwächt, Einigkeit macht stark«.

»Immer wieder behauptete Unwahrheiten werden nicht zu Wahrheiten, sondern – was schlimmer ist – zu Gewohnheiten.« *Oliver Hossenkamp*

»Gott schläft im Stein, träumt in der Pflanze, erwacht im Tier und handelt im Menschen.« *Indianisches Sprichwort*

»In einer Zeit, wo Gewalttätigkeit in Lüge gekleidet, so mächtig wie noch nie auf dem Throne der Welt sitzt, bleibe ich dennoch überzeugt, daß Wahrheit, Liebe und Sanftmut, die Gewalt sind welche über aller Gewalt ist.« *Albert Schweitzer*

Sprüche und Zitate

Zitate des Friedrich Schiller

Dein Schicksal ruht in Deiner eigenene Brust!
Aus: Die Jungfrau von Orleans

Nicht Fleisch und Blut, das Herz macht uns zu Vätern und Söhnen.
Aus: Die Räuber

Den Mutigen hilft Gott *Aus: Wilhelm Tell*

Auf jedem Wege, in jeder Form suche ich immer und ewig dasselbe, die Wahrheit

Die großen Herren sind so selten dabei, wenn sie Böses tun.
Aus: Die Verschwörung des Fiesco zu Genua

Das eben ist der Fluch der bösen Tat, daß sie fortzeugend immer Böses muß gebären. *Aus: Wallenstein*

Verbunden werden auch die Schwachen mächtig. *Aus: Wilhelm Tell*

Den Deutschen muß man die Wahrheit so derb sagen als möglich.
An J. W. von Goethe 1799

Wir sind ein Volk, und einig wollen wir handeln.

Wert und Sinn des Geldes

Täglich benutzen wir es. Fast jeder spricht davon. Irgendwie brauchen wir es auch. Es gehört zum täglichen Leben. Das liebe Geld. Entscheidend jedoch dürfte das Verständnis von Geld sein. Wenn Sie jemanden fragen, »weißt Du was Geld ist«, erhalten Sie meist die Antwort »klar, Mann.«
Ein genaueres Nachfragen bringt dann das eindeutige Gegenteil zum Vorschein, weil nichts klar ist. Darum scheint es angebracht, das Wesen des Geldes zu beleuchten.
Das Kapitel ist beileibe nicht so trocken, wie man befürchten könnte. Etwas aufgelockert und gewürzt, dürfte es halbwegs bekömmlich sein. Sollte Ihnen dennoch der Kopf schwirren und der Durchblick ein wenig schwinden, verzweifeln Sie nicht gleich. Zum einen ist das keine Schande und zweitens führt das wiederholte Lesen zum Durchbruch. Also locker bleiben. Wir haben soviel gemeinsam erreicht, das sitzen wir auf einer Backe ab.
»**Ein Ring sie zu knechten, sie alle zu finden, ins Dunkel zu treiben und ewig zu binden.**« *(Herr der Ringe)*

»**Geben sie mir die Kontrolle über das Geld, und es spielt keine Rolle, wer die Gesetze macht.**« *(M. A. Rothschild)*

In diesen zwei Sätzen liegt ein guter Teil der Wahrheit. Nur Augen und Ohren offen halten.
Das Papiergeld, das wir in den Händen halten, kommt von den Zentralbanken und die sind in privaten Händen, genaugenommen in denen der Familien Rothschild und Rockefeller.
Diese Bankiersfamilien besitzen somit die Kontrolle über das Geld in England und Amerika. Eine fast unvorstellbare Machtposition in den Händen von Privatleuten. Pfund, Dollar und Euro sind deren Papier, uns wurde gesagt es ist Geld. Gut. **Wieso ist ein Geldschein, der in der Herstellung fünfzig Cent kostet, auf einmal einhundert Euro wert?**

Nun, weil die Zentralbank das so bestimmt hat. Nachdem inzwischen bekannt ist, wem diese Zentralbanken gehören, gilt es genauer hinzusehen. Das führt zur ersten Frage:

1. Was ist nun wirklich Geld?
Eine so banale Frage, und doch vermögen sie nur wenige vernünftig zu beantworten. Weil wir uns gar keine Gedanken mehr darüber machen, »es ist halt so, weil es ja schon immer so war«, lautet die Standarderklärung. Jeden Tag hantieren wir mit unseren paar Penunzen, zählen und verplanen sie. Für unsere Arbeit werden wir entlohnt, die eingesetzte Energie wird in Geld umgewandelt.
Begeben wir uns bei diesen Überlegungen auf die Suche nach wahren Werten und echtem Vermögen, so führt uns das zwangsläufig zu Gold. Das edle Metall, dessen Glanz und chemische Eigenheiten schon in der Antike eine Verwendung als Zahlungsmittel bewirkt haben. In den vergangenen Jahrhunderten wurde Papiergeld stets gegen eine hinterlegte Deckungssumme des edlen Metalls ausgegeben, relativ bekannt als Goldstandard. Somit war und ist Gold ein altes Wertaufbewahrungsmittel und kann mit dem Titel »klassisches Geld« versehen werden. Oder, wie Ferdinand Lips zu sagen pflegt, »Nur Gold ist Geld, alles andere ist Kredit«. Banknoten und Münzen einer Zentralbank erhalten per gesetzlicher Definition den Namen Geld, dabei spielt die Deckungsrücklage des Papiergeldes die entscheidende Rolle. In einer Bilanz sind die Banknoten auf der Passivseite verbucht, als Schuld der Zentralbank gegenüber den Forderungen auf der Aktivseite. Banknoten sind also nichts anderes als Schuldscheine. Auf deutsch heißt das, die Zentralbanken geben über die Währung ein Schuldversprechen ab.
Spätestens jetzt gilt es noch tiefer nachzubohren.
Für die Begleichung und Werthaltigkeit der Schulden steht die Zentralbank ein, entweder mit werthaltigen Aktiva und bzw. oder einer ordentlichen Geldpolitik. Den Schulden stehen Vermögenswerte gegenüber, unterteilt in Sachwerte und Forderungen. Sachwerte sind Gold und Grundstücke im Besitz der Zentralbank oder Forderungen in Form von Wertpapieren, die eine Notenbank besitzt. Wir unterscheiden Forderungen an Inland, Ausland, Staat und Private.

Die Bilanz der Zentralbank sieht dann formal vereinfacht, so aus:

	Zentralbank
Aktivseite	Passivseite
Sachwerte	Grundkapital
- Gold	
- Grundstücke	Banknoten und Münzgeld
Forderungen	
- gegen Private (Wechsel)	
- gegen Staat	Jahresgewinn
- Inland	
(Schatzwechsel, Wertpapiere)	
- Ausland (Devisen)	

Allgemein unterliegt eine Zentralbank staatlicher Kontrolle und bestimmten Gesetzen, die das Drucken von Papiergeld gegen entsprechende Vermögenswerte regeln und überwachen. Das gilt laut Medien für die Europäische Zentralbank (EZB), in der die Deutsche Bundesbank weitergeführt wird. Die Federal Reserve, FED, untersteht wie gesehen definitiv nicht der staatlichen Kontrolle, sondern gehorcht den privaten Inhabern und deren Weisungen. Somit scheint ein Konflikt zwischen den allgemeinen und den privaten Interessen der Inhaber vorprogrammiert. Agiert ein Privateigentümer etwa zum eigenen Nachteil?

Schauen wir uns die größeren Posten genauer an und stellen eine zweite, sehr wichtige Frage:

2. Wie können die Banknoten vermehrt werden?
Einfach durch Vergrößerung der Positionen auf der Aktivseite, indem die Notenbank Gold, Grundstücke oder Forderungen ankauft. Grundstücke besitzt sie schon genügend und die Beträge sind auch zu klein. Gold kaufen die Notenbanken schon seit Jahren nicht mehr an, im Gegenteil, sie verkaufen es. So besitzt z.B. die Bank von England offiziell nur noch Gold im Gegenwert von drei Mrd. US-Dollar.

Folglich kommt Geld in Umlauf, wenn Forderungen, z.B. Staatliche Wertpapiere, von der Zentralbank angekauft werden. Schön zu sehen an der Bilanzentwicklung der FED.

	Umlaufende Banknoten	Securities (Wertpapiere)	Gold
1984	183,796 Mrd. USD	167,612 Mrd. USD	11,096 Mrd USD
2003	724,194 Mrd. USD	666,665 Mrd. USD	11,043 Mrd. USD

Die amerikanische Zentralbank besitzt laut ihrer Bilanz also elf Mrd. Dollar in Gold, welche den Schuldscheinen in Form des Geldes gegenüberstehen. Es wird verständlich, warum seit einigen Jahrzehnten auf den Geldscheinen steht »In god we trust«, wir vertrauen auf Gott. Nur der kann da auch nichts mehr machen, denn wo keine Saat ausgebracht wurde, kann auch nicht geerntet werden. Sie sehen, die Deckung der Währung durch werthaltige Substanz ist verloren gegangen.

Zurück zum Entstehen von Geld. Neue Forderungen bedeuten neues Geld und neue Schulden. Werden Schulden zurückgezahlt, verschwinden auch die Guthaben und die Geldmenge geht zurück. Die angekauften Forderungen sind in der Regel Wertpapiere, sprich festverzinsliche Staatspapiere, denn wenn Zentralbanken Aktien kaufen würden, wäre das eine Sensation. Jeder würde sich fragen, ob die Zentralbank jetzt als Börsenspekulant auftritt oder gar die Aktienkurse manipulieren will. Nun betrachten wir die Staatspapiere genauer.

3. Wie verhält es sich mit den Staatsschulden, welches Prinzip liegt dem zugrunde?

Eine Regierung benötigt Geld, um Investitionen zu tätigen, die Konjunktur anzukurbeln oder einen Krieg zu führen. Marktwirtschaftliche Investitionen laufen auch ohne die Regierung, ebenso die Konjunktur. Und wer mißt schon Krieg einen besonderen Wert bei? Eigentlich könnte man argwöhnen, daß dieser Kredit überflüssig sei, die Regierung beharrt jedoch aus den o.g. oder anderen Gründen darauf. Die Finanzierung übernehmen mit Vorliebe Bankiers, wie z.B. die Rothschilds. Die Zentralbanken stellen diesen Kredit bereit und ziehen die fälligen Zinsen ein.

Die Regierung des Staates gibt nun Schuldtitel aus, sogenannte Staatspapiere, diese heißen z.B. Schatzanweisungen, Obligationen, Anleihen oder allgemein Festverzinsliche. Diese Schuldtitel werden über die Banken vertrieben und an den Börsen gehandelt. Sie sind direkt zu erwerben oder in Form von diversen Fonds, z.B. Rentenfonds und Gemischte Fonds, die gemäß ihren Statuten Staatspapiere kaufen. Für den Handel in Wertpapieren beziehen die Banken Provisionen.

Der Kredit und der Schuldschein (Festverzinsliche Wertpapiere) werden somit über die Geschäftsbanken vertrieben und verteilt. Die Zinsen und Provisionen sind der Verdienst der Banken. Die Zinsen wiederum werden »gesichert« durch Steuereinnahmen.

Letztlich handelt es sich um den Vertrieb des Schuldtitels, der durch Steuern schon garantiert ist. Somit haben die Banken doppelt verdient, wir machen folgende Gleichung auf:

Bilanziell gesehen sind:
Staatskredit = Festverzinsliche, staatliche Wertpapiere

Aufgebauscht mit Einnahmen für die Banken sieht das jetzt so aus:
Staatskredit + Zinsen (Steuern) = Festverzinsliche + Provisionen

Die erste Gleichung möchten wir jetzt genauer betrachten. Dazu zerlegen wir diese in die einzelnen Bauteile. Alle Bürger zusammengenommen bilden den Staat. Damit besitzen wir Bürger einen Kredit. Die Wertpapiere werden über die Börsen und die Fondgesellschaften vertrieben, Erwerber sind die Bürger eines Staates als Ganzes, also wir.

Staatskredit für alle Bürger = Festverzinsliche im Besitz der Bürger

Wir finden einen Kredit und den dazugehörenden Schuldtitel als Sicherheit unter einem Dach vereint. Ohne die Zinsen, die daraus folgenden Steuern und die Wertpapierprovisionen wäre das Ganze ein Nullsummenspiel. So aber haben wir in der linken Tasche das bilanzielle Pendant zur rechten Tasche und wurden schlicht und ergreifend abkassiert. Soweit, so gut.
Wer hat also abkassiert? Die Bankiers, wie Rothschild, Rockefeller, Morgan, Warburg.

Wozu führt das Ganze?
Konjunktur und Investitionen werden angeschoben, die laufen aber auch von alleine, der einfachen Marktwirtschaft folgend. Es kann Krieg geführt werden. Kriege sind bekanntlich immer Wirtschaftskriege. Die Betroffenen finden Krieg in der Regel nicht wirklich gut. Weil junge Soldaten, Iraker, Amerikaner, Israelis, Palästinenser oder andere den Tod finden. Somit erscheinen Staatsschulden von Anfang an sinnlos, unnötig und mit den geschilderten Folgewirkungen wenig erstrebenswert.

4. Die Sache mit dem Zinseszins
Jetzt lernen wir noch einen »Vorzug« von Staatsschulden kennen, einen viel heimtückischeren und dimensional noch bedeutenderen. Auf Kredite werden Zinsen gezahlt. Sofern keine Tilgung erfolgt, erhöht sich der Berg der Schulden um die neu aufgenommenen Kredite. Gängige Praxis ist hierbei die Zinszahlung mit neuen Krediten. Anhand der jährlichen Defizite der Staatshaushalte leicht erkennbar und auf der »Schuldenuhr«, wie sie in den Ländern USA und Deutschland an öffentlichen Plätzen zur Schau gestellt wird, ablesbar. Die Schulden türmen sich nun im Modus Zinseszins auf.
Die Kurve des Zinseszins stellt eine Exponentialfunktion dar. Konkret in Zahlen läuft das so: Es wird ein Kredit in Höhe von 100.000 Euro aufgenommen. Keine Tilgung. Bei vier Prozent Verzinsung entsteht in fünfzig Jahren eine Gesamtschuld von über 700.000 Euro. Bei sechs Prozent beläuft sich der gesamte Kreditbetrag, nach gleicher Laufzeit, auf mehr als 1,8 Millionen Euro. Einfache Zinseszinsrechnung.
Eine Exponentialfunktion besitzt eine mathematische Grenze ihres Wachstums, nämlich wenn die Beschleunigung der Kurve m=1 erreicht. Die Kurve kann nicht weiter steigen, es sei denn, sie würde in der Zeitachse rückwärts wandern. Auf deutsch, das Rad der Zeit drehte sich zurück und wir würden bald wieder Windeln tragen. Schwer vorstellbar, nicht das mit den Windeln, aber das mit der Zeit.
Folglich bricht die Kurve ab, nachdem sie wie eine Wasserwand gestiegen ist. Sie erreicht interessanterweise genau den Stand, den sie am Anfang hatte. Diese klare und natürliche Gesetzmäßigkeit wurde von Nikolai Kondratieff, seines Zeichens passionierter Statistiker und russischer Volkswirtschaftler, ausgezeichnet dokumentiert. Mit dem Verlauf der

Preiskurven, die irgendwann »wie eine Wasserwand ansteigen« und der Frage »wann es möglicherweise zum Großen Kollaps kommen könnte«, schrieb er seine Erkenntnisse Anfang 1925 in seinem Werk »Die langen Wellen der Konjunktur nieder«. »Diese Kurven kann man nun gar nicht oft genug betrachten. Denn sie geben erstklassig Auskunft über etwas, das wir aus unserem Denken vollständig verdrängt haben: Daß die Preise immer wieder fallen! Und daß dieser Fall der Preise (wir nennen so was Deflation) offenbar erst wieder zu Ende ist, wenn die »früheren Preise wieder erreicht, ja sogar leicht unterschritten wurden«. (Paul C. Martin »Cash, Strategie gegen den Crash« S. 251f)

Damit entlarvt Paul C. Martin den Zinseszins als Damoklesschwert, das unheilvoll über der Gesellschaft schwebt. Es wird verständlich, warum der Wilhelm Heyne Verlag dieses Buch eingestellt hat. Viel zu gefährliches Wissen, das hier vermittelt wird.

Die Sache mit dem Zinseszins läuft nach dem lapidaren Satz: Was steigt, fällt auch wieder. Ganz einfach. Übrigens, bei mehrmaligem Lesen kommt der Durchblick fast von alleine. Die Synapsen machen das schon.

5. Was bedeutet dieser Absturz der Zinseszinskurve für den Staatskredit und die damit verbundenen Staatspapiere?

Einfach gesagt, die Staatspapiere werden wertlos, der Kredit wird notleidend und kann nicht zurückgezahlt werden, wir sprechen vom Staatsbankrott. Jetzt kommt die Zentralbank wieder ins Spiel. Kauft diese nun die Staats- oder Wertpapiere an und druckt dafür Banknoten spricht man von der sogenannten Notenpresse. Die Staatspapiere werden immer noch wertlos, sie werden in der Zentralbankbilanz auf der Aktivseite unter Forderungen gebucht, auf der Passivseite gegenüber stehen die Banknoten. Da die Staatspapiere zur Wertlosigkeit bestimmt sind, verfallen auch die Banknoten. Der aus dem Zinseszinseffekt konsequent und logisch folgende Staatsbankrott erhält einen neuen Namen, er heißt jetzt Währungsreform. Das klingt doch gleich viel freundlicher, oder?

Die Währung eines Staates beherbergt das Volksvermögen, in Amerika ist das sogar eine gesetzlich festgeschriebene Definition. Wenn eine Zentralbank, trotz konsequenterweise auftretendem Staatsbankrott, die Notenpresse anschmeißt, **so käme das einer vorsätzlichen Vernichtung des**

Volksvermögens gleich. Und wenn die Leute dann mit ihrem Geld zur Zentralbank gehen und darauf pochen ausbezahlt zu werden, worauf ja ein Anrecht besteht, was meinen Sie wohl was dann als Vermögenswert ausgegeben wird? Richtig, die ganzen schönen Staatspapiere, die unter Securities geführt werden. Und was können die Menschen mit denen dann anfangen? Gar nichts, weil es nämlich wertloses, bedrucktes Papier ist und kein echtes, wirkliches Vermögen darstellt. So schaut's aus.

Jetzt kommt ein Überblick über die aktuellen Schuldenstände (Dezember 2003) mit offiziellen Zahlen. Die Brisanz der Situation sollte deutlich werden.

	Staat	Private	Unternehmen	Verbraucher
USA (in Mrd. USD)	6700	7300	7100	1700
Deutschland (Mrd. Euro)	1300	Privat + Unternehmen = 2987		225
Japan (in Mrd. USD)	5400	k. A.	k. A.	k. A.

So war Deutschland veranlaßt im vierten Quartal 2003 insgesamt 52 Milliarden Euro am Kapitalmarkt aufzunehmen. Nochmals zur Erinnerung, die einzelnen Schritte:
Die Banken geben der Regierung Kredit und die Regierung gibt im Gegenzug Schuldscheine, Anleihen und andere Staatspapiere aus, die von den Banken vertrieben werden. Über die Börsen werden die Wertpapiere bei den Bürgern plaziert. In den USA betrug das Leistungsbilanzdefizit im Juli 2003 immerhin satte 54 Milliarden US-Dollar, inzwischen darf ein stattlicher Anstieg **auf schlappe 85 Milliarden US-Dollar pro Monat** gemeldet werden. Es handelt sich hierbei nur um höhere Summen als in Deutschland, der technische Ablauf bleibt in etwa der Gleiche. »Seit November 2002 ist die FED mit legaler Autorität gewappnet, im Wert verfallende Schuldtitel mit bis zu 10.000 Milliarden Dollar neuer Federal Reserve-

Noten (=zusätzlicher US-Dollar) aufzukaufen«. steht bei Gerhoch Reisegger »Wir werden schamlos irregeführt« S. 40, zu lesen. Das tut die FED seither nach Leibeskräften. Die Bedeutung dieses Handelns läßt sich noch etwas deutlicher beschreiben. Die FED unterzeichnet die Staatsanleihen, sie vertreibt diese für die Regierung und jetzt kauft sie diese auch noch selber auf. Das ist schlicht gesagt ein Witz. Denn mit der rechten Hand verkauft sie die Papiere, die mit der linken Hand wieder angekauft werden. Eine solche Handlungsweise wäre bei einer korrekt agierenden Zentralbank undenkbar. Diese ganze Prozedur wurde von Notenbankchef Alan Greenspan offenbart, wie üblich so verschachtelt dargelegt, damit möglichst kein Normalsterblicher das Spiel durchschaut. Später wurde von anderen FED-Offiziellen abgewiegelt und der ganze Vorfall in üblicher Manier heruntergespielt. Eine normale und fast typische Verhaltensweise bei Vertuschungsmanövern, möchten wir mutmaßen. Zur Bestätigung, ob ein Ankauf der Anleihen erfolgt ist, benötigen wir einzig einen Blick auf die steigende Summe der amerikanischen Staatspapiere und in die Bilanz der FED, wie auszugsweise wenige Seiten vorher geschehen. Dort spiegelt sich genau diese Entwicklung wider. Beides können Sie übrigens jederzeit bei Ihrer Bank erfragen und bestätigt finden. Wir halten fest, die FED kauft seit November 2002 eigene Staatspapiere auf.

Was das für uns alle bedeutet, wird mit einem Zitat von John Maynard Keynes, einem der führenden Volkswissenschaftler Anfang des 20. Jh., der mit seinen Theorien rund um die Weltwirtschaftskrise neue Dimensionen eröffnete, klar:

»Es gibt keinen heimtückischeren Weg, das Fundament der Gesellschaft zu zerstören, als ihre Währung zu entwerten....«.

Wenn also die Notenpresse ein Verbrechen an der gesamten Gesellschaft ist, warum macht die FED das dann? Welches private Interesse kommt hier zum Vorschein?

Ganz einfach. Die herkömmliche Nachfrage ist nicht imstande, das satte Überangebot an Staatspapieren aufzunehmen, der Staatsbankrott winkt. Durch den Ankauf von Staatspapieren versucht die private FED zwei Fliegen mit einer Klappe zu schlagen. Dazu gleich. Nebenbei wird Geld aus dem Konsumkreislauf gesogen, da mit dem geleisteten Konsumverzicht der Bürger nun die Staatspapiere gekauft, und somit in Form von neuem Geld

in den Geldkreislauf gepumpt werden. Das wiederum zieht eine deflatorische Entwicklung nach sich. Nehmen wir die Preise für Öl und Gas aus, dann fallen die Preise der meisten Produkte leicht. Nur die Energieträger und Produkte, die im Wesentlichen von erhöhten Steuern beeinflußt sind, steigen. Eine Ursache des Energiepreisanstiegs ist auch im Derivatehandel der großen Banken zu suchen, viel eher als in der echten Nachfrage nach diesen Produkten. Aber das ist ein Thema für sich. Zurück zu den steigenden Steuern und den fallenden Preisen. Beides wird durch die aus dem Ruder gelaufene Eigendynamik des Zinseszins bewirkt. Dieser Vorgang ist weltweit und in den meisten Branchen zu beobachten.
Mit dem Kauf eigener Staatsanleihen ist die FED nun bemüht, zwei Effekte zu erzielen.

Punkt eins: Sie möchte eine Inflation schüren, indem sie durch das Nutzen der Notenpresse, die Geldmenge steigert. So haben die USA seit ungefähr Anfang 2003 ein Wachstum der Geldmenge von **über 20%** (!!) **jährlich**, das kennt man sonst nur von Entwicklungsländern.
Trotzdem bleibt die Inflation aber moderat bei ca. zwei Prozent. Das liegt zum Einen an der Art der Statistikermittlung, mit so Sperenzchen wie »subjektive Qualitätsverbesserung« und »Hedonischer Faktor« wird hierbei eine Verschönerung der Daten erwirkt. Diese Vorgänge werden perfekt erläutert mit dem Sprichwort, »Es gibt drei Arten von Lügen: Normale Lügen, brutale Lügen und Statistiken«. Entscheidender für die nur unterdurchschnittlich aufkeimende Inflation ist der Umstand, daß das »Geld« der FED nicht mehr in den Konsumkreislauf gelangt, weil es durch den Kauf von Staatspapieren im Finanzkreislauf haften bleibt. Somit wird das eigentliche Ziel der FED hier nicht erreicht.

Punkt zwei: Würden die Staatsschulden und die dementsprechenden Schuldscheine einfach so wertlos, wären alle Inhaber dieser Papiere die Leidtragenden. Dies betrifft natürlich Privatleute, aber in der Hauptsache befinden sich diese Staatspapiere in den Bilanzen der Banken. Jener Banken die den Kredit vergeben haben, jahrzehntelang Zinsen kassieren, Einkommensteuer als Sicherung für die Zinsen über die Zentralbank einziehen und auch noch bei Provisionen im Handel mit den festverzinslichen

Schuldscheinen die Hand aufhalten. Die FED, in ihrer offiziellen Rolle als Notenbank, kauft mit der Notenpresse diese Staatspapiere unter anderem aus den Büchern der Banken, denen die FED wiederum gehört. Das klingt nicht nur wie Augenwischerei, das ist eine solche, und bedingt zwei Effekte. JP Morgan Chase und die anderen Banken haben die Möglichkeit, die Staatsanleihen an die FED zu verkaufen, bevor sie wertlos verfallen und die Last wird einfach auf die Schultern der Bürger, sprich Währung, geladen. Außerdem läuft der Staatsbankrott nun über die Währung, das Vermögen des Volkes, ab. Ein schlimmes Verbrechen, wie mit dem Zitat von **John M. Keynes** klar zum Ausdruck kommt. Dieser Keynes war übrigens näher mit der herrschenden Macht in Berührung, als er wahrscheinlich je geahnt hat. Aber wer weiß. Er war jedenfalls in der Wohnung des **Bankiers Melchior** angetroffen worden. Der war **Partner von Warburg.**
Mit der Währungsreform wird für die privaten Zentralbanker ein Teilziel erreicht. Die Dämpfung des Fiaskos für die Bankiers, auf Kosten der Gemeinschaft und Allgemeinheit.
In Japan liegt seit über vier Jahren ein Nullzinsniveau vor. Die japanische Zentralbank kauft seit vier Jahren eigene Staatsanleihen auf, momentan mit einer Monatsrate von ca. sieben Mrd. Euro. Der noch nicht erfolgte Kollaps der japanischen Schuldenblase dürfte nur einer Eigenheit zu verdanken sein. Japan ist Nettogläubiger in der Welt und im Inland verschuldet. So liegt der japanische Rentenmarkt mit weit über 90% in japanischer Hand. Die Nicht-Reaktion der amerikanischen und europäischen Zentralbanken auf das offensichtliche und jahrelange Vorgehen der Bank of Japan, und damit einhergehend die fehlende Behandlung dieses Themas in den Medien, erscheint verständlicher, da die privat gelenkten Zentralbanken heute exakt die gleiche Verhaltensweise an den Tag legen, und sogar auf die Dienste der Bank of Japan zurückgreifen, indem diese seit Jahren als Nettokäufer amerikanischer Staatspapiere auftritt. Der aus dem Ruder gelaufene Zinseszinseffekt wirkt in allen drei Ländern und der ganzen Welt wie eine Zeitbombe. Das Ticken ist laut und deutlich vernehmbar.

6. Ein Nebeneffekt des Zinseszins: Arbeitslosigkeit

Wir haben seit Jahren stetig steigende Arbeitslosenzahlen. Alle Versuche, diesen Prozess zu stoppen oder gar umzukehren, scheitern. Das hat einen Grund. In einem Finanzsystem mit Staatsschulden, die nicht getilgt werden, steigt die Arbeitslosigkeit stetig an, bis zum Kollaps der Staatsschulden. Das wird illustriert durch das »Lüftlsche Grundaxiom«:

»Hat ein Staat Schulden und ist der Zuwachs der Staatsschulden höher als die Wachstumsrate des Sozialproduktes, tritt das Ende des Staates in endlicher Zeit ein«.

Schön zu lesen bei Paul C. Martin »Die Pleite«. Alle Parameter sind im vorliegenden Fall erfüllt, nun kommen die Rückschlüsse auf die Abnahme von Arbeitsplätzen.

Die allgemeine Wirkung von Staatsschulden entpuppt sich bei genauer Betrachtung als der mit Abstand größte Arbeitsplatzvernichter. Jetzt die Erklärung.

Staatsschulden bedeuten den Erhalt von Geld (Zinsen) ohne Arbeit, und zwar einzig durch das Bereitstellen von Kapital. Arbeit liefert über den Lohn ebenfalls Geld, hier heißt es jedoch Geld mit Arbeit. **Staatsschulden sind also der schärfste Konkurrent der Arbeit.**

Folglich werden jedes Jahr exakt so viele Arbeitsplätze in einer Volkswirtschaft abgebaut, wie die betragsmäßigen Zinsen auf die neuen Staatsschulden an Wert ausmachen. Für diesen Betrag gibt es nämlich Geld ohne Arbeit und (scheinbar) ohne Risiko.

Auf die heutige Situation in der BRD gemünzt bedeutet das, der Finanzminister nahm 2003 neue Schulden in Höhe von ca. 40 Mrd. Euro auf. Angenommene drei Prozent Zinsen, macht 1,2 Mrd. Euro neue Zinsen. Und genau für 1,2 Mrd. Euro werden Arbeitsplätze vernichtet. Es lohnt sich jetzt nämlich Geld anzulegen und dafür nicht mehr zu arbeiten. Die Wahl lautet Geld arbeiten lassen oder selber arbeiten. Die Bestätigung dieser Aussage ist wunderbar an der Arbeitslosenstatistik abzulesen. Sobald die Statistikverschönerungen wie »ABM« (Arbeitsbeschaffungsmaßnahmen) und »Trainingsmaßnahmen« rausgerechnet werden, kommt der hier dargelegte Ablauf genau so zum Vorschein. In seiner ganzen, schrecklichen Tragweite.

Wichtig: Die Arbeitsplätze werden allgemein durch dieses neue Geld aus den Zinsen auf die neuen Staatsschulden wegrationalisiert. Nicht durch spezielle Menschen. **Der unweigerliche Abbau der Arbeitsplätze liegt in der Sache begründet, nicht in irgendwelchen Personen. Die alleinige Schuld trägt der Mechanismus Zinseszins.**
Sofern jedoch jemand unbedingt den Gewerkschaften, Beamten oder sonstwem die Schuld zusprechen möchte, sollte man sich diesem Gespräch entziehen. Es führt zu nichts, und auf Stammtischniveau lohnt keine Diskussion.

7. Inflation und Deflation durch Staatsschulden

Neues Geld kommt nur durch neue Schulden in Umlauf. Wenn nun die eine Menge, das Geld, stärker steigt als die andere, die Güter, so steigen die Preise, eine Inflation entsteht. Nimmt die Geldmenge relativ zur Gütermenge ab, sprechen wir von Deflation. In dem Moment, wo eine Privatperson einen Kredit aufnimmt, steigt die Geldmenge. Das Geld wird vermehrt oder inflationiert. Durch die Tilgung und die Rückzahlung des Krediftes wird die Geldmenge reduziert, eine Deflation wird verursacht. Ein intaktes System, solange die Tilgung erfolgt.

Ganz anders verhält es sich mit einem Staatskredit ohne Tilgung. Die Inflationierung der Geldmenge entsteht durch die Jahreszinsen, die sorglos zur Schuld dazugeschlagen werden. So wachsen die Staatsschulden mit dem Zinseszins an, im Gleichschritt mit den Vermögen. Ab einem gewissen Punkt nehmen beide Kurven immer seltsamere Formen an. Die Schulden werden nur noch in zig Milliarden gezählt, Zahlen darunter jucken einen gar nicht mehr. Bei der Verwendung von Summen grassiert die Hyperinflation. Auch die Vermögenssteigerungen nehmen immer groteskere Formen an. Fußballspieler kosten 150 Millionen Euro, Firmen mit zwei Millionen Umsatz haben an der Börse einen Wert von 500 Millionen. Das führt dann zu Exzessen in denen astronomische Summen für simple Güter gezahlt werden, der »Geldwert« gerät vollends aus den Fugen.

Die Inflation folgt der Zinskurve und läuft in fünf Phasen ab. Es handelt sich um die bekannte und vertraute Form der wundersamen Geldvermehrung. Der Abbau hingegen spielt sich in nur einer Periode ab. Wir sprechen von Deflation. Jede Phase, bzw. jeder Zyklus, läuft ca. zehn

Jahre. Da wir fünf Inflationszyklen, aber nur einen Deflationszyklus erleben, erscheint uns die Inflation alltäglicher. Deshalb darf die Deflation nicht außer Acht gelassen werden, ganz im Gegenteil. Da der Abbau in einem Fünftel der Zeit abläuft, ist die Deflation heftiger und um ein Vielfaches dynamischer. Im Zuge des damit verbundenen finanziellen »Crash« kommt es seit über dreitausend Jahren jedes Mal zu Kriegen und Revolutionen. Eine an sich unnötige und leicht vermeidbare Entwicklung. Es dürfte nur keine Staatsschulden geben.

Übertragen auf unsere Situation bedeutet das, erst mit dem Staatsbankrott, oder der vom Ergebnis identischen Währungsreform, kommt die große Deflation, verbunden mit einer wirtschaftlichen Katastrophe und gefolgt von einer Revolution. »Das war 1873 der große Wiener Börsenkrach, 1929 der New Yorker Aktiencrash. Das war auch schon in den 1820er Jahren die schwere Krise, die zum Run 1825 auf die Bank von England führte. Das war 1720 der Zusammenbruch der Südsee- und der Mississippi-Spekulation in London und Paris, und so weiter« P.C. Martin »Cash, Strategie gegen den Crash, S. 97.

Ob 1933 mit den Nazis oder 1788 in Frankreich, es ist immer das gleiche Desaster. Alle fünfzig bis siebzig Jahre kommt der Crash mit seinen Begleitern daher. Wir Menschen müssen aktiv werden und unser Schicksal beherzt in beide Hände nehmen. In dem Zitat aus »Herr der Ringe« steckt die Wahrheit verborgen:

».. an den Hängen des Schicksalsberges muß der Ring der Macht vernichtet werden«.

Der Ablauf mit Inflation und Deflation, Expansion und Implosion ist übrigens natürlich und spielt sich in der Technik, der Finanzwelt, der Natur, beim Menschen und auch im Universum ab. Allein der unsinnige Gedanke vom unbegrenzten Wachstum, getrieben von der Gier nach immer mehr Reichtum und Macht, beinhaltet schon den absehbaren Einsturz dieses Systems.

Unser Schicksal ist verknüpft mit der Abschaffung des Prinzips der Staatsschulden. Das hängt mit deren Nebenwirkungen zusammen, vor denen nur ausdrücklich gewarnt werden kann. Die sich auftürmenden Volksschulden verkünden einen trügerischen Reichtum, der jedoch keinen

Bestand hat und einer Zeitbombe gleicht, die ihre Kehrseite erst spät zum Vorschein bringt. Seit dem Wiener Kongreß von 1815 sind die Rothschilds weltweit führend im Handel mit Staatsanleihen. Die Zentralbanken FED und BoJ lassen seit einiger Zeit die Notenpressen laufen. Die enorme Papiervermehrung ist z. B. indirekt an der Geldmengensteigerung im Euroraum von über acht Prozent (Dezember 2003) ersichtlich, ohne erkennbar illegales Dazutun der EZB. Genau darin liegt auch der einzige Grund für den markanten Anstieg des Euro. Denn de facto handelt es sich um eine Dollarabwertung durch das Überschwemmen mit neuem Papier. Erst wenn die EZB sich zu dem ungesetzlichen und weitreichenden Akt der Notenpresse hinreißen ließe, müßte auch beim Euro mit einer Währungsreform gerechnet werden.

Dargelegt wurde, daß Staatsschulden begleitet werden von

1. **Steuern, die für die Zinsen einstehen.** Der »Zehnte« als Steuer im Mittelalter und davor hat einen nachvollziehbaren Zweck. Manche Menschen sind aus eigener Kraft nicht imstande zu arbeiten und einen gewissen Staatsapparat braucht es ebenfalls. So gibt es einen kleinen Obulus für die gesunde Form des Sozialstaats. Aber Steuern, die dafür herhalten, damit private Bankiers eine Zeitlang ihren Geldsäckel füllen können, sind nicht angebracht.

2. **Dem Wegrationalisieren von Arbeit,** da die Geldanlage ohne zu arbeiten attraktiver ist. Folge ist ein Heer von Arbeitslosen kurz vor dem Zusammenbruch, der in Form von Staatsbankrott oder Währungsreform auftritt.

3. **Dem stets kommenden Finanzkollaps,** mit verheerenden Folgen für die Gesellschaft. Wut, Enttäuschung und die Überraschung, wenn das ganze Geld auf einmal weg ist, schreien meist nach einem Sünden- bzw. Prellbock. Eine verständliche, aber ungute Reaktion.

Da die Bürger die Staatsschulden in der linken Tasche und die Schuldscheine in Form festverzinslicher Wertpapiere in der rechten Tasche haben, ergibt sich ein Nullsummenspiel. Mit unerwünschten Nebenwirkungen. Außerdem haben sich Familie Rothschild und die anderen Zentralbanker, die das System des Zinseszins bei Staatsschulden ablaufen lassen, als die schlechtesten Schuldner dieser Welt offenbart. Immer wenn Zahltag ist, schleichen sich die Herrschaften zur Hintertür raus und versuchen den Völkern einen Krieg aufzubinden, damit keiner anspricht, was für eine miese Zahlungsmoral diese Leute haben.

Abgesehen davon steht die Zahlung von Steuern an die Rothschilds, und damit die Finanziers der Nazis, die Verwandten des A. Hitler, die Betreiber des KZ Auschwitz und die größten Kriegstreiber der letzten zwei Jahrhunderte, auf dem Prüfstand. Steuern an die Nachfahren dieser Leute, da hört es allerspätestens auf.

Was können Sie nun Gutes mit Ihrem Geld anstellen?
Zuallererst entziehen Sie es den Bankiers. Sobald es nämlich auf dem Konto liegt, arbeitet die Bank mit dem Geld. Und setzt es für erfolgversprechende Geschäfte und, noch schlimmer, den jeweiligen Interessen entsprechend ein. So kann über mehrere Kanäle Ihr Geld zum Kauf von Waffen-, Drogen- oder ähnlich unguten Produkten eingesetzt werden. Dem sollte rigoros ein Riegel vorgeschoben werden.

Investieren Sie stattdessen in Projekte, die Ihren individuellen Vorgaben gemäß erscheinen. Allein Ihren persönlichen Grundsätzen gehorchend. Damit leisten Sie einen wertvollen Beitrag zu einem vertretbaren Einsatz liquider Mittel. Denn das Zahlungsmittel Geld an sich ist nicht schlecht. Erst das, was wir damit anstellen, haucht dem Ganzen die Seele ein.

Pentalogie

Das dazugehörende Symbol bildet die zweitälteste bekannte geometrische Figur. Sie kennen sie vielleicht sogar, nur wahrscheinlich nicht bewußt. Dem möchte ich abhelfen. Deshalb werden Sie mit einigen Grundbegriffen der elementaren Geheimwissenschaft bekannt. Leider kann nur das Grundvokabular zum Besten geben. Aber keine Bange, das reicht aus, um die weitreichende Verwendung dieser Wissenschaft zu erkennen. Weitergehende Interessen werden an anderer Stelle befriedigt.
Irrtümlicherweise wird das Pentagramm immer wieder als Teufelszeichen verschrieen. Das ist natürlich falsch. Der Fünfzackstern ist das positive Zeichen, der Davidstern der Rothschilds ist das negative Symbol. Er besteht aus sechs Ecken, und die Teufelszahl setzt sich aus drei Sechsen zusammen. Die fünf und die zehn sind die ganzheitlichen Zahlen. Gleich folgt mehr.

Das ist ein Pentagramm. Es ist das Sinnbild der Lehre von der tiefgreifenden Erkenntnis, die man aus den Zahlen und ihren Kombinationen gewinnen kann, der Pentalogie. Sie stellt eine entscheidende Weiterentwicklung der Numerologie dar. Pentagramme begegnen uns an einigen Stellen des öffentlichen Lebens. So sind die Staatssymbole der USA und Russlands genau diese Pentagramme. Das Pentagon, Sitz des amerikanischen Verteidigungsministeriums, ist z.B. ein fünfeckiger Stern. Dort findet sich eine beachtliche Anzahl beschäftigter Wissenschaftler, die numerologisch tätig sind, und z. B. Termine überprüfen und berechnen. Und wer glaubt denn ernsthaft, daß das militärische Oberkommando der USA sich für irgendwelchen Humbug soviel Geld und Zeit nimmt?! So findet sich dieses Symbol auf Waffen des Heers, der Luftwaffe und der Marine. Genau das Gleiche bei den Russen.

Ein starkes Indiz für die Aussagekraft und Bedeutung der Pentalogie. Aus dieser Wissenschaft lassen sich u.a. die Stärken und Schwächen des Individuums und die Persönlichkeit ersehen.

Die Pentalogie wird seit etwa 1500 v. Chr. nur noch mündlich überliefert. In den geheimen Zirkeln der Freimaurer und Logen, deren Symbole ebenfalls dem alten Ägypten entstammen. Aber ist es nicht sonderbar, daß Pentagramme im öffentlichen Leben auftauchen, ohne daß Lernmaterial oder auch nur ein paar Informationen erhältlich sind? Schauen Sie ins Internet und suchen Sie unter Pentalogie. Es findet sich nichts brauchbares. Komisch, fast verdächtig. Aber warum wird diese Wissenschaft verschwiegen? Ganz einfach. Sie ist der Schlüssel zum Verständnis des Universums, der Welt und des einzelnen Menschen. Aus ihr läßt sich die Zukunft lesen und wahrscheinlich diente sie den Ägyptern beim Pyramidenbau. Im Code der Pyramiden ist sie ebenso eingebaut, genauso wie ihr Wirken in der Bibel erkennbar ist. Da kann es nicht verwundern, wenn die Pyramiden aktuell eingemauert wurden und CIA und NASA vor Ort Studien und Nachforschungen betreiben, um Geheimnisse der Pyramiden zu lüften.

Penta heißt fünf, eigentlich handelt es sich aber um ein Dekagramm. Ein Stern mit zehn Punkten für zehn Zahlen. Und jede Zahl hat eine Bedeutung, besondere Eigenschaften.

Der Mensch besitzt insgesamt mehr als 75 Bio. Zellen, alle mit der gleichen genetischen Information. Analogisch betrachtet gibt es fünf Stellen an denen der Mensch im Detail abgebildet und somit erkennbar ist. In der Zahl, entsprechend dem Geburtsdatum, Ohren, Händen, Füßen und Gesicht. Da erkennt man den Menschen. Wir verfügen über fünf Sinne.

Egal wen man nimmt, ob den alten Goethe, Joseph Burke, Nostradamus oder in der Neuzeit Peter Plichta, sie alle sind auf den unterschiedlichsten Wegen zu einer ähnlichen Aussage gekommen, jeder nach seiner Ausprägung und Fachrichtung.
Und so hört sich das an:
»**In den Formen lebt der Geist**« Goethe wie er leibt und lebt.

So wie ein Mensch aussieht, ist auch sein Innenleben. Wenn einer das Gesicht einer Ratte hat, ist er auch eine Ratte. Wir müssen nur herausfinden, was das vergleichbare Tier für Eigenschaften verkörpert.
»**Die Seele ist das Wesen, der Körper die Gestalt. Die Seele formt den Körper, das Wesen bildet die Gestalt**« *Joseph Burke, amerikanischer Philosoph.*

Wir wandeln uns somit im verändernden Rhythmus unserer Seele. Da hinein paßt auch der Satz, am Anfang des Lebens hat man das Gesicht mit dem man geboren wird. In der Mitte das, wie man lebt. Und am Ende jenes, das man verdient.
Michel de Nôtredame hat seine Weissagungen in Centurien abgehandelt, sogenannten Hunderterversen. **Er brauchte dazu nur zwei Bausteine, den Julianischen Kalender und die Pentalogie, eine entscheidend verfeinerte Form der Numerologie.**
Peter Plichta, seines Zeichens ein begnadeter Chemiker, Pharmazeutiker und Biochemiker, hat in seinem Buch »Das Primzahlkreuz« eine wunderbare Entdeckung wissenschaftlich belegt. Er ist der einzige Vertreter der Neuzeit in diesem illustren Quartett und so was wie ein lebender Meilenstein. Deswegen, und weil er wirklich erhellend im wissenschaftlichen Sinne ist, freuen wir uns ganz besonders, seine Sätze und Erkenntnisse zum Besten zu geben. Denn er hat mit heutigen Methoden eine der grundlegenden Fragen zum Verständnis des Lebens beantwortet. Danach gibt es ein Prinzip zum Aufbau jeder Form von Materie, und zwar das Dezimalsystem. Die Kernsätze des Peter Plichta, gemäß unserem Verständnis, lauten wie folgt:

1. Es gibt im chemischen Periodensystem 81 beständige Elemente. Das ist kein Zufall. Verbunden mit Einsteins Gleichung ergibt sich die Erkenntnis, daß die Einheiten Masse und Raum und Energie und Zeit, verknüpft sind durch den Faktor der Proportionalität. Der stellt die Verbindung zum Dezimalsystem dar.

2. Der Raum läßt sich dabei beschreiben durch zwei senkrecht ineinander gesetzte Flächen, die den Raum in vier, nach außen unbegrenzte, unendliche Segmente teilen.

3. Die Materie paßt nur in einen Raum, der nach den gleichen Gesetzen angelegt ist wie die Materie selbst. Das entspricht dem universell geltenden Analogiegesetz.

4. Ein vierdimensionaler Raum, der permanent expandiert, verknüpft die Vorstellungen von Raum, Zeit und Zahl zu einer Einheit.

Jetzt blenden wir uns wieder aus. Für die hellen Köpfe unter Ihnen gilt, bitte beim Fachmann nachlesen. Aus dieser Erkenntnis heraus, läßt sich ein Muster für die kleineren Abbildungen ableiten, in denen der Mensch zu erkennen ist und natürlich medizinisch behandelt werden kann. Zu jedem Organ oder Sinnbild eine Methode der Betrachtung.
Die Ohren werden durch die östliche Medizin, die Akupunktur, transparent. Die Füße kennen die Fußreflexzonenmassage. Eine gute Behandlungsmethode bei schmerzhaften Zuständen, in denen jede Berührung in der Nähe des Schmerzzentrums unerträglich ist. Dabei kann mit der Reflexzonenmassage lindernd hantiert werden.
Für die Hände gibt es Massagen und die Handlesekunst. Beim Gesicht ebenfalls Massagen und die Gesichtsanalyse. Die ist recht leicht zu erlernen. Stellen Sie sich einmal die Aussage »Was machst Du denn heute für ein Gesicht« vor. Den Menschen braucht man gar nicht mehr fragen, wie es ihm geht. Oder »Du bist ja toll drauf«. Alle diese Emotionen sind am Gesicht abzulesen. Das ist kein Wunder, sondern logisch. Denn hunderttausend Minieindrücke, die pro Sekunde im Auge ankommen, von denen tausend verarbeitet werden, bewirken eine brauchbare Erstbeurteilung.

Man kann diese übrigens auch mit der Pentalogie kombinieren. Daraus kann sich ein aufschlußreiches Gesundheits- und Charakterbild ergeben. Vor allem hinsichtlich der Beurteilung der aktuellen Situation. Die Pentalogie bedient sich der Zahlen, und das sind nicht bloß Nummern, es handelt sich um Schwingungen und damit Energie. Einzig die Kenntnis des Geburtsdatums liefert Daten und schon hat der andere die Hosen runtergelassen, ohne einen blassen Schimmer davon zu haben, wie nackt er nun vor uns steht. Deshalb rücken kluge Leute auch ihr Geburtsdatum nicht raus.

Das Grundvokabular der Pentalogie besteht aus der jeweiligen Zahlenbedeutung und den Grundsätzen. Wir skizzieren nun kurz die Bedeutung der zehn einstelligen Zahlen.

Eins ist die inspirativ-geistige Willenskraft. Das unbewußte Wissen um die Weisheiten und den Willen aus dem All. Sie stellt einen Kontakt zum Schöpfergedanken her und beinhaltet den Ursprung aller Ideen, alles Wollens und aller Zusammenhänge. Die Eins symbolisiert die geistige Kraft.

Zwei steht für ein feines Gefühl und starkes Empfinden. Intuition und Emotion. Sie beinhaltet Überprüfung, Kombination und bildet den Überbau des bewußten und unbewußten Willens. Mit einem Sinn für Mystisches und Übersinnliches.

Drei Der geistige Wille, mit der Kraft des Entfaltens und der Entscheidung. Sie ist Unternehmungsgeist und treibendes Moment. Der Wille im Gegensatz zu praktisch Vernünftigem. Möchte wirken ohne nach dem Ursprung zu fragen.

Vier verkörpert die Bindung dynamischer und statischer Zustände in Raum, Materie und Zeit. Vertiefendes, drängendes Streben. Bindet an das Irdisch-Substanzliche. Fordert die Wirkung aus vorangegangenen Ursachen heraus. Die Vier ist das Irdische Tor durch das man hindurch muß. Die Aufgabe des Lebens.

Pentalogie

Fünf ist das Janusgesicht. Freundlich schenkend und hart vergeltend. Entsprechung von Ruhe und Wandlung, Lebensbejahung und jenseitigem Ausgleich. Sie steht für eine vitale Gesetzlichkeit, Tugend, ungeschriebene Moralgesetze und Recht und Gesetz.

Sechs ist der Irdisch-körperliche Wille. Die körperlich bedingte Tat- und Leistungskraft. Ehrgeiz, Entschlossenheit, Durchsetzungsenergie und Mut. Sie ist der Triebwille und drängt zu Verbindungen. Leidenschaft, Muskelkraft und körperliches Instinktgefühl sind ihre Symbole. Sie ist die körperliche Kraft, die männliche Zahl.

Sieben steht für das Prinzip des Göttlichen. Vitalität, Lebensfreude und Lebensbewußtsein sind ihre Kinder. Ein vitaler Wille und der ursprüngliche Lebensinstinkt fördern ein unbewußtes Wissen. Wünschen und Sehnen überwiegen. Das Denken wird von Übersinnlichem beeinflußt.

Acht ist das astrale Urprinzip, die Verdopplung des Lebenssinns. Beziehung zu Form und Gestaltung, Harmonie in Kunst, Schönheit und Eros. Reiz zu polarer Harmonie und harmonisierenden Verwandlungen. Sie ist der weiblich astrale Instinkt.

Neun ist die schwingende und übertragende Frequenz. Sie wirkt vermittelnd, leitend, aber nicht schöpferisch. Sie benötigt Anleitung, Anregung und Führung. Durch sie werden Aufnahmefähigkeit, Gewandtheit und Mitwirken verkörpert. Sie ist die menschliche Zahl, die klassisch Unvollständige.

Null ist Urheit und das Absolute. Die Quelle aller kosmischen Gebilde und schöpferischen Gestaltens. Sie kennzeichnet ständige Wechsel, Unruhe und die permanente Sehnsucht nach Änderung. Eine umfassende, alles in sich einschließende Liebe. Sie ist das Urbild des Geistes und Weltgedächtnis in Einem.

Nun die Grundsätze. Damit liegt ein Schlüssel zu dieser (noch) geheimen Wissenschaft vor.

1. Der Zugang. Die erste Zahl bedingt das urtypische Verhaltensmuster des Menschen. Mit diesem Satz geht er jede Situation an. Beispiel. 17.10.1968. Die erste Zahl ist die vordere Eins, der Grundsatz des Menschen lautet »Ich denke...«.

2. Die Haupteinflüsse. Dazu wird jeweils die Quersumme gebildet. Und zwar von dem Jahr der Geburt rückwärts aufaddiert.

17.   10.   1968   = Typ
Geist Seele Körper
1968 = 1 + 9 + 6 + 8 = 24, somit ist das die körperliche Zahl.
           + 1 + 0 = 25, das entspricht der seelischen Zahl.
           + 1 + 7 = 33, das ist der Untertyp, 6 (3+3) ist der Menschentyp.
und der Tag 17 ist die geistige Zahl.
Damit sind die vier Haupteinflüsse, Typ, Geist, Seele und Körper beisammen.

3. Die hintere Zahl hat einen Einfluß auf die vordere. Die seelische Zahl 25, da übt die 5 auf die zwei etwas aus. Dabei ist zu unterscheiden zwischen geraden und ungeraden Zahlen.
    a: Ungerade Zahlen sind dynamisch und sorgen für eine Entwicklung.
    b: Gerade Zahlen sind statisch und entfalten eine Wirkung ohne Entwicklung.

4. Die Einzelzahlen geben die mitgelieferten Grundeigenschaften an und damit gleichzeitig die Prüfungen, die ein Mensch im Leben erfährt.

5. Die Achsenbildung bei bestimmten Zahlen. Das ist ein hinzukommender Haupteinfluss.
2 und 0 = Geistige Achse   Hier spielt sich einiges im Kopf ab.
3 und 9 = Menschliche Achse   Der Mensch bekommt schnell Kontakt zu Mitmenschen.

Pentalogie

4 und 8 = Gefühlsachse   Die Person kann sich gut in andere hineinversetzen.
5 und 7 = Irdische Achse   Steht mit beiden Beinen auf dem Boden.
1 und 6 = Streberachse   Ehrgeiz und Strebsamkeit. Die Person will hoch hinaus.

6. Der optische Gesamteindruck des Pentagramms. Sehen Sie hierzu noch diese Skizze des Leonardo da Vinci. Danach ist der Mensch an sich ein Pentagramm. Womit wahrscheinlich angenommen werden kann, Leonardo da Vinci, der Meister der Malergilde, war der Pentalogie befähigt. Bestimmt mehr, als ein Laie wie ich. Mit der Besinnung der Freimaurer, wird die Pentalogie zu neuen Sphären aufsteigen.
Und wer weiß, vielleicht ist irgendein Wissender so nett und füttert mich demnächst mit diesem sagenhaften Vokabular. Sobald die Zeit dafür reif ist. Wie eigentlich immer.

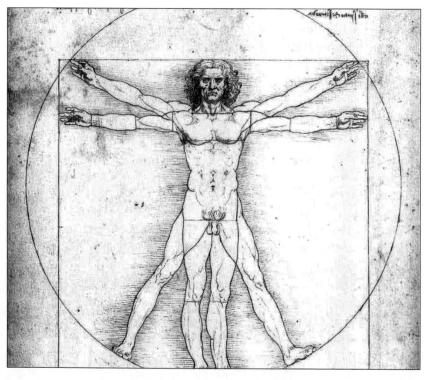

Wege zur Gesundheit

Gesundheit ist wahrscheinlich das höchste Gut, dessen Bewahrung jedem am Herzen liegen sollte. Dieses Kapitel ist besonders denen gewidmet, die

Ihre Gesundheit verloren haben und nun nach Genesung suchen.
Ich schätze mich glücklich, einen Homöopathen zu kennen, der außer seiner fantastischen Fachkenntnis, noch eine gehörige Portion Bescheidenheit besitzt. Von ihm stammt der Satz,
»Mindestens neunzig Prozent zur Genesung bringt der Betroffene mit, maximal zehn Prozent liefert der Therapeut. Dieser ist eigentlich nur der Wegweiser, jedoch nur weil der Betroffene augenblicklich außerstande ist, seine eigenen Ressourcen zu nutzen.«
Konfrontiert mit den Fällen, die Außenstehenden als Wunder erscheinen, wiegelt dieser stets ab, und spricht von normalen Dingen. Ich werde mir bei Gelegenheit noch ein paar Scheiben von ihm abschneiden. Dafür bekommt er etwas von meinem, selbstverständlich nur bisweilen, erhöhten Selbstbewußtsein. Jetzt ist genug gequatscht, hier kommen im Zeitraffertempo die Krankheiten und jene Wege, die ich kenne oder schätzen gelernt habe, bzw. zur Auswahl stellen kann. Ob und welche Methoden bei Ihnen anschlagen, müssen Sie selber rausfinden. Grundvoraussetzung ist Ihr Wille gesund zu werden und die Bereitschaft alles dafür zu tun. Das bedeutet jedoch keinesfalls, daß Sie dafür alles zahlen. Denn die besten Methoden zum Wiedererlangen der Gesundheit sind meist die Günstigen. Ich wünsche Ihnen jedenfalls von Herzen, daß für Sie die Gesundheit wieder Normalität wird. Und geben Sie niemals auf.

Allgemeine Grundsätze zur Gesundheit

Gesundheit ist nicht alles, aber ohne Gesundheit ist alles Nichts. Gesund zu bleiben ist nicht teuer, aber wieder gesund zu werden wohl. Es gibt Tausende von Krankheiten, aber nur eine Gesundheit.

Hier ein paar Anhaltspunkte und Grundregeln.

1. »Die Nahrung soll Euer Heilmittel sein« Der Satz stammt von Hippokrates. Und der könnte es gewußt haben. Achten Sie auf die Qualität Ihrer Nahrung. Ob Essen oder Trinken, beides sollte gesundheitsfördernd und gesundheitserhaltend sein. Fast Food ist schon im Wort erkennbar weniger gut. Mal ganz abgesehen von den Eigentümern dieser Ketten.

2. »**Mens sana in corpore sano**«. Ein gesunder Geist in einem gesunden Körper. Bewegung und Atmung sorgen für Wohlbefinden. Also raus an die frische Luft und die alten Knochen bewegen. Das hilft enorm.

3. **Viel Trinken.** Darüber gibt es ganze Bücher. Manche Ärzte berichten davon, daß mit dem reinen Trinken von drei Liter Hahnenwasser oder Quellwasser pro Tag, fast alle Krankheiten vermieden und sogar beseitigt werden. Wir bestehen zu zwei Drittel Wasser, die Zufuhr dieses köstlichen Naß bringt uns somit die uns am stärksten vertraute Schwingung. Selbst wenn das, nicht nur pauschal betrachtet, sondern auch bei schwerwiegenden Krankheiten zu optimistisch wäre, einen wahren Kern hat es auf jeden Fall. Wasser ist der Informationsträger Nummer eins für uns. Sofern Sie zu wenig trinken, kann der Körper die täglich anfallenden Stoffwechselgifte nur unvollständig ausscheiden. Da unser Reflex zum Trinken leider mit zunehmendem Alter stetig abnimmt, müssen wir uns zum Trinken erziehen. Tun Sie es, Körper und Gesundheit werden es Ihnen danken.

4. **Übersäuerung.** Für einen gesunden, kraftstrotzenden Organismus ist ein bestimmtes Säure-Basen-Verhältnis Pflicht. Normal sollten wir 80 % basische Nahrung und 20 % saure Nahrung aufnehmen. Hier spielen wir verkehrte Welt. Ein ausgeglichenes Säure-Basen-Verhältnis bewahrt vor Krankheiten wie Neurodermitis, Allergien, den meisten Autoimmunkrankheiten, Krebs, Herzinfarkt, Schlaganfall, Arthritis, Diabetes, vermutlich auch Alzheimer, Parkinson und Multiple Sklerose. Wer übersäuert ist, reagiert auch dementsprechend. Er ist gereizt, gestreßt, aggressiv und unkonzentriert. Dieser Zustand kann leicht behoben werden. Das Zauberwort lautet dabei basische Ernährung mit ausreichend Mineralstoffen und Spurenelementen. Säurebildner sind Nikotin, Koffein, Alkohol, Zucker, Fleisch, Fruchtsäfte (wegen des Zuckers), Salz und Zusatzstoffe. Die beiden ersten sind die am stärksten sauer reagierenden Substanzen. Ausgleichen läßt sich der Haushalt durch frisches, ungespritztes Gemüse und ergänzende Mineralstoffe. Erhältlich sind diese zu einem vergleichsweise geringen Preis. Die Übersäuerung ist der Nährboden für diese Krankheiten. Sind Sie im Lot, dann haben die Krankheiten keine Grundlage, keinen Raum, um sich zu entwickeln. Mit Urinteststreifen, die in der

Apotheke erhältlich sind, kann der pH- Wert gemessen werden, und zwar morgens, mittags und abends. Morgens und abends darf er sauer sein, mittags dafür alkalisch. Die kosten etwa vier Euro für hundert Stück. Und halten ca. zwei Monate. Der Rest kommt durch eine bewußte Ernährung. Beides zusammen recht günstig zu erwerben.

5. Eine Minute Lachen ist wie fünfundvierzig Minuten aktive Entspannung. Dabei erhöht sich die Anzahl der Antikörper im Blut. Lachen und Freude sind echte Lebenselixiere.

6. Drei Stunden Fernsehen am Tag verbrauchen die gesamte Menge an vorhandenen Endorphinen (=Glückshormone) in der Hypophyse. Bei den schlechten Nachrichten geht es noch schneller. Tabakrauch, Heroin und andere Drogen sind ebenfalls Killer was die Endorphine angeht. Hanf nicht.

7. Fünf Minuten Küssen erhöht die Antikörper im Speichel um fünfundzwanzig Prozent. Quintessenz aus diesen drei Erkenntnissen ist also die: Machen Sie den Fernseher aus und knutschen und lachen Sie nach Herzenslust, damit ist schon viel gewonnen.

8. Körper, Seele und Geist bilden eine Einheit. Sobald eine Störung in einem der Bereiche vorliegt, kann der Organismus krank werden. Gehaltlose Nahrung liefern unserem Körper minderwertige Ware, er fällt in ein Loch und wir schaden diesem Gleichgewicht.

Sind unsere Gefühle durch Zorn, Trauer, Haß oder Rachegelüste belegt, schwingt die Seele in einem anderen Rhythmus, und wieder bildet sich ein Krankheitszustand.
Pessimismus, Depressionen und negative Gedanken, schwächen den Geist. Dieselbe Prozedur wird angeleiert, das Ergebnis ist stets das Gleiche, Krankheit. Der harmonische Zustand, die Mitte, steht sinnbildlich für Gesundheit. Diese gilt es zu finden und vor allem zu erhalten.

Wege zur Gesundheit

Spezielle Hinweise bei schweren Erkrankungen.
Im Abspann folgen die Kontaktadressen. Sollte etwas unklar sein, machen Sie sich ruhig im Internet auf die Suche. Sie wissen schon was kommt. Wer sucht, der findet.

1. Sie klagen über Wirbelsäulen-, Knie- oder Beckenbeschwerden.
Schnell ist die Rede von Abnutzung, Arthrose oder Bandscheibenvorfall. Massagen, Fango, Operationen, alles wird sofort in Angriff genommen, um den Beschwerden scheinbar abzuhelfen. Was machen Sie anstatt dessen? Sie legen sich flach auf den Rücken. Vertrauen Sie mir, bitte. Bevor Sie zum Arzt laufen, sollten Sie Ihre Beinlängen überprüfen. Eine behilfliche Person wäre ideal. Legen Sie sich ausgestreckt auf den Rücken. Der Helfer hebt Ihre Beine an und stellt die Fußsohlen nebeneinander. Damit wird sofort ersichtlich, ob die Beine gleich lang sind. Nun wird ein Unterschied festgestellt, ein Bein ist länger. Dazu winkeln Sie dieses Bein an, fassen mit der gleichseitigen Hand an den Übergang von Gesäß und Oberschenkel und strecken dieses Bein langsam wieder aus, bis es flach auf der Erde liegt. Dabei bremsen Sie mit der Hand die Bewegung, die leicht in Richtung Gesäß gedrückt wird. Das machen Sie auf jeder Seite fünf Mal. Denken Sie nicht drüber nach, machen Sie es einfach. Jetzt vergleichen Sie die Beine wieder, Sie werden baff sein. Die Greten sind nun wieder gleich lang. Hier die Erklärung. Wir Erwachsenen gehen sonderbarerweise meist nur noch vorwärts. Unsere Kinder proben im Spiel noch das Rückwärtsgehen. Die Bewegung mit der Hand ist eine »künstliche« Rückwärtsbewegung. Und genau da liegt der Hund begraben. Bei diesem reinen Vorwärtsgehen rutscht der Oberschenkelknochen aus der Gelenkpfanne. Da wir nicht rückwärts gehen, kann der Mißstand nicht behoben werden. Im Gegenteil. Der Körper, wie immer auf Ausgleich bedacht, verschiebt das ganze Skelett nach und nach. Bis irgendwann Kopfschmerzen auftreten. Sie nehmen eine Tablette, aber der Schmerz geht nicht weg.
Diese Problematik der unterschiedlichen Beinlängen erkennt man schon am Gang eines Menschen. Ich nehme mir inzwischen die Zeit, diese Leute sofort anzusprechen. Und es sind wirklich nur wenige, die diese kostenlose Hilfe nicht in Anspruch nehmen. Darum geben Sie Ihr Wissen gerne weiter, wenn Ihnen danach ist. Es verbindet uns Menschen.

Zum Thema **Rückenbeschwerden** kann Alarmierendes festgestellt werden. »Im Jahr 1993 hatten etwa 35% der deutschen Bevölkerung mindestens einmal pro Jahr Rückenprobleme, 2003 waren es schon 75%«. Das ist alarmierend. Als weitergehende Behandlung bei schwerwiegenderen Problemen bietet sich die Breuss- Dorn- Fleig- Therapie an. Deswegen möchten wir die dementsprechende Massage ansprechen. Dabei handelt es sich um eine »feine energetische Massage, die seelische und körperliche Verspannungen löst«,die Regeneration von unterversorgten Bandscheiben einleitet und eine Entgiftung des Körpers unterstützt. In Kombination mit der dabei sanften Einrenkung und Harmonisierung der Wirbelsäule entsteht ein richtiggehender Entspannungseffekt. Die Breuss-Dorn-Fleig-Therapie können Sie sich zu Gemüte führen auf der Internetseite
www.breuss-dorn-fleig-therapie.de
Dort erfahren Sie auch Wissenswertes über Therapeuten, Anwendungen und derlei mehr.

2. Sehnenrisse
Gleich ob kleinere Sehnen, Bänder, **Kreuzbänder** oder die **Achillessehne**, ein kombiniertes Mittel aus vier gemischten homöopathischen Globuli in einer Calendulatinktur ist dazu befähigt, die Bänder und Sehnen wieder zusammenwachsen zu lassen. So geschehen bei einer 82-jährigen Frau mit angerissener Achillessehne, die nicht operiert werden konnte. War dank des Mittels auch nicht mehr nötig. Zwei Kreuzbandrisse konnten derart behoben werden, daß die Betroffenen nach drei, bzw. vier Wochen, sogar tanzen gehen konnten. Unglaublich, aber zum Glück wahr. Rufen Sie beim Verlag an, falls solche Probleme Sie plagen. Hinweis folgt.

3. Multiple Sklerose
Grundübel ist die chronische Übersäuerung, die sich in den Muskeln oder dem Nervensystem niederschlägt. Wenn die tägliche Vorsorge ausgeblieben ist und diese schwere Krankheit Fuß gefaßt hat, sollte dem Mißstand richtig zu Leibe gerückt werden. Da bieten sich mehrere mögliche Wege an. Auch die Kombination verschiedener Mittel könnte angebracht sein.
A. Hanf zeigt hierbei ordentliche Erfolge. In Form von Hanfsamen oder Hanftee.

B. Sie können auf den Blutzapper des Dr. Beck oder auf von Dr. Clark zurückgreifen
C. Die Powertube der Fritonex AG berichtet ebenfalls von Erfolgen.
D. Homöopatisch wird Positives vermeldet.
E. Die Heilpilze schlagen ebenfalls an.
F. Eine Umstellung der Eßgewohnheiten steht ganz oben auf der Liste. Mineralstoffreiche, vitaminhaltige Kost behebt den Zustand der Übersäuerung und mit reichlichem Trinken ist schon ein wenig weiter geholfen.

4. Diabetes

Bei dieser organischen Störung durch Übersäuerung zeigen die Heilpilze beachtliche Erfolge. Erkundigen Sie sich genauer beim Anbieter. Fälle von rapide fallendem Zucker sind keine Seltenheit.

5. Krebs

Eine der besten Vorsorgemaßnahmen ist der Weg raus aus der Übersäuerung. Womit dem Krebs der Nährboden entzogen wird. Bei einem hohen Prozentsatz erkrankter Personen ist das Liegen auf einer Wasserader oder gar einem Currynetz festgestellt worden. Überprüfen Sie vielleicht Ihren Schlafplatz.
Im Falle von akuten Schwierigkeiten berichten einige Mittel von Erfolgen bei der Behebung der Krankheit. Eine Kombination von unterschiedlichen Wegen scheint überlegenswert. Hier eine Liste möglicher Methoden.
Vit. B 17 bei Lungenkrebs hört man Unglaubliches, aber auch bei anderen Krebsarten. Fragen Sie, was die Fakten angeht, hierzu bei der Zeitschrift an, die haben einen Artikel darüber gebracht, der sehr informativ ist. Via Internet lassen sich mehrere Anbieter von Aprikosenkernen ermitteln.
Blutzapper Dr. Beck oder Dr. Clark. Beide Zapper scheinen dem Hörensagen Erfolge zu bringen.
Germanium in Form von Heilpilzen erhältlich, ansonsten verboten. In der Heilquelle von Lourdes reich vorhanden. Warum werden die Kranken dort wohl gesund?
Cannabis Samen, homöopathisch, und mit Ihrem geschätzten Einsatz bald noch mehr.

Homöopathie. Das Konstitutionsmittel und ein Akutmittel können hier Wunder wirken.

Dr. Gersson. Dieser jüdisch-deutsche Arzt verabreichte sogenannten Todeskandidaten hochdosiert Gemüse- und Obstsäfte. Entsprechend einer Menge von 10 kg pro Tag. Dabei fand er einen Weg, die hochtoxischen, freiwerdenden Stoffe so auszuleiten, daß die Patienten nicht verstarben. Sie sehen die Verbindung jüdisch und deutsch kann eine sehr fruchtbare sein. Wenn das nicht die Ausnahme, sondern die Regel wäre, dann sind wir am Ziel. Ein alemannisches Sprichwort sagt, »Mitenander schwätze, uffenander lose.« Zu deutsch heißt das »miteinander reden, aufeinander hören.« Das führt übrigens zu einer echten Völkergemeinschaft. Und die steht jetzt an.

Vitamine. Das oben gelesene bedeutet, Vitamine und Vitalstoffe können hochdosiert helfen. Das Beste ist hierbei eine regelmäßige Einnahme. Schon lange bevor die Quittung für eine jahrelange, vitaminarme Ernährung kommt. Sofern der Krebs jedoch diagnostiziert wird, könnte man eine vitalstoffreiche Kost unbedingt hinzunehmen und alte Verhaltensfehler eine Zeitlang ablegen.

Farben sind übrigens die Vitamine der Seele, Farbfolien oder einfach Bilder, können ebenfalls lindern und helfend wirken.

Fritonex Powertube und Quickzap heißen die Produkte. Sie stellen ebenfalls Gutes in Aussicht und beseitigen demnach dien energetischen Blockaden.

6. Aids

In der Schulmedizin kommt hier das etwa dreißig Jahre alte Krebsmittel AZT zum Einsatz. Es handelt sich um ein tödliches Zellgift, das im Tierversuch sämtliche Mäuse zum verenden brachte. Dummerweise sind Menschen diesbezüglich robuster. Sofern Aids das wäre, was von offizieller Seite gesagt wird, wie vermag dann bitte ein immunschwächendes Zellgift die Immunschwächekrankheit Aids zu heilen, können Sie mir das erklären? Absolut unverständlich.

A. Homöopathie vermag hierbei zu helfen. Bei denen, die dafür empfänglich sind. Suchen Sie sich einen ausgezeichneten Homöopathen.

B. Vit. B17 und andere Krebskiller können ebenfalls in Erwägung gezogen werden.
C. Ein Wermuth- Tee sorgt hier für Furore, wobei die Krankheit nicht mehr nachweisbar war. Näheres erfahren Sie beim Verlag.

Auch hier, ähnlich zum Krebs, bieten sich wertvolle Wege an. Diesbezügliche Hinweise und Artikel finden Sie u.a. in der Zeitenschrift.

7. Neuropathien
Hier scheint Hanf das Mittel der Wahl zu sein. Hanfsamen und Hanftee sind angesagt. Falls Sie bedenken haben sollten, ob Sie diese zu sich nehmen können, ohne mit den Gesetzen der dunklen Herrschaften in Konflikt zu geraten. Zu Ihrer Beruhigung, Sie können. Bis jetzt kam noch keiner auf die Idee Samen zu verbieten. Wäre auch etwas arrogant, denn das impliziert, derjenige hält sich für Gott. Und nachdem Gott für die Liebe steht, gehören da alle Geschöpfe hinzu, Sie und die kranken Menschen inklusive.

Etwas ganz Spezielles

Thema Gleichspannungsfeld
Man bedient sich eines Gleichfeldes von 1500 Volt, in dem kein Strom fließt. So entsprang aus üblichem Forellenlaich, feucht gehalten, die Wildform einer Forelle. Aus den Sporen des Wurmfarn mit 36 Chromosomen wurde Hirschzungenfarn mit 41 Chromosomen. Nun standen die Wissenschaftler vor einem Rätsel.
Aus herkömmlichem Weizen, nur leicht angefeuchtet, entstand eine Form von Weizen, die bedeutend schneller reift (in sagenhaften vier bis acht Wochen anstatt sieben Monaten), nahrhafter ist und praktisch keinerlei Chemikalien benötigt, weil sie einmalig robust und widerstandsfähig ist.
Wenn sich die Realität so präsentieren würde, wie die Theorie in Aussicht stellt, dann müßte weltweit niemand Hungers sterben und der Gesundheit der Menschen wäre ebenfalls gedient. Bei Krebs und anderen menschlichen Erkrankungen könnte eventuell unterstützend geholfen werden.

Sie nehmen zwei Metallplatten oder zwei mit Alufolie umspannte Holzplatten. Ein gutes Maß der Plattenfläche dürfte jeweils ein Quadratmeter sein. Diese beiden stellen Sie mit Abstand von ungefähr einem Meter zueinander. Es entsteht ein sogenannter Kondensator. Jetzt wird mit Hilfe eines Adapters, von mir als Gleichspannungswandler bezeichnet, aus der Steckdose kommende Wechselspannung in Gleichspannung umgewandelt. Das dabei entstehende Feld kommt auf etwa 1500 Volt Spannung, ohne daß Strom fließt.
Wenige Tage, drei bis fünf in der Regel, reichen aus, um diese Veränderungen zu erreichen.
Ein Baustein zu einer gesunden Zukunft könnte auf jeden Fall ein Gleichspannungsfeld sein.
Dieses elektromagnetisches Gleichspannungsfeld scheint laut Rupert Sheldrake imstande, morphogenetische Veränderungen zu erwirken. Das signalisieren die Ergebnisse der im Labor gemachten Ergebnisse. Diese führen augenscheinlich zu Urformen zurück. So wie es die veränderte Genetik von Pflanzen und Tieren belegt. Aus den Versuchen waren schließlich alte, zum Teil bereits ausgestorbene Arten entstanden. Damit wären Rückzüchtungen ohne Genmanipulation möglich. Erste Berichte über verschiedene geerntete und folgerichtig verspeiste Gemüsesorten sind verheißungsvoll.

Hier noch eine Sammlung kleiner und großer Wunder, die Mut machen können.
1. Im Fernsehen wurde ein Mann gezeigt, der mit etwa 23 Jahren die Prognose von Krebs im finalen Stadium bekam. Mit noch sechs Monaten Lebensdauer. Er gab seinen Job auf und zog sich in die Natur zurück, nach Montana, um genau zu sein. In offenen Gläsern bewahrte er Fleisch im Freien auf. Das lockte Bakterien an. Er verspeiste das Fleisch mitsamt Bakterien und besiegte den Krebs, der mit diversen Metastasen noch einige Male auftauchte. Das war vor vierzig Jahren. Der Mann arbeitet heute als Ernährungsberater und hilft anderen Krebskranken. Im Gesicht dieses Mannes stand ein **unbändiger Lebenswille** geschrieben.

2. Ein Lungenkrebspatient, voller Metastasen, wurde nach der dritten erfolgten Chemostaffel aus der Klinik entlassen und heimgeschickt. Zum Sterben, wie ihm gesagt wurde. Innerhalb von drei bis sechs Monaten könne er mit seinem Ableben rechnen. Eine neue Chemotherapie wäre nur Quälerei. Letzteres stimmt. Der Rest? Naja, lesen Sie selbst. Der Mann wähnte sich zu jung zum Sterben, er wollte leben. Er suchte aus Gründen des Lebens einen Wegweiser, in diesem Fall einen Homöopathen, auf. Er nahm brav seine Aprikosenkerne. Nach ca. vier Monaten waren die Metastasen verschwunden. Schwups, einfach weg. Nach etwas über sieben Monaten konnte kein Krebs mehr nachgewiesen werden. Die Klinik ist so freundlich und schickt ihm alles halbe Jahr einen Brief, mit dem Hinweis, erkönne sich jetzt doch für die Chemotherapie einfinden. Laut Zeugenaussagen nagelt er die Wische an die Wand.

Derartige Fälle sind keine Seltenheit, sie mehren sich sogar auffällig. **Bleiben Sie dran und ziehen Sie durch, wir anderen möchten Sie bei uns wissen, wenn die Riesenfeier auf Erden steigt.** Jeder zusätzliche Esser ist uns willkommen.
Wir haben gesehen, es existieren zahlreiche Wege, um selbst schwerste Krankheiten zu besiegen. Finden Sie den Ihren. Allein durch die aktive Suche erhöhen sich Ihre Chancen beträchtlich. Bisweilen ist eine Mischung mehrerer Verfahren angesagt.
Allein die Schwingung macht es. Frequenzen wie von Dr. Beck beschrieben, oder mit der Powertube, Gleichspannungsfeld oder pflanzliche Heilmittel. Homöopathie und Geistheilen, sie alle könnten Ihnen helfen. Und wenn alles nicht hilft, die
ganze Palette, dann wenden Sie sich dem allerletzten Mittel in höchsten Notfällen erprobt, zu. **Der Liebe.**
Es ist und bleibt die höchste Schwingung, die wir Menschen erzeugen können.

Zum Ende des Kapitels, vor den Adressen, möchte ich noch eine kleine Geschichte aus den Versuchslabors, Thema Krebs, zum Besten geben. Die Ratten möchte ich bedauern. Sie mußten wieder einmal für uns Menschen herhalten. In der neuen Welt des Lichtes, wird dies anders laufen.

In einen Käfig werden zwei Ratten getan, eine Gesunde und eine Krebsinfizierte. Nach einigen Tagen stirbt eine von den Zweien. Welche? **Die Gesunde.**
Erneuter Test. Diesmal sind es zwei Gesunde und eine Krebsinfizierte. Wer stirbt diesmal nach wenigen Tagen? **Die Kleinere und damit Schwächere von den Gesunden.** Dritter Versuch. Drei Gesunde und eine Krebskranke. Was geschieht? **Die Krebskranke wird gesund.**

Was lernen wir daraus? Gleichgültig in welcher Weise sich Krebs bei Ratten ähnlich zum Menschen verhält, wenn Krankheiten oder Probleme auftauchen, halten Sie zusammen wie Pech und Schwefel. **Denn Einigkeit macht stark und eventuell auch gesund.**

Aprikosenkerne: Bestelladresse über Internet ermitteln.

Powertube, Quickzap: Fritonex, CH- 3636 Forst BE, Schweiz. Tel. (0041) (0)333562556, Fax. (0)333563777

Heilpilze: Beratung unter Tel.: 06047/988530
Bestellung unter Tel.: 06047/952442

Zeitenschrift: Büro Deutschland, Tel.: 07533/9359711
Redaktion Schweiz, Tel.: (0041) (0)414499000

Schlusswort

Unsere Welt ist ein Paradies. Mit den Lebewesen darin. Alle sollten von dem Wissen unserer Urahnen, der Pyramidenbauer, erfahren und profitieren. Gleich beschützenden Vätern und fürsorglichen Müttern, waren sie um unser Schicksal bemüht. Sie gaben uns ihr Wissen und noch immer unfaßbare Erkenntnisse.
Finden Sie die Rolle, welche Ihnen obliegt, um den Erhalt unserer schönen Welt im Kollektiv zu gewährleisten. Damit der abrupte und endgültige Übergang ins neue Zeitalter, endgültig beginnend am 12.12.2012, zu einer Reise ins Licht wird. In jenes helle und auch unbekannte Mysterium. So wird der Beginn des neuen Zeitalters eine Fahrt ins Glück und zur Liebe hin.
Aus einem großen Herz entspringt die Kraft zur Verantwortung für das eigene Handeln. So gelangt der Mensch an einen Punkt, wo die persönliche Bestimmung offenbar wird. Diesem Impuls bin ich gefolgt, bis zum Äußersten. Mein Weg der letzten dreiundzwanzig Monate war geprägt von seltsamen Fügungen und unglaublichen Begegnungen. Manchmal waren es fast unsichtbare Schienen, auf denen die Fahrt ablief. Dafür bin ich zutiefst dankbar.
Dieses Buch geschrieben zu haben, erfüllt mich mit Stolz. Denn es war das Werk zahlreicher und sehr wertvoller Menschen. Die vorbehaltlose Unterstützung dieses Kreises engagierter Individuen, konnte durch verbreitete Zuversicht im Hinblick auf unsere Zukunft in blanke Begeisterung umgemünzt werden.
Es erfüllt mich mit Stolz, ein Exemplar dieser Gattung Mensch zu sein. Fühlend, manchmal leidend, und liebend. So wurde ich bewußt zu einem Teil eines Mosaiks, dessen Umfang erst im Laufe dieses Buches in Erscheinung trat. Wir sind alle Lichtträger, kleine Wichte, die dem Goldenen Zeitalter, welches bestimmungsgemäß direkt vor uns liegt, zuarbeiten.
Unser Schicksal liegt in berufenen Händen. In Ergebenheit, dankbar für meine Aufgabe, lege ich mein Los vertrauensvoll in die Hände des Großen

Schlusswort

Vaters. Möge er weiterhin nach seinem Gutdünken über meine Seele verfügen. In diesem Bewußtsein war ich bemüht, meinen Beitrag zu leisten für Frieden auf Erden, Gesundheit und Glück für jedermann. Dafür stehe ich ein. Mit allem, was ich zu bieten habe.

Meine Ausführungen neigen sich unweigerlich dem Ende entgegen. Gleich heißt es Abschied nehmen. Für Ihre wackere Begleitung bedanke ich mich sehr herzlich.

Zum Abschluß meiner Ausführungen folgt noch ein weiser Satz, gesprochen von Lady Queensborough, der da lautet:

»Ein positiver Geist kann nicht kontrolliert werden. Ein bewußt auf ein genau ins Auge gefaßtes Ziel hinarbeitender Geist ist eine Macht und kann als solche jeder anderen Macht trotzen.«

Nach dem Abschiedsgruß gönne ich Ihnen noch einige Blicke auf gemeinsame Freunde. Sie geben uns Nahrung, schenken uns Sauerstoff und spenden sogar Trost. Selten hatten wir so vielseitig nützliche Gefährten.

Nun verbleibe ich mit sonnigem Gruß und einem herzlichen Dankeschön, als

Ihr Julius H. Barkas

Schlusswort

Bei Streß und Kreislaufproblemen geht man zur Buche. Die Esche stärkt den Willen. Die Kastanie lindert Seelenwunden. Die Eiche gibt neue Lebensenergie. Holunder fördert das Immunsystem und der Apfelbaum liefert Früchte des Lebens.

Schlusswort

»Wenn alles gut geht, werde ich mal ein Baum«

Gießen und mit Kohlendioxid anhauchen sind ausdrücklich erwünscht.

Schlusswort

Die Dattelpalme schenkt uns mit ihrer Frucht einen hochwertigen Zucker.

Schlusswort

Bäume spenden Schatten und das kann hilfreich sein, bei zu viel Licht!
Im Trio Bäume, Hanf und Mensch liegt ein Schlüssel zum Glück.